AF283107

# El hombre de Tempul

y

# Los gitanos

de José Miguel Hué y Camacho

(1803-1841)

Hué y Camacho, Miguel (1803-1841)

El hombre de Tempul ; y Los gitanos / de José Miguel Hué y Camacho (1803-1841) ; estudio preliminar, edición y notas de Javier Muñoz de Morales Galiana. – [León] : Universidad de León, Servicio de Publicaciones, [2024].
269 p. ; 21 cm
Bibliogr. : p. 251-269
ISBN 978-84-19682-51-2
      1.  Hué y Camacho, Miguel (1803-1841). El hombre de Tempul-Crítica e interpretación. 2. Hué y Camacho, Miguel (1803-1841). Los gitanos-Crítica e interpretación. I. Universidad de León. Servicio de Publicaciones. II. Galiana, Javier M. (1994-). III.  Título.

821.134.2 Hué y Camacho, Miguel 7 El hombre de Tempul.07
821.134.2 Hué y Camacho, Miguel 7 Los gitanos.07

Reservados todos los derechos.

Cualquier forma de reproducción, distribución, comunicación pública o transformación de esta obra solo puede ser realizada con la autorización de sus titulares, salvo excepción prevista por la ley.

Diríjase a CEDRO (Centro Español de Derechos Reprográficos) si necesita fotocopiar o escanear algún fragmento de esta obra (www.cedro.org; 91 702 19 70 / 93 272 04 45).

El presente trabajo es resultado de investigación del proyecto "Re-importing the novel: free and unacknowledged translations of foreign fiction in Spain (1769-1845)" (1228924N), financiado por el Fonds Wetenschappelijk Onderzoek (FWO).
Las supervisoras del proyecto son las profesoras Elizabeth Amann (Universiteit Gent) y Diana Arbaiza (Universiteit Antwerpen).

© Universidad de León. Servicio de Publicaciones.
© El autor
Edita: UNIVERSIDAD DE LEÓN. Servicio de Publicaciones
Diseño y maquetación: DAVID ALLER LLAMERA
ISBN: 978-84-19682-51-2
Depósito legal: DL LE 185-2024
Imprime: Lozano Impresores
Impreso en España / *Printed in Spain*
León, mayo 2024

Esta editorial es miembro de UNE, lo que garantiza la difusión y comercialización de sus publicaciones a nivel nacional e internacional.

# El hombre de Tempul

## y

# Los gitanos

## de José Miguel Hué y Camacho

## (1803-1841)

Estudio preliminar,
edición y notas de
**Javier Muñoz de Morales Galiana**

*Mi más sincero agradecimiento a Fátima González García, de la Biblioteca Central de Jerez, por toda la ayuda proporcionada en el proceso de trabajar con los manuscritos que han sido fundamentales para la presente investigación.*

# Contenido

# Introducción

Las dos obras que editamos en el presente volumen son novelas históricas compuestas a principios del XIX, las cuales tratan sobre la España del XVIII en tiempos de Felipe V. El interés de los textos que abordaremos reside, por un lado, en la peculiar visión que ofrecen sobre una época de la historia hispana generalmente obviada en este tipo de literatura. Estas obras, en concreto, tuvieron una repercusión muy escasa. La primera de las dos, *El hombre de Tempul*, ni siquiera se llegó a publicar, sino que quedó inédita. La segunda, *Los gitanos*, sí llegó a ver la luz, pero apareció de manera anónima y el autor murió al poco de que se imprimiera. Actualmente está casi del todo olvidada, no se ha vuelto a reeditar y la crítica apenas le ha concedido relevancia.

El análisis de las obras nos proporciona una visión muy sugerente y novedosa sobre qué pensaban del XVIII algunos españoles del XIX. Pero no nos hemos limitado solo a comentar los textos; hemos incorporado, a su vez, ediciones críticas de estos, lo cual resulta especialmente interesante en el primer caso. Dicho de otro modo, este libro supone la primera edición que se ha llevado a cabo de *El hombre de Tempul*, de manera póstuma y casi dos siglos después de la muerte del autor. No pretendemos que esta recuperación sea una mera curiosidad bibliográfica, sino que también queremos resaltar la originalidad literaria de la obra, lo que también se aplica a *Los gitanos*. Ambas son obras, como casi todas las del Romanticismo, aún muy influidas por la literatura dieciochesca, lo que no impide que en ellas podamos ver, por su vertiente costumbrista, algunos atisbos de realismo que anticipan lo que será habitual en autores como Fernán Caballero o Pedro Antonio de Alarcón.

Adentrarse en estos textos es sinónimo de adentrarse en múltiples olvidos. Destaca, ante todo, el evidente olvido del autor, José Miguel Hué y Camacho, desconocido a todo público actual a excepción de algunos eruditos. No menos evidente es el olvido de la época que trata, el XVIII, ni del monarca que tiene un papel central en sus obras, Felipe V. Hablamos de un siglo y de un soberano que han pasado relativamente desapercibidos en la memoria histórica. Por último, está el olvido de las obras en sí. Una de ellas permaneció inédita desde que se compuso hasta ahora; la otra lleva sin volverse a publicar desde 1838. Las páginas que siguen pretenden ser un acercamiento desde cero a este escritor y a su literatura, con el objetivo de llenar una destacable laguna en la historia de las letras hispanas y de la memoria en torno al XVIII hispano.

# 1. El siglo XVIII en la literatura decimonónica

El siglo XVIII fue un momento clave para el desarrollo del nacionalismo (Anderson, 1993: 21), que en España culminaría con las Cortes de Cádiz y la Constitución de 1812, primer hito legal de estas tendencias ideológicas (Pérez Vejo, 2015: 11-12). En las décadas posteriores tuvo lugar la consolidación del Romanticismo, lo que supuso una exaltación aún más pronunciada de estos ímpetus patrióticos (Andreu Miralles, 2016). El arte y la literatura en general empezaban a hacerse eco de estas cuestiones, prueba de lo cual fueron, en buena medida, los temas que a partir de entonces predominarían en las obras de ficción. En concreto, en el terreno de la palabra escrita destacó la novela histórica de temática nacional (Ferreras, 1976).

Todas estas obras partían, en realidad, de anacronismos más o menos evidentes desde los parámetros actuales. En su mayoría se emplazaban en la Edad Media o en el Siglo de Oro, es decir, en momentos en los que España no existía como nación, sino solo como territorio geográfico dominado por distintas fuerzas políticas (Donézar Díez de Ulzurrun, 2004: 95). Pero entonces era común que se proyectasen al pasado ideas relativas a su propio presente (Muñoz de Morales Galiana, 2022b: 23), muchas veces con el objetivo de plasmar sus anhelos para el futuro.

Según Torrecilla (2016), los liberales elaboraron una serie de mitos progresistas sobre el pasado peninsular, en los que reflexionaban sobre la España que querían. El nacionalismo, en sí, fue una ideología de corte genealógicamente liberal, porque anteponía el concepto de «nación» o colectividad de los españoles a la monarquía, que cada vez empezaba a cuestionarse más (Garrido Muro, 2019). Pero, a largo plazo, estas tendencias estaban destinadas a recaer en favor de los sectores más reaccionarios. Como bien señala Anderson, las naciones son constructos imaginados (1993: 23) que necesitan de una cronología interna, lo que remite a la necesidad de mitos fundacionales (Pérez Vejo, 1999: 80). Pero el énfasis en esta clase de hitos difícilmente es compatible con ninguna actitud inclinada al progreso. Como advierte Álvarez Junco, la historia se vio como preferible a la razón entre los liberales para evitar acusaciones de afrancesamiento, pero eso favoreció más las regresiones al pasado que ninguna clase de proyecto futuro (2013: 218). De ahí que el nacionalismo arraigase también fuerte entre los más conservadores. Este énfasis en España como un continuo temporal favoreció a las instituciones que más tiempo habían permanecido arraigadas, como la monarquía autoritaria o la Iglesia (Gómez Ochoa, 2019). Esto último venía a agravarse por la preferencia que esta clase de autores concedían a las épocas sobre las que componían literatura, generalmente la Edad Media o los Siglos de Oro.

Sobre la España del XVIII, con todas las reformas y cambios sociales que entonces tuvieron lugar, no hubo una imagen demasiado positiva en este tipo de literatura. La historiografía de entonces, de hecho, tampoco ofrecía una mirada mucho más benévola hacia el siglo pasado, sino que se produjo un sistemático olvido y negación de este (Calderón Argelich, 2019; 2022). En parte, tal rechazo se produjo como respuesta a una problemática surgida de la necesidad por trazar la historia de la nación. «España», bajo la mirada nacionalista, se había erigido como una de las principales potencias mundiales bajo el dominio de los Austrias. En cambio, con los Borbones, que seguían dominando en el XIX, todo había cambiado. La llegada de Felipe V al poder mediante la Guerra de Sucesión, por ejemplo, trajo la pérdida de territorios en toda Europa con el tratado de Utrecht (Albareda Salvadó, 2010: 282-417). De igual manera, la transformación en colonias de los virreinatos que había en ultramar (Rivero Rodríguez, 2011: 10-11) supuso uno de los mayores errores estratégicos que pudo tomarse en tiempo de los Borbones, puesto que incrementaría la marginación social habida en esos territorios, lo que motivaría las constantes revueltas y segregaciones que acontecerían durante el XIX (Rivero Rodríguez, 2011: 306-307). Dicho de otra manera, visibilizar demasiado el siglo XVIII podía dar lugar a generar una imagen negativa de la dinastía borbónica y, por consiguiente, a un conflicto con la autoridad.

El clima de censura que se impuso en las primeras décadas del siglo no favoreció precisamente las posiciones más heterodoxas o críticas con el gobierno. El Romanticismo, en un sentido estricto, no se consolidó plenamente hasta después de 1830, sobre todo tras la relajación de las prohibiciones (Sebold, 1995: 185). Antes de eso, cuando aún estaba la Inquisición vigente, imperaba un sistema de limitaciones a la libertad de prensa que no toleraba nada mínimamente heterodoxo (González Palencia, 1934-1941). Y la situación no se relajó del todo siquiera durante el reinado de Isabel II. La novela *Ni rey ni roque*, que tenía un evidente trasfondo antifilipino, fue censurada en 1845 por tener implícita una fuerte crítica a la monarquía (Zavala, 1971: 52), lo que también atañía al gobierno actual. En este caso, Escosura se había retrotraído al siglo XVI para articular una crítica que más o menos podía afectar a su propio tiempo (Muñoz Sempere, 2011), pero no consiguió pasar plenamente desapercibido.

Las circunstancias no favorecían la publicación de nada que cuestionase la monarquía en general ni a los Borbones en particular. Si alguien quería criticarlos, debía ser cuidadosamente sutil, como ocurrió con Estanislao de Cosca Vayo. Su novela *Voyleano o la exaltación de las pasiones*, publicada en 1827, contenía un trasfondo que en última instancia suponía una crítica a Fernando VII, según ha estudiado Mark Mallin (2007: 47-53). Pero la obra en sí no desarrolla ningún conflicto contra ese rey, sino que se ambienta en la Guerra de la Independencia a modo de alegoría, en la cual el desacuerdo la autoridad, en ese caso napoleónica, pretendía evocar un rechazo al monarca que gobernaba cuando ese libro se publicó (Mallin, 2007: 48-49).

Quienes eran contrarios a los Borbones tenían motivos por los que silenciarse o disimular sus críticas. Por lo demás, a los escritores más afines a la dinastía imperante tampoco les convenía visibilizar demasiado el XVIII. Como advierte Fernández Prieto, el asunto tratado por una novela histórica nunca es casual, sino que ya de por sí supone un determinado sesgo ideológico por dar prioridad a un momento y lugar concretos frente a otros (2003: 211). Por mucho que fueran simpatizantes con la monarquía en general y con la que había en ese momento, no convenía prestar atención a un siglo en el que el trono español atravesaba una profunda decadencia. La idea de «nación» que en ese momento imperaba, además, ofrecía la alternativa de presentar la España presente, regida por Fernando VII o Isabel II, como resultado y continuación de la de Carlos I o Felipe II, luego convenía preferiblemente visibilizar a estos últimos.

Esta preferencia puede apreciarse, sobre todo, en el que fue el novelista más prolífico y exitoso del XIX: Manuel Fernández y González, que resulta destacable tanto por su fecundidad como por su ideología. Sobre lo primero, llegó a componer en torno a doscientas narraciones, cantidad no igualada por ningún otro autor de su tiempo (Muñoz de Morales Galiana, 2022b: 85). En cuanto a lo segundo, su tendencia era claramente monárquica y conservadora, con declarada afinidad por el régimen Borbónico (Muñoz de Morales Galiana, 2022b: 218-228). En consecuencia, el siglo XVIII aparece generalmente evitado en sus novelas.

Estas trataban, en su mayoría, sobre asuntos históricos, pero casi todas estaban ambientadas en la Edad Media o en los Siglos de Oro. Préstamo Landín lista sesentainueve novelas sobre el pasado de España (2019: 117-118), pero de todas ellas solo tres abordaban el siglo XVIII: *El asno cojo* (1849), *La princesa de los Ursinos* (1864-1865) y *Mantos, capas y sombreros* (1870-1871). Una cantidad ínfima respecto del total. Mientras tanto, ese mismo autor se había encargado de difamar en sus textos a Felipe III, paradigma de los llamados «Austrias menores», que en su exitosa novela *El cocinero de su majestad* quedaba retratado como responsable absoluto de la ruina de España (Muñoz de Morales Galiana, 2022b: 519-529). Por esa vía, los Borbones podían quedar exculpados de todo gobierno negligente. Según este discurso, no eran ellos los responsables de perder territorios o gestionar peor los territorios en ultramar, sino que ellos ya habían llegado al poder cuando España estaba en plena decadencia, de lo que no debían quedar culpados. Por el contrario, el mismo Fernández y González depositó claras esperanzas en su gobierno, que quedaron cristalizadas en su poema «A España», donde auguraba que el gobierno de su tiempo lograría restaurar a la nación la gloria de antaño mediante la Guerra de África (Muñoz de Morales Galiana, 2022a).

*Grosso modo*, lo que vemos en el corpus de Fernández y González es un reflejo de lo que fue común en la literatura decimonónica, sobre todo en el terreno de la novela. Russell P. Sebold, en su libro sobre la novela del Romanticismo (2002), analiza varias de tema histórico que juzga relevantes, todas ellas publicadas entre 1801 y 1847, como *Cornelia Bororquia* de Luis Gutiérrez (1801), *Ni rey ni roque* de Escosura (1835) y *Doña Blanca de Navarra* de Navarro Villoslada (1847). Ni una sola está ambientada en el siglo XVIII. No es muy diferente el caso de Felicidad Buendía, que en 1963 elaboró una antología sobre la novela histórica decimonónica. Esta incorporaba un total de diez narraciones, de las cuales solo *El golpe en vago* (1835), de García de Villalta, se desarrollaba en la España dieciochesca. De nuevo, y al igual que ocurre en el corpus de Fernández y González, la cantidad es ínfima respecto a la tendencia general.

Vemos, por tanto, que la literatura decimonónica sobre el XVIII parece algo más bien marginal y minoritario. Las preceptivas literarias de entonces no contribuían precisamente a cambiar eso, ya que el nacionalismo imperante llevaba a contemplar el siglo anterior como un período de afrancesamiento artístico. El Neoclasicismo entero, por ejemplo, quedaba desacreditado por autores como Alcalá Galiano, quien exaltaba los Siglos de Oro y veía en estos el esplendor artístico que debía retomarse en el XIX (Sebold, 1970: 29-56). Antes interesaba remitirse a Cervantes y a Calderón de la Barca que a ningún autor neoclásico. El esplendor político de España como imperio coincidía con el auge cultural según este discurso. Si los escritores auriseculares eran el principal referente, los monarcas de entonces eran los más interesantes sobre los que componer novelas junto con los de la Edad Media. Los tiempos del Cid y de los Reyes Católicos, además, se percibían como el germen de lo que España estaba destinada a ser, en una suerte de determinismo herderiano que influyó mucho sobre algunos historiadores, como Modesto Lafuente (Pérez Garzón, 2001: 11).

Las obras del XIX sobre el XVIII, por tanto, fueron algo a contracorriente y más bien anómalo, lo que supone un interés añadido. De una de estas, *De patria en patria* (1861) de Antonio Ferrer del Río, se ha ocupado Alfonso Calderón Argelich (2021). Pero hay una de ellas que, hasta la fecha, aún no ha podido ser objeto de estudio: se trata de *El hombre de Tempul*, de José Miguel Hué y Camacho, una obra inédita y cuyos únicos manuscritos estaban desaparecidos hasta la reciente fecha de 2014, como más adelante veremos. La peculiaridad de que aborde el XVIII en contra de lo que era común podría motivar, hasta cierto punto, su recuperación, pero a este interés se le suman sus distinguibles valores literarios y su original visión de la España dieciochesca. Lo mismo ocurre con la otra novela sobre ese mismo siglo que compuso el escritor: *Los gitanos* (1838), que también incluimos en este libro.

# 2. José Miguel Hué y Camacho (1803-1841): perfil biográfico y literario

Pero, para entender correctamente estas dos novelas, será necesario contextualizarlas y reparar sobre su autor, que apenas ha sido reconocido ni estudiado, que no gozó de ningún éxito en vida, y que quedó relegado al olvido al poco de su prematura muerte en 1841. Aunque fue un novelista muy prolífico, que compuso hasta trece novelas originales, no logró conseguir casi ningún tipo de recepción con sus textos. Esto se debió, sobre todo, a que no fue capaz siquiera de publicar la mayor parte de sus narraciones, que habían quedado no solo inéditas, sino inaccesibles hasta hace muy poco. La escasa difusión de su obra fue el principal obstáculo para que la crítica posterior pudiera valorarlo y analizarlo, hasta el punto de que actualmente encontramos muy pocos trabajos sobre él.

El primero de estos es el de Marieta Cantos Casenave (1999), que analiza uno de los dos únicos libros que llegó a publicar en vida, aunque de forma anónima: las *Leyendas y novelas jerezanas* (1838), que integraban una colección de tres novelas. Aparte de estas, encontramos también una novela histórica que dio a la imprenta por separado y que apareció a título póstumo, *La hija de Abenabó* (1842), de la que solo conocemos un ejemplar en la biblioteca de Huelva.[1]

La fecha de su muerte coincide con la del último libro publicado, lo que nos lleva a un escritor que falleció en un momento temprano, con su carrera literaria apenas iniciada y con un corpus muy reducido, el cual, además, tuvo muy escasa repercusión. Ninguno de sus dos libros, hasta donde sabemos, fue

---

1     La signatura del ejemplar es H-R 821 ARI hij. En la portada no figura como tal el nombre del autor, pero sí se indica que fue escrita por el «autor de las Leyendas jerezanas» (Hué y Camacho, 1842). En el catálogo de la biblioteca aparece señalada como de otro autor, José Arias Bela, a quien también se le habían atribuido las *Leyendas*, pero López Romero desmintió esto y confirmó que es a Hue y Camacho a quien pertenecen tanto esta colección como *La hija de Abenabó* (1998: 245-246).

reeditado en más ocasiones. La única personalidad relevante que pareció reparar sobre ellos fue Alberto Lista, que publicó reseñas elogiosas tanto del primer libro (Lista, 1844: vol. 1, 163-165) como del segundo (Lista, 1843). Décadas después apreciamos un ostensible intento por recuperar su figura con el libro de Diego Parada y Barreto, *Hombres ilustres de la ciudad de Jerez de la Frontera* (1878), en el que dedica un capítulo a biografiarlo y a enumerar sus obras (Parada y Barreto, 1878: 224-229). Gracias a ello se hizo público el dato de que llegó a componer mucho más de lo que dio a imprenta; de hecho, las *Leyendas* y *La hija de Abenabó* vendrían a constituir una parte ínfima del total de su corpus, formado fundamentalmente de obras inéditas (Parada y Barreto, 1878: 228).

A partir de ahí se supo que había escrito varias novelas más, pero, por mucho interés que estas despertasen, no había forma de acceder a ellas, ni siquiera a los manuscritos originales, de los que en ningún momento se dice la ubicación en el último texto citado. Pero esto cambió hace menos de una década. En 2014, su tataranieto, Alfonso Hué García, donó a la Biblioteca Central de Jerez varias cajas llenas de manuscritos que habían ido pasando en su familia de generación en generación (Gómez Martín y López Romero, 2019: 269). En 2019 se publicó un artículo a cargo de Amparo Gómez Martín y José López Romero, que suponía una revisión general del corpus legado a la institución jerezana. De este modo, quedaban abiertas nuevas vías para profundizar en la obra de Hué y Camacho, que ahora sí está localizada en su mayor parte y resulta accesible a investigadores.

Solo conocemos una novela que, en principio, parece haberse perdido: *La tala de Guadalevín*. Aparece listada en uno de los papeles de Hué y Camacho entre los manuscritos legados a la biblioteca, con signatura M/236; en concreto, supuestamente formaría parte de la colección *Las noches de Benaoján*, pero no se encuentra entre los textos legados a la institución jerezana. Además, de entre las que Alfonso Hué García donó a la biblioteca, solo unas pocas están completas: *El hombre de Tem-*

*pul* (M/214), *El alfaquí* (M/216), *Alejo y Guiomar* (M/218), *El conde de Niebla* (M/220) y *Los negros* (M/217).[2] Al manuscrito de *El ferí de Benastepar* (M/221), según hemos podido comprobar allí, le falta al parecer alguno de los cuadernos en los que estaba contenida la obra, la cual salta del capítulo 20 hasta el 40. Al de *La peste de Sevilla* (M/220), por su parte, le falta el final. Según vemos en una nota al final, al parecer escrita por su heredero, esta obra tal vez quedara incompleta. Respecto a *Los bandos de Sevilla*, la biblioteca conserva una copia (M/219) realizada sobre un autógrafo previo no conservado, que podemos suponer muy deteriorado en el momento de la reproducción, porque en esta vemos espacios en blanco para palabras concretas y páginas enteras.

No mucho después se hizo público un nuevo descubrimiento en relación a la fortuna del corpus de Hué y Camacho. Fue en noviembre de 2021, cuando en Cádiz se celebró el Congreso Internacional «Hacia una idea de Andalucía en los siglos XVIII y XIX. Prensa, teatro y tipifación de lo andaluz». Una de las ponencias, a cargo del profesor Daniel Muñoz Sempere, reveló la existencia de un manuscrito completo de *El ferí de Benastepar*. Se titulaba «*El feri de Benastepar*, de Hué y Camacho, y la segunda vida de la novela morisca», y en ella se explicó que en la Biblioteca Nacional se conservaba, entre los fondos de Serafín Estébanez Calderón, un autógrafo completo de *El ferí* en tres tomos con signaturas 2173, 2174 y 2175, que incluía los capítulos perdidos de la obra en el manuscrito donado a la Biblioteca Central de Jerez. Dos años después vería la luz la primera y única edición de *El ferí* (Hué y Camacho, 2023).

---

2   *Los negros* en teoría debería estar en el legajo M/220, según se etiqueta en el catálogo, pero no figura ahí. En principio, es la cuarta obra de la colección titulada *Crónicas sevillanas*, pero, tras haber examinado el dossier M/220, vemos que esta solo incluye la tercera y la quinta. El M/217 incluye una copia extractada del texto, que constituye el único testimonio del texto actualmente existente. Por lo demás, dentro del género del relato breve también están completos los cuentos de «El castillo de Benadalid» y «La venta», incluidos ambos en el M/216. Son parte de *Las noches de Benaoján* según el M/236.

Actualmente, por tanto, disponemos de mucha más información que nos permite encarar el estudio de Hué y Camacho. Sabemos que escribió al menos trece novelas, de las que solo consiguió publicar cuatro: *El pendón*, *Los gitanos* y *El cristiano y la mora*, recopiladas en el libro de las *Leyendas y novelas jerezanas* (Hué y Camacho, 1838), y *La hija de Abenabó*, que se imprimió en 1842 por Lázaro Estruch. A estas se le suman las cinco cuyos manuscritos se conservan de manera íntegra: *El ferí de Benastepar*, *El hombre de Tempul*, *Alejo y Guiomar*, *El alfaquí*, *El conde de Niebla* y *Los negros*.[3] Tenemos, a su vez, otras dos cuyos manuscritos están incompletos: *Los bandos de Sevilla* y *La peste de Sevilla*. Por último, sabemos que en algún momento escribió o planeó escribir *La tala de Guadalevín*, pero de esta última no podemos garantizar que se hayan conservado o vaya a ser accesible en un futuro próximo.

Más allá de su faceta como novelista, sabemos que se dedicó a la poesía, ya que en el prólogo a las *Leyendas* comenta que publicó una égloga «en loor de la amnistía» en la colección titulada *La musa del Guadalevín* (1833) (Hué y Camacho, 1838: VI). De igual manera el legajo M/217 contiene varios poemas suyos aparentemente inéditos. También fueron destacables sus intentos como dramaturgo, que podemos resumir en tres obras originales, inéditas y reunidas en el M/215, *La compañía del Himeneo*, *El ansia por casarse* y *Don Juanito o El amante como son muchos*, que han sido estudiadas por Gómez Martín y López Romero (2019: 271-279). Ese mismo legajo, además, también contenía una traducción de Hamlet, aunque parte de otra francesa que modifica libremente, por lo que «cualquier parecido del texto de Hué con este [el de Shakespeare] ya podríamos atriburlo a la casualidad» (Gómez Martín y López Romero, 2019: 272).

Respecto a su vida personal, estuvo lejos de poder dedicarse profesionalmente a nada relacionado con la literatura. Hué y

---

3    Bien es cierto que, sobre la última de las ahí listadas, solo conservamos una copia extractada.

Camacho, que era «de carácter vivo y bondadoso, de agradable y festivo trato» trabajó como médico, pero no consiguió mucha fortuna en esa profesión, y encontró la muerte entre la enfermedad, la miseria y «una constante melancolía» (Parada y Barreto, 1878: 227). Según revela su correspondencia con su tío incluida en el M/236, veía en sus novelas una esperanza para su futuro, un futuro que jamás llegó porque fallecería en 1841. Murió sin haber recibido apenas reconocimiento por parte de sus contemporáneos, y sin un solo indicio de que sus novelas empezarían a valorarse más de un siglo después.

# El hombre de Tempul

# 1. Relación con *Las noches de Benaoján* y las *Leyendas y novelas jerezanas*

Aunque *El hombre de Tempul* es una novela que no ha podido verse publicada hasta este preciso momento, sabemos que Hué y Camacho tenía, en origen, otros planes para el texto. En concreto, quería incluirlo en sus *Leyendas y novelas jerezanas*, colección que en un inicio debía encabezar. En el prólogo a ese libro podemos ver cómo explicita ante los lectores que «si hay quien derrame una sola lágrima al leer las desgracias del hombre de Tempul, recompensado seré copiosamente de mis desvelos y trabajos» (Hué y Camacho, 1838: XIII). En cambio, esta novela no coincide con ninguna de las que se insertan a continuación, tituladas, como ya hemos mencionado, *El pendón*, *Los gitanos* y *El cristiano y la mora*. Al final, en la fe de erratas, podemos apreciar la siguiente declaración que revela la existencia de la obra y que no pudo ser finalmente incluida: «Por circunstancias particulares inevitables no ha sido posible incluir en esta colección la novela del *Hombre de Tempul*, de que se habla en el prólogo; y se substituyó en su lugar la de *Los gitanos*» (Hué y Camacho, 1838: 324).

¿Cuáles fueron esas «circunstancias particulares inevitables» que llevaron a excluir la novela y a sustituirla por *Los gitanos*? Es imposible determinarlo de manera fehaciente pero, en función de las evidencias, podrían establecerse varias hipótesis. Primero de todo, debemos apreciar que las *Leyendas y novelas jerezanas* no fueron la única colección compuesta por Hué y Camacho; por el contrario, casi todas las narraciones suyas, publicadas o no, quedaban recopiladas en series, con la única excepción de *La hija de Abenabó*. En concreto, sabemos que agrupó varias de sus novelas con relación a tres ciudades andaluzas: Jerez, Sevilla y Benaoján. A la primera de estas apelaba en sus mencionadas *Leyendas*. Respecto a la segunda, dedicó un total de cinco textos agrupados bajo el título de *Crónicas sevillanas*, que constaban de los siguientes volúmenes numerados con el mismo orden que presentamos a continuación: *Alejo y Guiomar, Los bandos de Sevilla, El conde de Niebla, Los negros* y *La peste de Sevilla*. La tercera de sus colecciones, también relacionada en este caso con *El hombre de Tempul*, fue *Las noches de Benaoján*.

En el libro de Parada y Barreto vemos que aparece mencionada como texto aparte y ajeno a *El ferí de Benastepar*, novela que queda citada al margen (1878: 228). Pero, si atendemos a un listado encontrado entre los papeles del mismo Hué y Camacho, en la biblioteca de Jerez, vemos que sus *Noches* constaban de los siguientes textos: *El ferí de Benastepar, El alfaquí, El castillo de Benadalid, La tala de Guadalevín* y *La venta* (M/236). No obstante, tal como apreciamos en esa misma lista, la tercera de esas obras, según parece, en origen iba a ser *El hombre de Tempul*, que también figura ahí, aunque tachada y sustituida por *El castillo de Benadalid*.

A diferencia de lo que ocurrió con sus *Leyendas*, Hué y Camacho nunca llegó a publicar sus *Noches*, o, al menos, no como colección. Pero precisamente *El castillo*, la que sustituyó a *El hombre de Tempul*, sí llegó a ver la luz, aunque no como libro suelto, sino en un periódico malagueño, *El Guadalhorce* (Hué y Camacho, 1839). Ahí aparecía firmado con el seudónimo «El Andaluz», que Hué y Camacho pudo haber utilizado en más ocasiones. El texto manuscrito que se conserva en Jerez coincide con el que apareció en la prensa, lo que nos lleva a identificar a nuestro novelista con el que utilizó ese apodo. Pero, a diferencia de lo que ocurre con *El ferí* y *El alfaquí*, *El castillo* no es una novela propiamente dicha, sino un relato breve, al igual que *La venta*. En concreto, estos dos son cuentos que inserta al final del manuscrito de *El alfaquí* (M/216).

¿Qué motivos pudo tener Hué y Camacho para querer incluir originalmente *El hombre de Tempul* en sus *Noches de Benaoján*, pero luego excluirlo y sustituirlo por *El castillo de Benadalid*? De entrada, puede parecer que se trata de una cuestión geográfica. La novela que aquí editamos, como más adelante veremos, no se desarrolla en Benaoján, sino en los aledaños de Jerez. Pero *El castillo* se emplaza, como su título indica, en

Benadalid, mientras que *El ferí* se sitúa en la zona de Ronda y Benastepar. No parece, por tanto, que el criterio que agrupa *Las noches de Benaoján* sea el de que esas narraciones se desarrollen en torno a esa localidad.

En las *Crónicas sevillanas*, por el contrario, observamos que en los mismos títulos de las obras se apela a la ciudad en cuestión, como en *Los bandos de Sevilla* o *La peste de Sevilla*. De igual modo, las *Leyendas y novelas jerezanas* se desarrollan siempre en Jerez y alrededores. Pero, si atendemos a la biografía de Hué y Camacho, podemos contemplar al menos otra explicación para lo relativo a las *Noches*. Él mismo estuvo destinado en Benaoján como médico local a partir de 1834 (Parada y Barreto, 1878: 227). Quizá el título de esa colección pueda deberse al solo hecho de que las compuso durante sus desvelos en esa localidad, con independencia del lugar en el que estas se desarrollen. De ser así, *El hombre de Tempul* se habría compuesto en esta etapa, quizá en un momento previo a planificar siquiera un conjunto de textos sobre Jerez. Pero la posibilidad de compilar sus *Leyendas* tal vez pudo llevarlo a aprovechar esa obra en concreto dada su temática jerezana. De ahí probablemente que la sustituyera por *El castillo de Benadalid*. De hecho, en origen iba a ser la obra que abriera la colección, como advertimos en el mismo prólogo. Es posible también que este mismo texto le hubiese dado la idea para crear tal conjunto.

Si observamos el manuscrito (M/214), precisamente veremos que, junto al subtítulo de «Novela histórica», se ha añadido también el de «1ª – 4ª Leyenda jerezana». La presencia ahí de estos dos ordinales, en vistas de lo sucedido con el libro publicado, nos da a entender cómo había proyectado que esta fuese la primera de sus *Leyendas*, pero que, como quedó excluida del conjunto, planeó que fuese la cuarta. Como el tomo publicado solo reunía tres textos, pudo pretender que este cuarto se publicase aparte, como volumen suelto o encabezando una nueva tanda de *Leyendas*. En cualquier caso, sabemos que ninguna de esas dos opciones llegó nunca a llevarse a cabo.

Podemos intuir, de igual manera, que probablemente fuera posterior este subtítulo que lo reconocía como parte de esa colección. Tal suposición se debe a que el título original de la obra no iba a ser *El hombre de Tempul*, sino *La lechera de Tempul*. En la portada del primer manuscrito vemos tachadas las palabras «La lechera» y sustituidas por «El hombre». Una modificación así puede deberse a que el autor originalmente pensara en el personaje de María, la lechera, como protagonista, pero que finalmente juzgara más conveniente darle más relevancia a Pedro Medrano, el hombre de Tempul; sobre ello volveremos en apartados sucesivos. En cualquier caso, este cambio de título nos lleva a pensar que su composición tal vez sea anterior a su decisión de incorporarla no solo a las *Leyendas*, sino a las *Noches de Benaoján*. Recordemos que, en la lista de estas últimas, la obra que aparecía tachada se titulaba *El hombre de Tempul* y no *La lechera de Tempul*.

Si recapitulamos toda la información que en este apartado hemos ido ofreciendo, tenemos, a grandes rasgos, las siguientes evidencias. Primero, que Hué y Camacho empezó a componer, probablemente a partir de instalarse en Benaoján en 1834, una novela titulada originalmente *La lechera de Tempul*, pero que más adelante pasó a ser *El hombre de Tempul*. Segundo, que posteriormente quiso incorporar la obra a sus *Noches de Benaoján*, aunque finalmente optó por sustituirla e incluir en su lugar *El castillo de Benadalid*. Tercero, que la obra iba a encabezar una nueva colección, las *Leyendas y novelas jerezanas*. Cuarto, que ese conjunto de textos finalmente sí se publicó en 1838, momento en el que debía tener ya terminado *El hombre de Tempul*. Quinto, que la obra quedó también fuera de las *Leyendas*, o al menos de las que se publicaron, pero que seguía listada como cuarta leyenda y que tal vez planease su publicación para un futuro.

Con todo esto podemos volver a encarar el interrogante inicial que hemos planteado al comienzo de esta sección: ¿por qué quedó fuera del libro impreso? ¿Cuáles fueron las «circunstancias particulares inevitables» que motivaron su exclusión?

Quizá pudo deberse a una cuestión meramente económica, con relación a la extensión del texto. La novela que vino a sustituirla, *Los gitanos*, era más breve, con solo seis capítulos, pero esta resultaba un poco más larga por tener siete y es probable que el propio impresor optara por sustituirla e incluir en su lugar una más corta, tal vez más asequible en función de los costes que hubiera podido permitirse. Pero esto no explica que en el conjunto aparezca también *El cristiano y la mora*, más larga aún, con nueve capítulos. No podemos, en cualquier caso, sobrepasar el terreno de la hipótesis, luego sigue abierta la posibilidad de que el motivo real fuera otro. Además, si esto fue así, ¿por qué no volvió a publicarla posteriormente? Desde luego, las *Leyendas* no fueron el último libro que consiguió publicar en vida; a este siguió, como ya vimos, *La hija de Abenabó*, en cuyo título se remitía precisamente a la colección anterior como única seña sobre la identidad del autor. Si obró de esa forma en ese caso, ¿por qué no publicó directamente *El hombre de Tempul* en vez de *La hija*? La intertextualidad con las *Leyendas*, desde luego, hubiese sido más evidente, porque sería un nuevo tomo de la colección y no una novela independiente. ¿Qué ocurrió entonces?

Si prestamos atención al contenido de la obra, como haremos a lo largo de esta introducción, una nueva posibilidad puede plantearse, esto es, que el texto sufriera realmente algún tipo de censura. La obra, en sí, aborda un asunto en extremo truculento, porque trata sobre cómo una aristocracia corrupta abusa sexualmente, y de manera sistemática, de numerosas víctimas inocentes, todo ello en un contexto que incapacita la intervención de la ley. Solo por esto, sumado a las escenas de especial crudeza, un impresor pudiera haberse disuadido de publicar un texto así, en el que, además, como también explicaremos, subyacía un carácter subversivo contra la dinastía de los Borbones. El contenido, por grotesco y excesivamente crítico, pudo haber sido lo que impidió que la obra se diera al público antes de este momento. Pero, para poder matizar eso, será necesario remitirnos en detalle a su argumento.

## 2. Argumento de la obra

El texto se sitúa, ya en el primer párrafo, en la Guerra de Sucesión. El tono que ahí emplea podría llevarnos a intuir que va a desarrollar un asunto bélico: «Larga fue la contienda entre el archiduque Carlos y Felipe el Animoso, pues ambos, sostenidos por fuertes partidos nacionales y extranjeros, ansiaban por subir al trono de España» (*EHdT*, c. 1).[4] Sebold, en su trabajo sobre la novela romántica, ha analizado cómo en *Los bandos de Castilla*, de López Soler, puede apreciarse un estilo cercano al de la epopeya (2002: 71-88), luego no sería de extrañar un texto en esos términos sobre el principal conflicto peninsular que hubo a comienzos del XVIII. Sin embargo, y en contra de las expectativas que en ese primer momento se perfilan, *El hombre de Tempul* no va a tratar sobre esa guerra, la cual queda resumida y concluida en ese primer capítulo: «Felipe venció finalmente, y al ruido de los combates sucedió el miserable ocio y la holganza placentera» (*EHdT*, c. 1). Descubrimos entonces que lo que hasta ese momento se nos ha narrado es únicamente contexto con el que remitirnos a una España recién conquistada por Felipe V, con una nobleza muy ociosa. Después, y sin apenas mediar explicación alguna, el narrador nos sitúa en una escena muy concreta, de corte costumbrista y alejada del mundo bélico. Pasa entonces a ubicar la acción en un momento posterior e indeterminado, pero en un lugar completamente acotado, el cortijo de la Ina, cerca de Jerez, en el que se desarrolla la mayor parte de la novela:

> Columbrábase en las orillas del manso Guadalete el cortijo de la Ina, célebre no tanto por el blando ambiente de su clima, lo histórico de su situación, pues allí cerca fue la batalla donde el poder de los godos sucumbió a los sarracenos, y la ferocidad de sus campos, cuanto por la ermita que allí estaba dentro de la misma hacienda,

---

4    Todas las citas incluidas en el presente trabajo a las novelas aquí editadas indican, por un lado, el título abreviado de la obra –*EHdT* para *El hombre de Tempul* y *LG* para *Los gitanos*– , y por otro el capítulo del que proviene el fragmento citado.

acatada desde antiguos tiempos; notable era también aquel edificio por las comodidades que encerraba en sus habitaciones.

–Pues, señores –dijo el viejo Juan, acabando de limpiarse la boca del almuerzo–, es necesario hacer hoy grandes cosas (*EHdT*, c. 1).

Entre esos dos instantes, el triunfo del nuevo rey y la escena inicial que abre la obra, transcurren la mayor parte de los acontecimientos relevantes, que irán planteándose como misterios y desvelándose poco a poco al lector y a los personajes a modo de continuas anagnórisis. A fin de esclarecer la trama, de relativa complejidad, pasaremos a exponerlos no en el orden en que se presentan, sino de manera cronológica. En este sentido encontramos que, al poco de triunfar Felipe V, logró encumbrarse también una familia jerezana poseedora del cortijo de la Ina, los Medrano, cuyo patriarca, al morir, deja dos hijos, el mayor de los cuales se llama Juan, mientras que el menor es Pedro, el «hombre de Tempul» que, como antes mencionamos, da título a la novela. Entre estos dos hermanos desde un inicio se establece una dualidad. Mientras que Juan vive dado a toda clase de vicios, Pedro es todo lo contrario, un muchacho sensible y ajeno a toda malicia. Pero vive enamorado de Beatriz, con quien mantiene relaciones sexuales fuera del matrimonio, lo que lo convierte en padre de dos hijos ilegítimos. A fin de conseguir legalmente la paternidad de sus retoños, decide concertar una boda en contraposición a lo que su familia pensaba.

Justo entonces, en el momento previo a que el cura ratifique la unión, el casamiento queda interrumpido por Juan Medrano, que irrumpe en la iglesia, sin respeto alguno hacia la religión, y secuestra a Beatriz, a quien se lleva, muy en contra de su voluntad, como su concubina. El clérigo, lejos de atreverse a contravenir la voluntad de Juan, se acobarda y se amedrenta ante el poder social que este tiene. Pedro queda, entonces, soltero, padre de dos bastardos y separado a la fuerza de la mujer que ama por su propio hermano.

La primera reacción que Pedro tiene es una tentativa suicida, pero luego planea rescatar a Beatriz. Para ello decide colarse por un pasadizo que conectaba una iglesia cercana con una habitación del cortijo, la sala amarilla, donde casualmente habían encerrado a su amada. Pedro le promete a esta que regresará al día siguiente a por ella, pero cuando lo intenta les sorprende Juan Medrano, que chantajea a su propio hermano con los hijos de este último, a quienes parece haber secuestrado y amenaza con matarlos. Beatriz, entonces, desfallece y muere de un ataque de pánico. Pedro queda encerrado en la sala amarilla, pero logra escapar por el pasadizo junto con el cadáver de su amada.

Entonces, se traslada a vivir en una cabaña cercana a las ruinas de Tempul, a modo de solitario aislado de toda sociedad, y se convierte en el «hombre de Tempul» al que alude la novela, al tiempo que todos lo creen muerto y legalmente lo toman por tal, gracias, en parte, a rumores que él mismo esparce. Jura entonces vengarse y comienza a hacer frecuentes visitas a la sala amarilla por el pasadizo, con el objetivo de asesinar a Juan si lo encuentra en esa habitación.

Los niños, por su parte, son salvados por un criado bondadoso que los ofrece a un gitano para que los adopte como sus hijos. Uno de ellos muere de sarampión, mientras que la otra, María, sobrevive. Irónicamente, cuando crece acude al cortijo de la Ina para trabajar como criada. La depravación habida en este lugar no había disminuido, sino que llevaba incrementándose desde la ascensión de Juan Medrano como nuevo patriarca de la familia, que llega a casarse y a tener dos hijos legales. Pero esto no impide que desarrolle una costumbre verdaderamente atroz, la cual consiste en contratar a gitanos para que secuestren a mujeres jóvenes y se las lleven al cortijo, donde él puede abusar sexualmente de ellas sin que la ley intervenga de ninguna manera. María llega como criada al cortijo de la Ina sin tener idea de lo que allí ocurre, y al poco escucha hablar de los dos hijos de Juan Medrano, en quienes se reproduce una dicotomía similar a la de su padre y su tío. Mientras que Manuel es sensible, aficionado a la lectura y alejado de todo vicio, Diego es tan depravado como su progenitor y abomina de que su hermano sea tan moralista.

María duerme, casualmente, en la sala amarilla, a la que esa misma noche acude Pedro en uno de sus muchos intentos de venganza. Descubre que quien está durmiendo ahí no es Juan, sino su propia hija, a quien no reconoce como tal; entonces la advierte de todas las depravaciones y abusos que ahí se cometen y se la lleva a vivir consigo a las cercanías de Tempul, donde ella empieza a cuidar de su padre –sin saber que lo es– y a subsistir como lechera. Lleva entonces una vida próspera hasta que la secuestra un gitano enviado por Diego Medrano y vuelve al cortijo de la Ina, donde queda retenida contra su voluntad. Pero Manuel Medrano descubre el secuestro e intenta salvarla, para lo cual pide ayuda a su propio padre, Juan, que acude al cortijo, si bien una vez allí se desentiende y no se conmueve lo más mínimo.

Pedro, al verse sin María, marcha a la Ina y entra por el pasadizo en la sala amarilla. Allí ve cómo su hermano, que había acudido llamado por Manuel, estaba durmiendo. El hombre de Tempul intenta matar a Juan Medrano ahí, pero se siente incapaz por una intervención de María, que se declara como su hija. Aparece entonces el criado que salvó a los dos niños y revela toda la verdad. Pedro, al darse cuenta de su vínculo familiar con la lechera, se la lleva de nuevo a vivir con ella a Tempul, donde tienen una existencia apacible con la compañía recurrente de Manuel Medrano. Pero Juan y Diego, secuestradores y violadores, continúan con una vida de gozos y excesos sin consecuencias legales de ningún tipo. Pedro, finalmente, encuentra la muerte lleno de tormentos y agonías a causa de las tragedias tremebundas que ha sufrido.

# 3. Trasfondo histórico: Jerez durante el reinado de Felipe V

Aunque la obra se pretendiera incorporar a posteriori a las *Leyendas y novelas jerezanas*, lo cierto es que, a juzgar por el otro subtítulo que el autor le da en el manuscrito original (M/214), la obra no parece haberse concebido, en origen, como una «leyenda», sino como una «novela histórica» según se indica en la portada. En cambio, si prestamos atención al argumento, lo histórico no parece, en primera instancia, demasiado relevante. Los únicos personajes y acontecimientos reales que apreciamos pueden sintetizarse en Felipe V, el archiduque Carlos y la Guerra de Sucesión, pero a todo ello no se le dedica más que unos breves párrafos (*EHdT*, c. 1).

Si atendemos a la definición que Georg Lukács da de «novela histórica», apreciaremos que no puede recibir tal marbete todo texto que se ubique en el pasado, sino que es necesario que el comportamiento de los protagonistas esté condicionado por su contexto espaciotemporal (1966: 155). Lo fundamental para sopesar el trasfondo histórico de *El hombre* no serían tanto las alusiones a sujetos o sucesos reales, sino que sus personajes, aunque sean inventados, se comporten de una manera plenamente condicionada por unas circunstancias históricas muy concretas.

En ese sentido, no es casual que la obra comience con alusiones a Felipe V y la Guerra de Sucesión. De ello se deriva que todo lo que se va a narrar es consecuencia, directa o indirecta, del nuevo contexto político que había en España a partir de que el Borbón lograse triunfar. Más concretamente, se incide en el apoyo que el nuevo monarca recibió por parte de los nobles jerezanos y de esa zona:

> Felipe venció finalmente, y al ruido de los combates sucedió el miserable ocio y la holganza placentera; la nobleza española, que por luengos años habrá estado luchando, arrimó a su lado las lanzas y buscó otras diversas ocupaciones; ¡mas ah! Engreída con el hambre de sus victorias, preocupada con los timbres y galardones que en las trabajosas lides ganara de contino, no quisieron dedicarse a ocupaciones patrióticas y útiles: el comercio, la industria y aún la agricultura eran tareas serviles, indignas de en alta alcurnia; alguno que otro habíase dado a las bellas letras, mas eso aconteció principalmente en la corte, bajo la expirante dinastía austríaca [...]. Cundiera entonces por Andalucía el gusto a los gitanos, a esa casta

desgraciada que con su zalamera cháchara procuró captarse la voluntad de los magnates y poderosos, y se hicieron en efecto personas del todo indispensables para sus bulliciosas zambras.

Una de las ciudades andaluzas que más influyeron en la guerra civil era Jerez; sus hijos habían derramado por Felipe su sangre y sus riquezas, y ahora se entregaban a los voluptuosos placeres que pintando voy, porque siempre la molicie y la abundancia acarrean tales desórdenes a no ser que los templen las ciencias y la filosofía; mas tal remedio no se conociera en aquel siglo en mi querida patria [...] Veíanse por eso opulentas iglesias y casas grandes y magníficas, salpicadas y entreveradas con lóbregas y miserables barracas; las calles estaban llenas de barro o de polvo según la estación, y no había ni paseos, ni teatros, ni ninguna de aquellas diversiones que hacen más plácida y llevadera la vida, ¿y para qué serviría nada de esto? El hombre de alta prosapia paseábase en coche y, si no, por los salones de su casa, mirando complacido los escudos y cuarteles que adornaban las enmohecidas paredes; y no era esto aún lo peor; la hidalgomanía cundiera impetuosa; los grandes propietarios, aunque seguían las labores de sus cortijos, pretendían ser también nobles de la más pura alcurnia, aún más todavía el desprecio de los demás que si notaban en los primeros gentes preocupadas, aunque de mérito; veían en los segundos hombres necios a más no poder; casi todos los hijos de estos pretendidos hidalgos eran unos caballeros que solo sabían fumar, tocar la vihuela, bailar una seguidilla, hablar con los gitanos y agarrochar un toro (*EHdT*, c.1).

Dicho de otra manera, el escenario social que se esboza en *El hombre de Tempul* no puede tener lugar en ningún otro momento ni contexto. La obra, en sí, aborda las pulsiones entre centro y periferia que hubo en esa parte de Andalucía tras el ascenso de Felipe V. Según se establece en el texto, tal cambio de gobierno trajo prosperidad al territorio, lo que conllevó el enriquecimiento y encumbramiento de familias como la protagonista. Pero, según se infiere del párrafo citado, el ascenso económico no basta para conseguir un ascenso educativo.

Los Medrano han crecido en una zona relativamente pobre y aislada durante los siglos anteriores. Ahora, sin embargo, gozan de mucho dinero y de prestigio social, pero no todos ellos saben demostrar la educación que se correspondería con personas de su rango. Por el contrario, se entregan por completo a una actitud de depravación y salvajismo, sin ver en los abusos sexuales nada censurable y sin conservar respeto alguno por la dignidad humana. Si nos remitimos a las consideraciones que el Romanticismo había traído sobre el siglo XVIII, como lo que vimos en relación con Alcalá Galiano (Sebold, 1970: 29-56), la época dorada de la literatura española había estado en el siglo XVII y en autores como Cervantes, Lope de Vega o Calderón de la Barca, todos ellos vinculados a núcleos urbanos más claramente céntricos, como Madrid. El Madrid de los siglos XVI y XVII, desde este punto de vista, no solo era rico en cuanto a dinero, sino también respecto a la literatura misma. Pero este doble esplendor, según se infiere de la novela, no tiene lugar en la zona de Jerez. El entorno es próspero en lo económico, no en lo literario: «no había ni paseos, *ni teatros*, ni ninguna de aquellas diversiones que hacen más plácida y llevadera la vida» (*EHdT*, c. 1, la cursiva es nuestra). El único personaje que sí tiene afición a la lectura, Manuel Medrano, queda retratado que, por tener esas inclinaciones, es objeto de mofa por parte de otros personajes:

–¡Tendría que ver que tú te escondieses…! Nosotras, niña mía, veremos la fiesta desde las ventanas, a pesar que ahora valen bien poco; nuestro amo viejo sí que sabía agarrar en la mano la garrocha, pero sus hijos… En primer lugar, don Manuel es allá un medio sabio que, aunque por complacer a sus amigos, viene a estas diversiones, no a tomar parte en ellas, e ignora el arte de asir a una res por los cuernos y zas, voltearla al suelo en un minuto… Vamos, nada sabe.
–Algo sabe, Catalina.
–¿Qué? Vaya de qué.
–Mis entendederas son muy cortas, mas yo he oído decir a unos canónigos de Jerez que el señorito es muy leído y…

–Por eso con mucha razón le dice su padre «Manuel, no leas tanto; siendo tú rico, ¿por qué te has de secar sobre los libros? Déjate de simplezas; haz como tu hermano Diego y goza de la vida» (*EHdT*, c.1).

En ningún momento se muestra que su entorno fomente nada distinto. No hay, como en la corte de Felipe IV, una afición general por el teatro, ni ninguna otra clase de divertimento literario que esté asentado y normalizado en Jerez y aledaños. Sus habitantes, y en especial los más enriquecidos, rechazan los libros. Como alternativa, se convierten en «unos caballeros que solo sabían fumar, tocar la vihuela, bailar una seguidilla, hablar con los gitanos y agarrochar un toro» (*EHdT*, c.1). Pero ninguna de estas diversiones contribuye en modo alguno a dignificar el carácter de los personajes. Al contrario, los envilece; si Pedro Medrano logra mantenerse puro es porque se mantiene al margen de esas costumbres y más cercano a la naturaleza, como él mismo explica:

> Mi padre, desde nuestra niñez, mostró una predilección tan marcada por mi hermano Juan, que apenas lograba yo una de las muchas caricias que le prodigaba sin cesar; irritado con tal preferencia, adquirí desde pequeño cierta rigidez de carácter, cierto despego hacia la sociedad, que sin duda ha contribuido mucho en lo sucesivo a acibarar mi existencia; mi alma era ardiente como el cráter de un volcán, y pura como candorosa doncella; jamás los vicios odiosos ni las costumbres groseras la mancillaron, y siempre y siempre entregado a ocupaciones campestres, llegué a tener veinte años sin amar ni apetecer nada (*EHdT*, c.3).

Los libros y la naturaleza hacen de Pedro Medrano y de Juan Medrano dos sujetos mucho más bondadosos. Sobre lo primero, la lectura no se ve únicamente como una actividad lúdica, sino también de engrandecimiento moral. En ese sentido, Hué y Camacho logra reproducir una mentalidad muy propia del mismo XVIII en el que está situando la novela, el *docere et delectare* al que alude Luzán (1977)[5] en su *Poética*, que contemplaba la literatura como medio de instrucción moral. En cuanto a lo segundo, novelistas dieciochescos como Olavide también reproducían esta cosmovisión, tomada de Rousseau, sobre la vida en la naturaleza como algo alejado de todo vicio o corrupción social (Núñez, 1987: LII).

Estas ideas y problemáticas dieciochescas se articulan desde una conciencia histórica, ya que se ubican en una novela sobre el mismo XVIII. Es decir, Hué y Camacho pasa por considerar determinados problemas en una óptica contingente; no ya como un continuo en la condición humana, sino como algo derivado de un contexto sociopolítico muy concreto, ubicado en un tiempo y en un espacio estrictamente delimitados. Este es el motivo por el que podemos considerar que *El hombre de Tempul* es una novela histórica. El ascenso al trono de Felipe V trae consigo el engrandecimiento de una élite, pero esta carece de costumbres que preserven una buena educación. Se acusa en especial la falta de costumbres literarias, lo que redunda en otras tomadas por corruptoras del carácter, como «hablar con los gitanos y agarrochar un toro» (*EHdT*, c. 1). Las soluciones que de todo ello se infieren van, precisamente, en la línea de lo que a lo largo del mismo XVIII se proponía; es decir, la lectura como forma de educación y la naturaleza como preservativo de los vicios sociales. Podemos hablar, por tanto, de una novela *sobre* la época de Felipe V, y no de un texto simplemente ambientado en esta.

## 4. Ficción y realidad

Pero *El hombre de Tempul*, por mucho que atribuya una perspectiva concreta a una época determinada, no deja de ser un texto de ficción. Es, aunque «histórica», una «novela» por

---

5    1977 es la fecha de la edición que hemos utilizado, a cargo de Sebold, y que recogemos en la bibliografía, la cual es la primera en basarse sobre las dos previas de 1737 y 1789.

encima de todo. Y la literatura, en sí, no tiene ninguna clase de compromiso con la verdad (Maestro, 2006: 116-117). Las obras literarias no aportan conocimientos, sino que los exigen (Maestro, 2017: 2960). Por ello mismo, no podemos pretender que este texto nos proporcione información real sobre cómo eran Andalucía y Jerez en tiempos de Felipe V. A lo sumo, puede proporcionarnos una «imagen» de esa realidad, es decir, la «visión forzosamente arbitraria, automatizada y entontecedora de aquellas complejidades —pueblos, ciudades, nacionalidades— que desconocemos» (Guillén, 1994: 143). Sí podemos conocer, por el contrario, el verdadero trasfondo histórico de la época, luego estaremos en posición de entender *El hombre de Tempul*, tanto las realidades que pudieron haber inspirado a Hué y Camacho a componerlo como el significado último de que ese autor atribuya tales características al cronotopo escogido.

Es necesario, a fin de establecer el conocimiento requerido, remitirnos a la historiografía sobre Felipe V y la Guerra de Sucesión. Solo ahí podríamos aproximarnos a conocer hasta qué punto fue verdad que Jerez era «una de las ciudades andaluzas que más influyeron en la guerra civil» (*EHdT*, c. 1), o lo del engrandecimiento de las élites jerezanas que habían apoyado al pretendiente borbónico. Al parecer, Hué y Camacho no ofrece ninguna perspectiva excesivamente disparatada. Manuel Bustos Rodríguez comenta que Felipe V promulgó un Decreto Real, el 1 de febrero de 1704, con el que pretendía «obtener un total de cien regimientos a partir de las diecisiete provincias en que se repartía el reino», y «a Cádiz, Jerez, y el Puerto de Santa María (¿también Sanlúcar?) les correspondían seis regimientos, con doce compañías cada uno y un total de tres mil hombres sin incluir los mandos» (1984: 140). A todos los que colaboraran les prometía «una amplia gama de privilegios, mercedes y pensiones» (1984: 141). Previamente Jerez ya había demostrado lealtad a Felipe V en 1702 (González Beltrán, 1997: 81). En la misma fecha de 1704 contribuyó esa ciudad a la defensa de Gibraltar con «ocho de sus compañías de milicias», mientras que en 1706 «la ciudad acuerda ofrecer para las urgencias la cantidad de 10.000 ducados», y «más de 200 jerezanos, entre nobles y gente del pueblo, formaron contingentes que marcharon a la costa dispuestos a verter su sangre en defensa de la monarquía» (González Beltrán, 1997: 82).

Todos estos servicios «supusieron en la práctica un elevado coste económico y humano para la localidad» (González Beltrán, 1997: 87). Pero no quedaron sin recompensas, como bien apunta el narrador de la novela. De entrada, durante la guerra el monarca concedió «patentes de oficialidad del ejército, merced nada despreciable dadas las posibilidades de promoción socio-profesionales que conllevaba» (González Beltrán, 1997: 88). Se nombraron sucesivos capitanes, y estas promociones supusieron «oportunidades de promoción, impensables de desaprovechar, que ofrecía el conflicto bélico», las cuales fueron utilizadas «por algunos individuos, al margen del gobierno local, para obtener cargos honoríficos que realzaran su puesto en la sociedad» (González Beltrán, 1997: 89). Caso destacable fue el de Miguel Pavón Fuentes, que en ese contexto obtuvo el título nobiliario de «marqués de Casa Pavón» (González Beltrán, 1997: 88-89), pero quienes realmente se beneficiaron de todo ello fueron los veinticuatros, quienes «coparon la mayor parte, 21 de 28, de las mercedes concedidas por S. M.»; en cualquier caso, «la lealtad de los linajes principales y gobernantes de Jerez quedaba, de esta forma tan habitual en el antiguo régimen, recompensada por el monarca, a la vez que este se aseguraba el apoyo de los mismos para el futuro» (González Beltrán, 1997: 91). Sabemos, por tanto, que Hué y Camacho no inventa nada al afirmar que hubo realmente un engrandecimiento de algunas familias jerezanas a comienzos del XVIII, lo cual se basó en recompensas económicas y concesión de títulos nobiliarios. El imaginario clan familiar de los Medrano queda inserto en este contexto de constantes promociones sociales al amparo de las circunstancias.

Cuestión aparte es la de la decadencia y depravación de esa aristocracia jerezana. Cualquier conclusión relacionada supone un riesgo de caer en generalizaciones que incluso la propia novela evita. Según se nos cuenta en el mismo texto, no todas esas personas recién privilegiadas se comportaban de igual manera. Pedro Medrano y Manuel Medrano demuestran cómo había también gente sensible que evitaba el abuso de sus privilegios; lo mismo ocurre, como veremos, en la novela de *Los gitanos*, en la que el autor también vuelve sobre estas élites, pero sin mostrar casos tan problemáticos como los de Juan Medrano y su hijo Diego. En cualquier caso, y salvando excepciones, desde un inicio el narrador se muestra muy crítico con todos esos nobles recién encumbrados, porque juzga que «no quisieron dedicarse a ocupaciones patrióticas y útiles», ya que «el comercio, la industria y aún la agricultura eran tareas serviles, indignas de en alta alcurnia; alguno que otro habíase dado a las bellas letras, mas eso aconteció principalmente en la corte, bajo la expirante dinastía austríaca» (*EHdT*, c. 1). Es decir, no se limita a establecer un contexto de prosperidad nobiliaria y económica, sino también uno de pura corrupción como consecuencia del otro.

A esta visión en favor de lo «útil» y del «comercio» subyace una defensa más bien explícita del capitalismo incipiente y de la burguesía que se contrapone a una nobleza cada vez más cuestionable. Ya en la novela del XVIII, en vísperas de la Revolución Francesa, podían verse planteamientos similares, como ocurre en *El tío Gil Mamuco* (1789) de Francisco Vidal y Cabasés, en la que se critica duramente el que una persona pueda subsistir sin aportar nada a la sociedad con el trabajo (Muñoz de Morales Galiana, 2021c: 187-188). El contexto desde el que en este caso se vierten esas críticas es el de un médico que parece simpatizar con los liberales románticos que tanto apoyaron a la burguesía, siempre y cuando esto no contradijera los dogmas de la Iglesia Católica (Aresti, 2001: 22). Veremos, de hecho, que a estas obras subyace un trasfondo especialmente cristiano, lo que se ve sobre todo en la crítica a una nobleza pecaminosa, aunque no por ello excluirá elementos anticlericales. Por tanto, la visión que aquí pueda haber sobre las élites jerezanas estará acotada desde una perspectiva progresista y muy contraria al Antiguo Régimen. Todo afán por dar una visión realista de cómo era la sociedad de entonces tendrá que conciliarse con el de remitirse al contexto apelado como contraejemplo de lo que se quería para el futuro de España.

Sería inútil buscar en trabajos historiográficos un equivalente a la familia protagonista, los Medrano. Hué y Camacho no pretende, a este respecto, que se rememoren sucesos acaecidos a individuos reales, sino incidir sobre lo que *podría* haber ocurrido en Jerez a principios del XVIII con el ascenso incipiente de nuevas élites sociales. En este sentido juega un papel clave el lugar en que se desarrolla la mayor parte de la novela, un cortijo.

El hecho de que sea un emplazamiento alejado de la ciudad propicia que allí los nobles puedan cometer esa clase de abusos fuera de toda vigilancia legal. La verosimilitud histórica de esto solo puede explicarse si tenemos en cuenta la historia del cortijo andaluz como construcción habitable para momentos de ocio y recreo. Según Florido Trujillo, ya en la Andalucía del XVIII existían esta clase de edificaciones, pero eran en su mayoría muy pobres y servían sobre todo para albergar a los trabajadores del campo (1969: 62). Fue en el propio XIX cuando se empezó a extender su uso con la función concreta de vivienda rural (Florido Trujillo, 1969: 62-63). El fenómeno podía ser más o menos habitual en el momento en que el autor compuso *El hombre de Tempul*, aunque extrapolarlo a un siglo atrás podría parecer algo anacrónico. Pero, por otra parte, que se señalice en una familia jerezana puede leerse como síntoma hiperbólico de la opulencia. Precisamente porque no era habitual algo así en aquella época se marca de un modo más fehaciente la prosperidad en que viven los Medrano, que en este caso gozarían de lujos poco habituales en su tiempo, los cuales aprovecharían, además, para las finalidades más perversas.

## 5. Visión crítica del «majo» y del «señorito»

Para hablar de esta nobleza recién ascendida y más o menos corrupta a la que pertenecen los Medrano, en el apartado anterior hemos utilizado las palabras «élite» y «aristocracia», pero a lo largo de la novela suele emplearse otro sustantivo que especialmente aparece en boca de los criados. Nos referimos a la palabra «señorito». Al poco de comenzar la novela uno de los personajes comenta que «los *señoritos* quieren picar unos becerros», mientras que mencionan, en alusión a Manuel Medrano, que «el *señorito* es muy leído» y, con relación a Diego, que «nuestro *señorito* Diego es jinete afamado y toreador en toda forma» (*EHdT*, c. 1, la cursiva es nuestra).

No es casual el empleo de este adjetivo, en especial dentro de una obra que se desarrolla en Andalucía. Alberto González Troyano ha estudiado cómo la figura del «señorito» es un estereotipo muy negativo sobre Andalucía. En el capítulo sexto de su libro *La cara oscura de la imagen de Andalucía* (González Troyano, 2019)[6] desarrolla cómo esta visión surgió en el siglo XVIII, con obras de mentalidad ilustrada como la *Sátira a Arnesto* de Jovellanos o *El señorito mimado* de Iriarte, las dos de 1787, pero que se asoció más adelante sobre todo con Andalucía por la afición en este lugar a los toros y al flamenco, y que ha pervivido hasta nuestros días. No es una excepción el caso de *El hombre de Tempul*; en la anterior cita que vimos con relación a Diego Medrano puede apreciarse cómo la afición a la tauromaquia y el ser un «señorito» son dos rasgos correlacionados.

En este sentido, no debemos confundir dos cuestiones. Que la zona de Jerez y las tierras andaluzas en general presentasen una serie de problemáticas reales y extendidas en el tiempo no excluye que, a su vez, haya existido un especial afán por visibilizarlas y crear un estereotipo. Esta imagen, como cualquiera otra, se prestará a constantes imprecisiones, por lo que es necesaria una actitud crítica al respecto, como la que tiene González Troyano, pero tampoco podemos silenciar o negar las realidades históricamente contrastadas que subyacen, en última

---

6   No indicamos la página exacta porque estamos utilizando una edición digital EPUB, no paginada, de esa obra. Ídem para las siguientes citas a *La cara oscura de la imagen de Andalucía*.

instancia, a todos esos tópicos. Eugenio Noel, de la generación del 98, afirmaba que «el señorito chulo no es una invención de literato, es un caso morboso tan abundante en Andalucía como los olivos», y que «solo puede negarlos quien los teme, quien lo es, quien pretendió serlo» (2014: 52). Y el mismo González Troyano le reconoce a Noel, en el capítulo séptimo de esa misma obra, tanto «un conocimiento bien asumido de lo que se disponía a criticar corrosivamente» como «una familiaridad con el ambiente andaluz del flamenquismo mucho más precisa que cualquier revistero, profesional y partidario de aquellos espectáculos que él tanto censura» (2019). No parece, por tanto, que la figura del «señorito» sea solo una invención ficticia sin posibles trasuntos reales. Como ya dijimos, *El hombre de Tempul* es una novela y no tiene ningún compromiso con la realidad, pero el nivel de crítica que subyace a su contenido variará en función de cómo los contenidos ficticios objetivados ahí se interrelacionan con el mundo exterior.

Si el «señorito» fuese solo un tópico exagerado sin base real alguna, la novela estaría recreando y reescribiendo una ficción preexistente en Jovellanos y autores similares. En ese último caso, estaríamos ante una novela perteneciente al orden de la literatura «programática o imperativa», esto es, aquella que establece relaciones ideales entre términos reales a fin de generar propaganda para una ideología (Maestro, 2014: 399). En esta categoría puede entrar, de un modo u otro, toda obra literaria que ofrezca una imagen concreta, y sin base en la realidad, de algo que sí existe en el mundo externo a cada obra. Un ejemplo de esto, dentro de la literatura moral dieciochesca, es la novela *El impío por vanidad* (1795) de Martínez Colomer, que pretende ser crítica con la filosofía de la Ilustración más heterodoxa. Para ello, atribuye a autores como Bayle, Voltaire, Helvétius y Rousseau una filosofía más perversa y menos racional de la que estos mismos tienen, y a partir de ahí argumenta que sus seguidores habrán de ser siempre depravados de escasa inteligencia (Muñoz de Morales Galiana, 2020). El autor, en este caso, parte de dos términos reales, que sí existen, de manera operatoria, fuera de su novela: los filósofos ilustrados y los seguidores de estos. Es la relación entre ambos términos la que no se corresponde con la realidad externa, porque la filosofía de esos autores no es tal como ahí se presenta. Se da, entonces, una visión distorsionada del tema que está tratando, para de este modo favorecer de un modo más bien dogmático, y no realmente racional, una ideología concreta.

Pueden citarse muchos otros ejemplos de este tipo de literatura. Bajo ese marbete puede ubicarse toda obra que contribuya a crear o estimular, con intensidad deliberada, prejuicios en torno a algo. Esto abarca, por mencionar algunos otros ejemplos, el falso islam «politeísta e idólatra» del *Cantar de Roldán* (Chabannes, 2013: 183), las narraciones islamófobas de Francisco Javier Simonet (Areedh, 2021: 340-397) o, en un caso mucho más extremo, la propaganda antisemita del Tercer Reich. Todas estas obras tienen un carácter crítico, pero nunca racional (Maestro, 2017: 232); de hecho, tampoco llegan a ser críticas del todo, porque no son capaces de cuestionar un discurso preexistente en el que se encuadran (2017: 254).

Si la idea de «señorito» presente en *El hombre de Tempul* se sustentase solo sobre tópicos imaginarios sin base en la realidad, la novela aquí presente también entraría en esta categoría. Pero ya hemos visto que sí existieron los «señoritos», cuya presencia tendría aún más razón de ser en un entorno de encumbramientos sociales recientes como el Jerez histórico posterior a la Guerra de Sucesión. No puede ser «programática o imperativa» la literatura que simplemente se haga eco de estos problemas; caso distinto es el de querer mostrarlos como algo privativo de Andalucía, como denuncia González Troyano en el capítulo sexto de su libro (2019).

Algo muy parecido es lo que ocurre con las obras en torno a la Leyenda Negra. Durán López ya ha reivindicado la necesidad de establecer una separación entre los hechos reales que subyacen a estos tópicos, como el filicidio acometido por Felipe II, de los intereses en torno a visibilizar algunos hechos reales y no otros (2019: 233). Una obra que muestre al príncipe don

Carlos asesinado por orden de su padre no tiene por qué incurrir, necesariamente, en la literatura programática o imperativa. Los textos así, al fin y al cabo, están apelando a dos sujetos históricos y harto estudiados, es decir, el monarca y el príncipe. Tampoco es imaginaria la relación que se establece en torno a ellos, dado que sabemos cómo históricamente el uno fue responsable de la muerte del otro. En todo caso, lo programático o imperativo radicaría en establecer reduccionismos a partir de ejemplos así; es decir, en inferir de un caso semejante que *todos* los españoles serán como Felipe II o que en España *todo* gobierno posible será siempre una tiranía. Aunque nos ciñamos al personaje de ese rey, sigue siendo programático reducir toda su vida a este acto concreto y atribuirle una crueldad homogénea a toda su vida por ese solo suceso. En ambos casos se está partiendo de una falacia, la de la generalización apresurada, que consiste en extraer una conclusión general a partir de una prueba insuficiente (Tindale, 2007: 149-150). Lo que se establece, por falaz, no es una relación real entre términos reales, sino una ideal entre esos mismos términos. Es decir, se está estableciendo que un solo rasgo, aunque sí exista, es suficiente para entender la totalidad de algo también existente. De nuevo estamos ante un modo de razonar que solo puede defenderse mediante el dogma, como ocurre en las obras hispanófobas en la estela de Schiller con el *Don Carlos*.

Volviendo al caso de Andalucía con los «señoritos», estaríamos ante un tipo similar de propaganda si se redujese toda su comunidad de habitantes a ese fenómeno, o si este se mostrase como privativo de esa región y no extensible al resto de España. Es lo que ocurriría si, por ejemplo, se estableciese en una obra literaria que todos los andaluces son así, y que el señoritismo es el único fenómeno cultural destacable de esa zona y necesario para entenderla. Pero en el caso de Hué y Camacho esto no puede aplicarse. Si apreciamos su obra de un modo panorámico, veremos que ofrece una visión de su propia región mucho más compleja. Podríamos inferir una imagen de tipo programático sobre Andalucía si todos sus textos fuesen similares o sobre los mismos temas, pero no es el caso. Dentro de las *Leyendas*, encontramos, aparte de las que editamos aquí, dos obras muy distintas, ambas ambientadas en la Edad Media: *El pendón* y *El cristiano y la mora*. La primera de estas insiste en el carácter noble y caballeresco de los antiguos paladines jerezanos, a quienes exalta desde un «ánimo patriótico y nacionalista» que también puede considerarse «localista» (Cantos Casenave, 1999: 54). La segunda trata sobre esto mismo, sobre los tópicos de la España caballeresca aplicados al caso de Andalucía, pero de igual manera profundiza en el legado musulmán como elemento central para la identidad jerezana (Cantos Casenave, 1999: 56). Y también está relacionada con el mundo árabe la idea de su propia región que articula en las novelas pertenecientes a las *Noches de Benaoján*, como *El ferí de Benastepar* y *El alfaquí*. Respecto a los textos que integran las *Crónicas sevillanas*, todos ellos se inspiran en tiempos anteriores al XVIII, momentos en los que era aún más anacrónico hablar de cortijos.

No hay, por tanto, ningún afán reduccionista; al contrario, en todo momento Hué y Camacho pretende presentar Andalucía con todas sus complejidades. Esto no solo es algo que se aprecie contextualizando *El hombre de Tempul* en el conjunto de las *Leyendas y novelas jerezanas* o de la producción total del autor; de hecho, en la misma novela se aprecia que la realidad regional es también compleja. No todos los andaluces de esa zona son igual de pérfidos que Juan Medrano y su hijo Diego, sino que también hay personas como Pedro Medrano y su sobrino Manuel, que logran sobreponerse a las costumbres de su propia familia. Todos estos matices no nos permiten hablar de simplismo, ni de relaciones ideales entre términos reales. El señoritismo no se presenta como un rasgo de tipo monista, que pueda bastar para explicar la esencia o la totalidad de Andalucía, sino como un fenómeno que, aunque puede ubicarse en esa zona, se aplica solo a individuos concretos y no a la totalidad de sus habitantes.

Antes mencionamos cómo el ascenso económico que se atribuye a esa zona tras la victoria de Felipe V no supuso otra elevación de tipo educativo y cultural, y que eso se plantea como origen de esos problemas. El panorama presentado, de hecho, no es muy optimista respecto de su zona, porque incide sobre cómo el ambiente puede pervertir el comportamiento de sus habitantes, en especial de quienes tienen altas posiciones sociales. Pero el determinismo que de todo ello se infiere nunca se da en términos absolutos. Pedro y Manuel son las excepciones; ambos se han criado en un ambiente de plena opulencia y escasas inquietudes intelectuales, lo que no impide que los dos puedan desarrollar un carácter y unas inclinaciones totalmente diferentes. Ante todo, Hué y Camacho quiere insistir sobre una clara heterogeneidad entre la población andaluza y jerezana en particular. Él mismo, como jerezano, andaluz y crítico con su tierra, no tenía ningún interés en dar una idea homogénea del conjunto de sus compatriotas.

Aclarado todo esto, no parece inadecuado que ubiquemos la crítica del texto en otro tipo de literatura distinta de la programática o imperativa, esto es, la «crítica o indicativa», caracterizada por establecer relaciones reales entre términos reales (Maestro, 2014: 399). Las obras de este orden no responden a una intención dialógica o gremial, como ocurre con las de tipo programático; no pretenden tanto remitir a los principios o dogmas de una ideología o religión, sino incidir sobre la realidad misma, externa a la obra, en términos críticos.

Para poder analizar y contrastar esta cuestión resulta necesario remitirnos a las fuentes que el propio novelista pudo haber utilizado. Aparte de obras dieciochescas sobre la figura del «señorito», como la mencionada de Iriarte, resulta clave otro fenómeno similar y muy relacionado, aunque no idéntico: el majismo. Por tal nombre aludimos a un movimiento que «surge en oposición a la moda francesa», que imitaba la moda de los barrios populares y que «pretende hacer gala de un casticismo extremo» (Pérez Hernández, 2018: 1103-1104). Este «aplebeyamiento» de las clases más altas de la sociedad fue «una actitud única en Europa», pero propia de toda la España del XVIII en adelante (López-Cabrales, 2006: 161), no solo de Andalucía.

Dentro de la literatura, uno de los escritores que mayor eco se hizo del majismo fue el sainetero dieciochesco González del Castillo (Sala Valldaura, 1998). Por otra parte, ilustrados como Jovellanos no dudaron en criticar estas costumbres y presentarlas como síntoma de retraso nacional, como ocurre en su ya mencionada *Sátira a Arnesto* (Pérez Magallón, 2019: 211). En el contexto, de *El hombre de Tempul* como novela histórica, el aplebeyamiento es consecuencia de un ascenso que solo era económico y que no conllevaba ninguna mejoría educativa o intelectual. Si una élite social no ha tenido ocasión para refinar sus costumbres, es lógico que estas sean similares a las de la llamada «plebe». A partir de ahí, la falta de una educación adecuada se plantea como origen de muchos problemas, si no de todos. La obra también introduce personajes de extractos pobres, como los gitanos o la lechera María. Ninguno de ellos ha tenido acceso a la educación de los Medrano, pero tampoco tienen ninguna clase de poder o posición social. Pueden ser, por ello, personas de costumbres reprobables, como ocurre con el gitano y secuestrador Baltazar, pero su radio de alcance es siempre muy limitado; este personaje, en concreto, solo sirve a los intereses del aún más perverso Diego Medrano.

Caso distinto es el de este «señorito» y su padre Juan. La vida en el cortijo, como ya hemos visto, es síntoma de opulencia poco común al XVIII, además de funcionar como amplificador del poder social que tienen. Una trama semejante difícilmente se podría desarrollar, de un modo idéntico, en una ciudad, porque los actos deplorables de estas personas no escaparían tan fácilmente del control de la autoridad. En cambio, en el cortijo no corren peligro ninguno. Viven aislados de todo orden social y más allá de las competencias del estado. Dicho de otro modo, el cortijo se plantea como una suerte de microcosmos que se desarrolla en paralelo y de espaldas a la sociedad.

Si en el mundo externo puede imperar cierto orden social impuesto por el estado monárquico regido por Felipe V, todo ello se disuelve una vez traspasadas las puertas del cortijo. La sociedad española de entonces podía reconocer a un rey, a determinados nobles, ministros, funcionarios, inquisidores y otros tantos cargos. Pero, dentro de un recinto tan aislado y delimitado, ninguna de estas jerarquías tiene ningún tipo de peso. Lo único que importa es la voluntad de la persona que rige el cortijo, sea Juan o su hijo Diego. El señoritismo, por tanto, se impone como sistema social aberrante y ajeno al del resto del mundo. Bajo esa forma de organización, el «señorito», en este caso aplebeyado, no tiene, en ningún caso, límites morales o legales de ningún tipo. Esto le permite obrar de un modo que en cualquiera otro contexto se habría castigado severamente. Los abusos sexuales, por ello, proliferan en un entorno donde no se persigue ni se amonesta al que los comete.

Adviértase que esta problemática no tendría lugar si los «señoritos» en cuestión fuesen de otra manera. Que tengan tanto poder no necesariamente habría de ser sinónimo de que vayan a emplearlo en un modo cruel o abusivo. Pedro y Manuel, más considerados y sensibles, no se comportan nunca de esa manera pese a su posición social. Por el contrario, es la suma del señoritismo con el majismo lo que da lugar a las situaciones que la novela describe. Los que dirigen el cortijo no son pérfidos por dirigirlo, sino porque carecen del refinamiento exigible a alguien de su posición. No han accedido nunca a la literatura ni a una educación que los preserve de los vicios; en consecuencia, actúan de un modo salvaje, embrutecido y sin poner freno a sus pulsiones primarias, generalizadas en la comida, la violencia y el sexo.

Sobre lo primero, queda completamente caricaturizada su afición a comer de un modo desmedido, sobre todo cuando Juan Medrano dice «¿No es hora de que yo cene?», a lo que Manuel responde «Padre, ¿si ahora mismo acabáis de hacerlo?» (*EHdT*, c. 6). Por otra parte, sus pulsiones más violentas quedan descargadas mediante la tauromaquia, lo cual ya vimos con relación a Diego. La crueldad implícita en una festividad así, como bien afirma Noel, conlleva necesariamente que se normalicen o se relativicen el maltrato, la tortura y el sufrimiento de seres sensibles, puesto que «el becerrillo acribillado en las farsas taurinas por los señoritos chulos es un símbolo. Así tienen ellos Andalucía», ya que esta clase de espectáculos avivan los instintos de «martirizar» y «siempre hacer daño» (2014: 60). Por último, esta falta de reparos morales tiene que traducirse en un modo también primitivo de vivir la sexualidad, que no plantea como posible o necesario ningún tipo de consenso para con las mujeres. De ahí brota el verdadero horror que la novela plantea, esto es, una red de secuestros, esclavitud y abusos sexuales. Con todo, su afán, propio del majismo, por querer mostrarse parecidos a las clases más bajas y menos refinadas los lleva por mostrar con desvergüenza actitudes censurables en otros contextos. No esperan que sus criados los amonesten, porque al obrar así fingen ser transigentes con la rusticidad de los que están por debajo de ellos y, de hecho, estos últimos así llegan a percibirlo, como puede verse respecto de la criada Catalina en el siguiente pasaje:

> –Dejémonos de adulaciones, Catalina; por desgracia os conozco ya bastante.
> –Aquí ya es otra cosa; todos te miran a la cara, te miman y cada vez más… Lo que quiero es que no te vea el señorito don Manuel, porque es necio y extravagante en demasía; pronto se irá a Jerez, y quedaremos a nuestras anchas… ¿Si tú vieras lo amable que es su hermano don Diego…? ¡Qué generoso…! Sabe pagar las cosas… Cualquier ligero favor, su onza de oro al canto… No que el otro todo se lo cree merecer por su buena cara… Pues no, que eso no es razón, que nuestros favores necesitan recompensa.
> –¿Y pensáis que yo…?
> –No se trata aquí de tal cosa, apuradamente que yo te quiero como si fueras mi hija.
> –¿Quisierais que vuestra hija fuera manceba de don Diego? Pues tal es el empleo que pensáis encomendarme (*EHdT*, c. 6).

Aunque Manuel es más sensible y considerado, su actitud no lleva sino a que quienes están por debajo de él lo juzguen de «extravagante», mientras que Diego Medrano pasa a ser «amable». La alienación de las clases bajas, en este punto, es muy grande; solo María, en el citado diálogo, protesta contra esta perspectiva porque sabe ella que, por mucha «amabilidad» que reciba, no dejará de ser la manceba del «señorito».

## 6. La novela gótica y el costumbrismo en la plasmación del horror cotidiano

Todo lo analizado en el anterior apartado nos sitúa ante un texto cuyo nivel de crítica es muy alto. No se limita, como ocurría con Iriarte, González del Castillo o autores semejantes, a realizar una sátira de carácter cómico o irreverente. El relato, aunque tenga momentos de mayor desenfado, cae en última instancia en lo grotesco y lo truculento. La historia que narra es de una violencia intensa, atroz, y la conclusión no contribuye de ningún modo a suavizar lo relatado. Los principales antagonistas quedan totalmente impunes, sin sufrir consecuencias de ninguna clase, mientras que el protagonista sufre y muere sin ningún consuelo.

La presencia de este tono lúgubre coincide con una etapa literaria cercana, y no por casualidad, al esplendor de la novela gótica, que también tuvo su reflejo, aunque minoritario, en España (López Santos, 2010). Entendemos por «novela gótica» aquella en la que «la experimentación con el terror se alza como elemento primordial» (2010: 14), cuyas características principales quedan acotadas y definidas en otros dos trabajos esta misma investigadora (López Santos, 2008; 2020). En lengua hispana la primera de este estilo fue *Cornelia Bororquia o la víctima de la Inquisición*, de Luis Gutiérrez (1801) (López Santos, 2010: 292),[7] pero a partir de la década de 1830 aparecieron muchas más novelas así, como *El subterráneo habitado*

---

7    En la página citada se fecha Cornelia Bororquia en 1800, aunque en realidad la primera edición fue en 1801 (Dufour, 2005: 65).

o *los Letingbergs o sea Timancio y Adela*, de Manuel Benito Aguirre (1830), *Las calaveras o la cueva de Benidoleig*, anónima (1832) o las de Pascual Pérez y Rodríguez, como *La torre gótica o El espectro de Limberg* (1831) o *La urna sangrienta o El panteón de Scianella* (1834) (López Santos, 2010: 291-292).

Sabemos, por otra parte, que Hué y Camacho era un autor muy familiarizado con la novela gótica, tanto española como extranjera. En la ponencia del profesor Muñoz Sempere, pronunciada en noviembre de 2021, pudimos conocer que *El ferí de Benastepar* era un texto muy influido por *Cornelia Bororquia*, novela con la que tenía algún rasgo en común, como la presencia de un clérigo libidinoso que secuestra a la protagonista para abusar de ella. Por otra parte, hay referencias a la novela gótica extranjera en el prólogo a las *Leyendas y novelas jerezanas*, en el que se parodia la estética romántica a partir del personaje de don Teodoro, admirador de madame Radcliffe y de *La galería de espectros y sombras ensangrentadas* (Cantos Casenave, 1999: 49-50). La autora mencionada, Ann Radcliffe, es una de las principales representantes de la novela gótica en su vertiente más racional (López Santos, 2010: 24), mientras que con la mencionada *Galería* parece estar refiriéndose a la *Galería fúnebre de espectros y sombras ensangrentadas*, es decir, un conjunto en doce volúmenes de novelas adaptadas del francés por Agustín Pérez Zaragoza (López Santos, 2010: 177-205).

Hué y Camacho, por tanto, conocía el género, por lo que no sería de extrañar que compusiera un texto de este estilo. *El hombre de Tempul*, por su contenido truculento, podría parecer un texto susceptible de caer bajo ese marbete, pero la obra en sí resulta compleja como para que una categorización así nos sea determinante. En un principio, parece que sí consigue acercarse a esa categoría, porque el horror es algo esencial en el conjunto del texto. María, desde que llega al cortijo, comprueba que es un edificio lleno de misterios y oscuros secretos. En las conversaciones de los criados se aprecia que hay algo siniestro que no terminan de decir, pero que puede intuirse:

–Don Juan es un hombre que lo entiende.
–Y tanto como lo entiende, y si no fueran mirando a Dios…
–Vamos, acaba, habla.
–Mejor es callar.
–Sí, mejor es (*EHdT*, c. 1).

Los elementos góticos se incrementan cuando se introduce un elemento clave en la obra, la sala amarilla. Desde un inicio, la presentan como un lugar que alberga un secreto; mencionan que «en esta pomposa cama dormía el amo las veces que venía al cortijo, que eran muchas, y después… Nos dijo que la dejásemos adornada, pero que nadie la habitase», y los motivos del amo los atribuyen solo a «manías…» (*EHdT*, c.2). Además de esto, se juega con el recurso del pasadizo secreto por el que se cuela Pedro Medrano, cuya aparición, en un origen, se nos muestra como algo misterioso y tremebundo, en especial por las intenciones asesinas que este, cuya identidad no se revela, demuestra:

Dio entonces la una en el reloj del cortijo, y un ligero rumor de pasos se escuchó a lo lejos, que parecía resonar en la vecina iglesia; bamboleose un poco el cuadro que estaba al frente, una mano salió por entre él y la pared, después una cabeza, y luego todo un cuerpo; era un hombre de alta estatura, vestido de negro en su totalidad; una capa cubría sus hombros, y con ella tapaba una lamparilla encendida que traía en la mano, y un anchísimo y largo puñal brillaba en la otra […] Tomó el desconocido otra vez la luz en la mano, se acerca a la cama paso entre paso, y descorre suavemente las cortinas.
–Y duerme el malvado con la cara tapada; con ella tapada irá a los infiernos.
Saca entonces el puñal, lo alza, ya casi tocaba el pecho de la inocente María, ¡ay, Dios mío, qué será de ella! La triste sin duda soñaba, pues exclamó en voz baja:
–Padre… Mi padre… Yo aquí…

–¡Santo cielo…! –dijo el desconocido sujetando el brazo– Esta voz…

Y levanta la sábana, que cubría el rostro de la agraciada doncella; absorto quedó entonces, y el agudo cuchillo casi se le cayó de la mano.

En estos intervalos despertó María.

–¡Qué veo! ¡Ay!

–Silencio o mueres.

–¡Por Dios! No me asesinéis… ¡Por qué he entrado en esta infausta morada!

Un sudor frío corrió por su rostro y se quedó desmayada.

Motivo era sin duda de gran terror la presencia del desconocido, porque, prescindiendo de la hora y del puñal que vibraba, su larga cara de color de muerte, su talle alto y su lúgubre ropaje, todo hacía creer que era más que hombre un ser extraño y sobrenatural, destinado para perseguir a los malos, vigilar sus pasos, acibarar sus placeres y acompañarlos hasta dejarlos encerrados en el eterno ataúd (*EHdT*, c. 2).

Hasta ese momento, el lector podría pensar que se encuentra ante una novela de terror relativamente convencional. Hay algo, sin embargo, que resulta disonante con lo convencional en las novelas góticas: el espacio. Aunque comparte el ambientarse en un edificio siniestro y misterioso, este no es un lugar que exceda los límites de lo cotidiano. No es un castillo, un monasterio o una catedral, sino un cortijo, es decir, un lugar propio de otro tipo de composiciones literarias. Sin embargo, y es ahí donde está la que tal vez sea la mayor novedad del texto, *El hombre de Tempul* consigue conciliar dos realidades aparentemente antitéticas: lo gótico y lo cotidiano. Lo primero supone una ruptura espacial con la costumbre para adentrarnos en parajes distintos a nuestra realidad, a fin de disolver toda sensación de confort y provocarnos incertidumbre. Lo segundo, en cambio, parece poco compatible con los sobresaltos o las emociones intensas. Al vincularse tanto con el día a día, las costumbres y las rutinas de las personas, no debería dar cabida a nada extraordinario o sobrecogedor.

Pero Hué y Camacho concilia ambos elementos desde una perspectiva muy similar a la del marqués de Sade en el prólogo a *Justina*. Al comienzo de este texto, se comenta que la preferencia por seres fantásticos en relatos de terror parte de no querer aceptar la esencia grotesca de los seres humanos, que aventajan en maldad a cualquiera otra criatura ficticia (Sade, 2010: 59-60). *Mutatis mutandi*, una extrapolación similar puede establecerse entre lo gótico y lo cotidiano. En el momento en que novelistas como Horace Walpole o Matthew Lewis ubican sus obras de terror en emplazamientos sobrecogedores, parten de que la realidad cotidiana no ofrece sensaciones semejantes, y por ello es necesario buscarlas en lugares muy concretos. Hué y Camacho va en contra de este planteamiento; en ningún momento rechaza el potencial del terror como elemento literario esencial en su obra, pero no juzga necesario acudir a un lugar fuera de lo cotidiano. Según considera, un sitio tan común como un cortijo puede, por sus mismas características, provocar más espanto en el lector que cualquier castillo embrujado. La diferencia, en este sentido, es que las catedrales pobladas de espectros no existen fuera de la ficción, mientras que los cortijos sometidos a la voluntad de un «señorito» o cacique sí, como ya hemos visto antes.

Con relación a lo ya mencionado sobre *El hombre de Tempul* como literatura crítica o indicativa, el horror sirve en este caso como revulsivo para concienciar sobre la realidad misma. Algo muy similar, por otra parte, a lo que ocurría en los textos del marqués de Sade o en la misma *Cornelia Bororquia*. Esta utilización de lo gótico se aprecia, en especial, cuando el lector descubre cuál es el verdadero motivo por el que sentir horror en el texto. En un principio, el misterioso hombre de Tempul es lo que más espanto puede provocar, pero no tarda en conversar con María, y ahí se revela como un humano normal que no resulta demasiado perverso.

La maldad no está, por tanto, en Pedro Medrano, sino en aquellos contra los que él quiere vengarse, es decir, los señoritos, cuya actitud, a diferencia de lo habitual en otras obras literarias, no da lugar a la risa, sino al horror. *El hombre de Tempul* es, ante todo, una novela truculenta y tremebunda. Puede adecuarse, si se quiere, al marbete de «novela gótica», aunque sea un tanto *sui generis* en ese orden; de igual manera, es también una novela de costumbres del mismo modo que lo serían las que años después compondría Fernán Caballero. Pero ambas categorías no bastan para explicarla. El horror que contiene no está basado en la ruptura con los entornos comunes, como ocurría en Wallpole o Radcliffe; tampoco se remite a casos extremos de la realidad, tal como hacen Sade o Gutiérrez. Es un terror basado en despertar sospechas sobre algo tan común y cotidiano como los señoritos andaluces. Aunque no todos los que hayan gozado de esa posición social sean tan crueles como Juan Medrano y Diego Medrano, la novela incide sobre cómo la organización social en torno a cortijos conlleva una relación de poder en la que es viable y permisible articular una red de tráfico y abuso sexual como la que aquí se describe. Y, aunque no siempre ocurra, la insistencia en esa posibilidad, en que es algo que *podría* pasar, es lo que realmente mueve a espanto al lector.

## 7. Rasgos propios del realismo

Una vez aclarada la vinculación del texto con la novela gótica, parte del contenido del prólogo a las *Leyendas y novelas jerezanas* cobra una nueva significación. Ya hemos dicho que ahí los textos de ese tipo aparecían aludidos, pero el concepto que entonces se tenía de este género no era el mismo que actualmente tenemos. Según vemos en la conversación con don Teodoro, el amigo romántico del autor en la ficción del prólogo (Cantos Casenave, 1999: 49-50), Hué y Camacho no establece una diferencia real o remarcable entre lo «romántico» y lo «gótico», términos que parecen utilizarse de manera indistinta por identificar con la primera categoría a Radcliffe y a Pérez Zaragoza.

Estas equivalencias son coherentes desde la teoría que imperaba en el siglo XIX. Para alguien de la época de Hué, «romántico» era todo aquello que se oponía a lo «clásico». El artículo de López Soler que oponía los «clásicos» a los «románticos» es un ejemplo evidente de esto (1971: 42). Desde esta óptica, tanto una obra gótica como una romántica –tal como hoy entendemos ese término– se prestarían a incluirse bajo el calificativo de «románticas», ya que ambas son formas ajenas al gusto clásico.

Pero resulta confuso desde un punto de vista semántico que juzguemos como «románticas» todas las novelas góticas, como también lo sería que aplicásemos ese adjetivo al teatro de Calderón de la Barca o al *Quijote*, tal como en el XIX se hacía. Esto nos llevaría a considerar que Horace Wallpole, por ejemplo, ya era romántico a mediados del XVIII. No entraremos ahora en el debate sobre si había algún tipo de Romanticismo en el XVIII,[8] pero sí debemos reconocer que en el XIX hubo una serie de renovaciones formales que incidieron en especial sobre el terreno de la novela. Sebold, establece una serie de rasgos que parecen cumplir las del XIX que él mismo analiza, como el protagonismo de un héroe opuesto a la sociedad o el caos en el orden de los sucesos (2002: 15-54). *El hombre de Tempul*, con Pedro Medrano como solitario opuesto a todo y el desorden cronológico que presenta, podría ajustarse a esa categoría; pero, aunque desde la actualidad podamos establecer este juicio, no podemos pasar por alto que esa no era la intención de Hué y Camacho. Nos remitimos, de nuevo, al prólogo de las *Leyendas*. La discusión que ahí tiene con don Deogracias, de gusto clásico, nos lleva a pensar que no piensa excluir el uso de elementos considerados «románticos», pese a que esto pueda granjearle la antipatía de los clásicos (Hué y Camacho, 1838: IV-IX). Pero tampoco consigue del todo la simpatía de don Teodoro, que juzga sus textos demasiado clásicos y dignos de una refundición según las modas actuales (Hué y Camacho,

---

8    Las principales objeciones a esta idea están sintetizadas en Moreno Hernández (1984).

1838: IX-XII). Si aplicamos estos mismos juicios a *El hombre de Tempul*, parte originaria de las *Leyendas*, resulta difícil aplicarle plenamente el calificativo de «obra romántica». Al menos el autor no lo pretendía, o no con relación al concepto que por entonces se tenía de «romántico». Si con tal adjetivo se aludía a todo lo rupturista con los modelos clásicos, Hué y Camacho no pretendía serlo del todo; es decir, no pretendía una ruptura total, ni dejar de utilizar modelos o formas anteriores.

Según Abrams (1975), una de las novedades principales que el Romanticismo introdujo fue una nueva vuelta al concepto clásico de «mímesis». Los románticos seguían partiendo del principio de imitación, pero ya no pretendían copiar la realidad externa, sino la propia alma del poeta, que se veía como una lámpara iluminadora e incandescente. En ese sentido, Hué y Camacho renuncia parcialmente a caer en esa tendencia. La novela contiene, y en los siguientes apartados lo veremos, una subjetividad muy marcada, lo que no excluye que haya un notorio interés por la realidad externa. Es decir, el mismo autor no contempla del todo el identificarse como «romántico», porque en ese sentido no sería muy lícito pretender una mímesis respecto al mundo exterior. Pero tampoco puede juzgarse, en sentido estricto, esta novela como «clásica», porque hablar de «novela clásica» es en cierto modo un oxímoron dado que en la antigüedad grecolatina, cuando aún no existía la imprenta, difícilmente se podía apreciar nada de ese género salvo en casos aislados. Esto cambia, con todo, si volvemos a remitirnos a la teoría literaria de la época y en concreto a la que se infiere del prólogo. Don Deogracias representa la tendencia clasicista y en este sentido los reproches que le hace al autor no tienen que ver con que escriba novelas; de hecho, admira el género novelesco y algunas obras que pertenecen a este, como la *Galatea* de Cervantes o la *Estela* de Florian (Hué y Camacho, 1838: VII). Hué y Camacho, por tanto, lleva a cabo una distinción, diferente de la que se ha perpetuado en el tiempo, entre «novela clásica» y «novela romántica». A la primera pertenecerían solo textos como los de Cervantes y Florian, mientras que a la segunda se adscribirían, como ya hemos visto, las novelas góticas y las que tengan una preferencia por lo macabro, lo rupturista y la subjetividad.

Debemos partir de que esta teoría tiene carácter plenamente autológico y que no solo es algo diferente de las que hoy en día tenemos, sino que también diverge respecto a los de su propia época. Recordemos, por poner un ejemplo, que Cervantes estaba considerado por Schlegel como paradigma del Romanticismo (1983: vol. 1, 230), por lo que no sería muy consecuente con esas teorías el llamarlo «clásico». Si es cierto, no obstante, que Hué y Camacho tiene sus razones por las que contemplar una diferencia clara entre la novela del XVII y la de su propia época. Volvemos de nuevo sobre lo tocante a Abrams y la subjetividad como elemento renovador de la época romántica. Desde ese punto de vista, sí sería más lógico entender a Cervantes como autor ajeno al Romanticismo, y «clásico» si se quiere, siempre que entendamos este último sustantivo como opuesto a «romántico». El autor de *El hombre de Tempul*, desde este punto de vista, se posiciona en un marco teórico más cercano al de Abrams que al de los románticos alemanes. Es cierto que ese nuevo interés por la subjetividad es un elemento intrínseco al movimiento, una novedad introducida mientras este tenía lugar. Pero no es la única aportación que los románticos consiguieron llevar a cabo. Consideramos destacable, a este respecto, la distinción entre «Romanticismo subjetivo» y «Romanticismo objetivo»; si el primero «usa los objetos para la expresión de sus impresiones», el segundo, más propio de autores más próximos al realismo como Fernán Caballero, «gana en minuciosidad y efecto de realidad» (Comellas, 2010: LXXV).

Desde este punto de vista, no consideramos adecuados los juicios del propio Hué y Camacho sobre su novela como algo a caballo entre lo clásico y lo romántico. Más coherente nos parece ubicarla entre dos tipos de Romanticismo, esto es, el subjetivo y el objetivo. Todo lo que tiene que ver con lo truculento, con la exaltación de las pasiones y con la sentimentalidad de los personajes pertenece al Romanticismo subjetivo; en cambio, su interés hacia el costumbrismo y la minuciosidad con que la realidad exterior se describe, aunque el efecto final sea provocar terror, es algo que se explica no ya por la imitación a Cervantes o por la adscripción a cualquier modelo tenido por «clásico», sino porque este texto supone una incursión, y quizá una de las primeras en la narrativa española, en el llamado «Romanticismo objetivo». En este sentido, Hué y Camacho se adelanta a autores como Fernán Caballero, Pedro Antonio de Alarcón o Juan Valera, e incurre en el tipo de narrativa que empezaba a anticipar, desde algunas décadas antes, el realismo literario que se desarrollaría con Galdós y Clarín. Dicho de otra manera, resulta más coherente ubicar este texto, más que entre Romanticismo y Neoclasicismo, entre el primero de estos movimientos y el futuro realismo.

## 8. Presencia de la sensibilidad dieciochesca y del dolor «romántico»

Queda demostrado, por tanto, que la vinculación del texto con la literatura «clásica» o «neoclásica» resulta imprecisa –cuando no directamente falaz–, y que sería más coherente, si se quieren buscar modelos previos al movimiento romántico, la conexión con Cervantes, autor que por otra parte también se resiste a ser ubicado en la dicotomía de clásicos y románticos. Pero tampoco podemos explicar la totalidad de *El hombre de Tempul* sintetizándolo en una suma de influencias cervantinas y románticas en una obra experimental y cercana al realismo. La literatura del XVIII también tiene mucho peso sobre el texto, lo cual puede apreciarse desde las aludidas reminiscencias al *docere et delectare* hasta los elementos góticos, cuyo origen puede ubicarse en Walpole con *El castillo de Otranto* (1764).

Los ecos dieciochescos de la obra, con todo, no son tampoco un argumento de peso para considerarla más «clásica», porque no todo el XVIII puede explicarse a partir del Neoclasicismo.

Sebold, por ejemplo, traza un continuismo claro y evidente entre la literatura de José de Cadalso y Meléndez Valdés respecto a la posterior de Espronceda, Larra y tantos otros románticos (Sebold, 1970: 123-137). No pretendemos caer en el extremo de englobar ya en el Romanticismo a los escritores del XVIII, sobre todo a la luz de trabajos como el de Moreno Hernández (1984), pero esto no impide que podamos reconocer rasgos en común entre escritores de uno y otro siglo. Consideramos menos controvertido, más unánime y de mayor consenso el uso del adjetivo «sensible» para designar a la literatura del XVIII que presuntamente estaba anticipando el Romanticismo. El mismo Sebold, en *El rapto de la mente*, también juzga fundamental la filosofía sensualista de Condillac y Locke en esa clase de obras (1970: 123-137). Las principales renovaciones temáticas que entonces se introdujeron tenían que ver con la relevancia dada a los sentidos desde esta clase de pensadores. Si solo los sentidos son la única forma de acceso al conocimiento, no hay nada que garantice la existencia de Dios o de ninguna realidad metafísica, y de ahí brota una angustia muy concreta que Sebold identifica con el sentimiento propio de la literatura alemana a lo *Werther* conocido como «weltschmerz» (1970: 123-125).

Si en el XVII ya existía este tipo de filosofía, no hay lugar a considerar como renovadoras o adelantadas al XVIII las obras que la presenten. De este tipo de literatura afín a las ideas sensualistas encontramos algunos ejemplos antes incluso de la segunda mitad del XVIII, como la novela *Teresa filósofa*, del marqués d'Argens (1748) (Israel, 2012: 131-132). El hecho de que románticos como Espronceda y Larra reflejasen este hastío vital solo hace que estos últimos sean continuistas respecto de los siglos anteriores. Por esto mismo debe relativizarse todos los juicios que vean en Rousseau, autor de la segunda mitad del XVIII, al primer «romántico». En concreto, Lydia Vázquez afirma que el escritor ginebrino es «padre del Romanticismo» por su novela *La nueva Eloísa* (2013: 96). El propio Sebold también ubica a ese autor, junto con Gessner, en los orígenes del movimiento al que más adelante se adscribirían José de Cadalso y otros autores posteriores (1970: 131). Pero no queda claro hasta qué punto puede verse como renovador si previamente ya existía una perspectiva existencial similar en autores de entre los siglos XVII y XVIII.

En ese sentido, resulta imprescindible el trabajo de Babbit (1991) para entender la vinculación de Rousseau con el Romanticismo y el modo en que ese filósofo introdujo un pensamiento renovador. Rousseau, que partía en muchos aspectos de la Ilustración radical (Israel, 2012: 881-889), dio el primer paso hacia un descreimiento total de la racionalidad humana tal como se concebía en el XVIII, lo cual se tradujo en un interés por la faceta más irracional de las personas (Babbit, 1991: 166) Este marco de ideas, ya alejadas de la Ilustración, pudo propiciar una visión del mundo organicista y una forma de entender el arte como algo esencialmente expresivo, tal como Abrams describe en alusión al Romanticismo. Pero Rousseau fue, ante todo, un filósofo; que debamos atribuirle una renovación ideológica no significa que debamos concederle lo mismo respecto a la estética. Su obra principal, *La nueva Eloísa*, es una novela epistolar, y en ese sentido ya había muchas de ese género; de hecho, su mismo título remite a un texto medieval, las *Cartas de Abelardo y Eloísa*. No pretende tanto una innovación formal, sino ideológica. Que podamos atribuirle temas y contenidos propios del Romanticismo no quiere decir que los inserte en composiciones románticas formalmente hablando. Al fin y al cabo, él no estaba creando un nuevo modo de componer poesía, tal como conseguirían Wordsworth o Coleridge, ni tampoco una nueva manera de novelar, como lograrían Jean Paul o Walter Scott, sino adaptar su propio pensamiento a formas que ya existían en la Edad Media.

En este sentido, consideraciones similares deberíamos aplicar a autores tan «roussonianos» como José de Cadalso. El interés de todos ellos por el lado más irracional del ser humano no es garantía de que hayan entrado en el Romanticismo, sobre todo si entendemos que ese movimiento no fue solo filosófico, sino también artístico (Peckham, 1951). Todo este contexto nos permite aclarar que la presencia de esta clase de elementos en *El hombre de Tempul* no es síntoma de su vinculación con el Romanticismo, que ya hemos explicado en el apartado anterior, sino de un continuismo para con el siglo anterior. En concreto, las ideas de Rousseau tienen un peso fundamental en la obra, aunque probablemente de manera indirecta. El modo de entender la sensibilidad del ginebrino es muy similar al que veremos en esta novela. Partimos de que tales ideas sobre los sentidos vienen heredadas de Condillac o Locke, pero la novedad que en este caso se introduce en *La nueva Eloísa* es que estos planteamientos confluyen con el interés por las emociones y por el lado más irracional de las personas: (Vázquez, 2013: 60-63).

A partir de ahí surge en la literatura un nuevo tipo de personaje, el sujeto sensible, es decir, aquel sobre el que tienen un mayor peso emotivo y psicológico los estímulos sensoriales, como Saint-Preux o Werther. Este paradigma aún no debe confundirse con el héroe romántico propio de las novelas decimonónicas, por mucho que tenga varios rasgos en común con este último. El contexto en el que originalmente surge, el de *La nueva Eloísa* y textos parecidos, está todavía muy vinculado a la Ilustración, y más concretamente a la filosofía sensualista. Si los sentidos son la única forma de acceder al conocimiento según Locke y Condillac, es lógico que haya un interés exagerado hacia las personas «sensibles», adjetivo que ya no solo designa a quienes gozan de sensorialidad, sino más concretamente a quienes muestran una respuesta emocional muy intensa respecto a cada estímulo. En lo que a *El hombre de Tempul* respecta, la sensibilidad es otro de los principales motivos por los que Pedro Medrano y Manuel Medrano no caen en la depravación propia del cortijo en el que viven. El primero de estos dos, por ejemplo, habla de sí mismo, al conocer a María, en los siguientes términos:

Ya no siento yo, como antes, aquellos *sublimes arranques de sensibilidad*…. […] En otro tiempo me placían tales quimeras, pero la desventura ha abierto mis ojos a la luz; ya me gusta solo lo bueno, y

todos los hombres son para mí iguales con tal que sean virtuosos…
[…] Te entiendo; también tú tienes penas, pero serán las comunes y usuales en el transcurso de la vida humana, *mas no profundas como las mías.* Mi padre, desde nuestra niñez, mostró una predilección tan marcada por mi hermano Juan, que apenas lograba yo una de las muchas caricias que le prodigaba sin cesar; irritado con tal preferencia, adquirí desde pequeño cierta rigidez de carácter, cierto despego hacia la sociedad, que sin duda ha contribuido mucho en lo sucesivo a acibarar mi existencia; *mi alma era ardiente como el cráter de un volcán,* y pura como candorosa doncella; jamás los vicios odiosos ni las costumbres groseras la mancillaron, y siempre y siempre entregado a ocupaciones campestres, llegué a tener veinte años sin amar ni apetecer nada; solo sentía en mi alma *una vaga melancolía, un arranque interior de tristeza que me hacía amar la soledad y me indicaba que no estaba satisfecho mi fogoso corazón* (*EHdT*, c. 3, la cursiva es nuestra).

Si atendemos, sobre todo, a lo resaltado en cursiva, veremos que Pedro experimenta cierta clase de *weltschmerz* derivado de su propia sensibilidad, superior a la del resto de personas. Él es consciente de que es más sensible y emotivo, luego sus penas son, en consecuencia, más profundas. Pero también es más virtuoso y está embriagado de una filantropía impropia para la gente de su estatus social, lo que contrasta con el carácter de su tiránico hermano Juan. A este último, de hecho, Pedro le habla así: «las pasiones del hombre de bien son generosas y grandes; las tuyas eran rastreras y menguadas como las de un esclavo corrompido» (*EHdT*, c. 7).

En el conjunto del texto, estas explosiones de sentimentalismo y sensibilidad funcionan como aproximación a la psicología de los personajes de un modo algo más simplista y menos sofisticado de lo que sería común a partir del realismo. En un texto de estas características no había mucho margen para explorar el desarrollo de personajes; por el contrario, la mayor parte de la novela la comprenden la acción, el misterio, el trasfondo histórico y el trazado minucioso de las costumbres, tal como era habitual en el

Romanticismo. Contemplemos, además, que estamos ante novelas cortas de filiación cervantina, cercanas a las *Novelas ejemplares*, luego la brevedad de los textos impide que haya lugar a explorar con demasiado detenimiento la psique de los personajes. Los intentos por indagar en la mente humana aún no están tan desarrollados como lo estarían en la segunda mitad del siglo; no debe extrañarnos, por tanto, que se remita a formas propias del siglo pasado, el XVIII. Por ello tampoco es lícito, aunque haya rasgos en común, que la obra se denomine «realista» en sentido estricto. A ese respecto ocurre lo mismo que con Fernán Caballero o Juan Valera, es decir, que a la pintura de las costumbres aún no se le suma la constitución de personajes complejos y tan bien definidos como será común en textos posteriores.

# 9. Crítica anticlerical

Con todo, ese interés, heredado de Rousseau, por el lado más irracional del ser humano conllevó un interés por las pasiones que, aunque aún no podía derivar en las descripciones psicológicas propias del realismo, sí permitía una indagación que tal vez no hubiese sido lícita desde una moral previa al surgimiento de la Ilustración y el sensualismo. Esto puede verse en mucha de la poesía de corte ateo propia del Romanticismo español, como los *Ensayos poéticos* de Salvador Bermúdez de Castro, en los que se cuestiona de manera constante la existencia de Dios y se parte en todo momento de la duda, la incertidumbre y el desasosiego que todo eso conlleva (Sebold, 2010: 191-193). Pero estas heterodoxias no son solo propias de los románticos, sino que es factible encontrarlas en obras aparecidas con posteridad a Rousseau y con anterioridad a la consolidación de ese movimiento. Un ejemplo muy evidente son las novelas del marqués de Sade, como *Justina* o *Los ciento veinte días de Sodoma*.

Hué y Camacho no llega al grado de heterodoxia propio de Sade o de Bermúdez de Castro, pero lo que plantea tampoco resulta demasiado aceptable desde los cánones católicos. El personaje de Pedro Medrano, que en todo momento está más dignificado que su familia, no mantiene una conducta del todo cristiana o decorosa. Al relatar el argumento mencionamos que mantiene relaciones sexuales antes del matrimonio, lo cual conocemos gracias a que lo que él mismo cuenta: «determiné casarme al instante y pasar a vivir a Medina, donde estaban criándose dos hijos que ya tenía; para evitar una publicidad dañosa, hice que se fuese a la Ina Beatriz con el mayor sigilo» (*EHdT*, c. 3). Si tenía dos hijos y aún no se había casado se debe a una sola posibilidad, y es que haya mantenido relaciones carnales de forma extramatrimonial.

Lo sorprendente no es este dato en sí, sino que en ningún momento se intente censurar como tal. Pedro no muestra ninguna clase de arrepentimiento por haber obrado así y si pretende casarse no es porque respete con sinceridad la institución del matrimonio, sino porque no quiere levantar sospechas en torno a sus hijos. Por otra parte, llama también la atención la dureza con la que aparece retratado el sacramento. El clero, supuestamente conformado por los ministros de Dios en la tierra, tiembla también ante la presencia del señorito, cuya voluntad parece preferible a la del Altísimo. Esto se aprecia, sobre todo, en el momento en que Juan interrumpe la ceremonia sin que el cura haga nada por evitarlo:

> Llegó, en efecto, Beatriz; mi padre no quiso verla, mas mi hermano mayor no fue de los últimos en visitarla […] amaneció, y nos acercamos risueños al altar; […] cuando hete aquí que se presenta en la iglesia mi hermano, seguido de diez a doce satélites suyos, armados de pies a cabeza; nos rodearon impetuosamente, y el malvado le dijo con voz ronca y alterada al capellán, que más pálido que la cera estaba de pie, e inmóvil: «¿Quién os manda sin mi permiso…? ¿No soy yo el jefe de mi familia?». «Seguid, venerable varón», grité yo, enfurecido, «seguid desempeñando vuestro sagrado ministerio. ¿Por qué os aterráis? ¿Qué tienen que ver las mundanas tiranías con el ministro del Dios del universo? Ea, acabad…».

»Pero el capellán temblaba y no atendía a mis razones; entonces agarré rápidamente la mano de Beatriz, y le dije con fervor: «Beatriz, yo soy tu esposo, Dios nos mira y nos bendecirá y estos mismos verdugos que nos cercan son los testigos de nuestro casamiento. ¿No es verdad que eres mía?» «Sí, tuya soy eternamente», me respondió. «Apartad de aquí a esa mujer», gritó mi hermano.

»¿Por qué no morí en aquel momento, María, por qué no morí? ¿Qué podía yo hacer solo? Me cercaron por todas partes, me maltrataron hasta arrancarme de los brazos a mi querida esposa, allí, en el mismo templo del señor… (*EHdT*, c.3).

En este sentido queda abierta una incógnita que quizá podía generar incomodidad en los cristianos más conservadores. Pedro, en principio, ha obrado mal por vivir una sexualidad al margen de lo que los católicos consideraban aceptable. Pero la misma Iglesia, que supuestamente tenía poder para declararlo esposo de la mujer que ama, no es capaz de proceder de este modo. Al contrario, el mismo cura prefiere dar prioridad a los sentimientos libidinosos del señorito Juan Medrano que a la actitud pía y sincera demostrada por Pedro en ese momento de la novela. Al interrumpir la boda y consentir con el secuestro, el clérigo se convierte, pese a su supuesta subordinación a Dios y a lo sagrado, en cómplice de los abusos sexuales que se llevan a cabo en el cortijo de la Ina.

Antes mencionamos cómo otra novela de Hué y Camacho, *El ferí de Benastepar*, tenía un trasfondo anticlerical muy cercano al de *Cornelia Bororquia*, porque ahí, al igual que en la novela de Gutiérrez, es el mismo clérigo quien secuestra y pretende violar a una mujer inocente. El cura de *El hombre de Tempul* no llega a estos extremos, pero se convierte en cómplice. Su actitud, en el contexto planteado, contribuye a desautorizar por completo a la Iglesia en cuestiones amorosas. Dicho de otra manera, el interrogante que de todo eso se desprende es el siguiente: ¿cómo puede tener ninguna clase de autoridad sobre las relaciones amorosas y sexuales una institución que, según se muestra en el texto, es cómplice ya no solo de algunas relaciones extramatrimoniales, sino de algunas basadas en el secuestro y la violación?

Si atendemos a la conducta de Pedro después de perder la oportunidad de casarse, veremos que se comporta de un modo muy contrario a los dogmas cristianos. En este sentido es lógico que descrea de una Iglesia cuya corrupción él mismo ha podido comprobar y sufrir. No tiene, por tanto, motivos por los que consentir con los dogmas de una institución que tan poco lo ha tenido en cuenta. El resto de su vida lo dedica a llevar una relación necrófila con el cadáver de Beatriz, sobre lo que nos detendremos en un apartado posterior, y a planear una tremebunda venganza contra su hermano.

En ese momento del texto, Pedro Medrano parece adecuarse bien a lo que comenta Sebold sobre los héroes románticos de las novelas españolas, definidos como «materialistas, blasfemos, descreídos y ateos» (2002: 39). Pero su actitud no llega nunca a ser tan transgresora como la de los protagonistas de otros textos. Si Roberto Gibbs moría blasfemando y con orgullo en *El pirata de Colombia*, de Ramón López Soler (1832: 133-134), no ocurrirá lo mismo con Pedro, que finalmente acabará arrepintiéndose y evitando la venganza porque oportunamente descubre, en ese mismo momento, que su hija sigue viva y que esta es María:

> Alzó el brazo don Pedro y le dio una puñalada a su hermano, que huyó el cuerpo, y el cuchillo quedara clavado en la mesa.
> —Hermano mío, perdóname siquiera por la memoria de tu amada esposa.
> —¿Tienes miedo? Pues no eras cobarde cuando estabas cercado de tus satélites.
> Iba otra vez el vengativo don Pedro a repetir el golpe, cuando sonó un terrible estruendo a la puerta del cuarto.
> —Por Dios… Mi querido tío, detened vuestra furia.
> —Turba vil, yo os desafío a todos. ¿Piensas tú que podrás librarte? Mientras más pronto echen la puerta abajo, más pronto pasarás a la eternidad… No hay sino perecer, y nada te valdrá, ni tus criados ni tus hijos.

De repente se abre la tapicería y entran María y don Manuel.

–Detened el brazo –gritó la joven.

–¡Cómo! María… Tú… Pérfidos…

–Yo no os tengo miedo, señor, matadme; aquí está mi pecho; herid a vuestra propia hija.

–Dios todopoderoso –gritó don Pedro, dejando caer el puñal de la mano.

–Sí, mi querido tío –dijo don Manuel, acercándose–; María es vuestra hija; hemos tenido la dicha de que se descubra este importante secreto.

–Retirad a ese hombre; ya no trato de vengarme, pero que no lo vea yo delante de mí (*EHdT*, c.7).

El apego al modelo ilustrado de sensibilidad impedirá que en este caso Pedro llegue a tales extremos románticos. Su caso será muy parecido al de Enrique, protagonista de la novela escrita por Estanislao de Cosca Vayo, *Los terremotos de Orihuela* (1829), que, tras arrebatar la pistola al antagonista de la obra, dice que prefiere morir a sus manos antes que hacer daño a un semejante (Gomis Martí, 1986: 18). Con Pedro ocurrirá algo parecido, aunque más alejado de lo propio en la Ilustración. Su sensibilidad no le impide adquirir una conducta en principio pecaminosa o transgresora que desarrolla a pesar de sus disposiciones innatas. Es en un momento tan extremo hasta el punto de casi asesinar a su hermano cuando decide cambiar de actitud por la intervención de su hija.

De este modo, queda cohibido el pecado y la novela se mantiene en una óptica que, aunque anticlerical, es esencialmente cristiana. Nunca se plantea que la religión sea en sí un problema; al contrario, lo que se censura es la falta de poder real que la Iglesia tiene para rectificar las vidas de sus feligreses. El autor insiste en lo contradictoria que es una institución capaz de intervenir activamente en la sexualidad de sus fieles y prohibirla con anterioridad al matrimonio, mientras que, por otra parte, su ministro no haga nada por impedir los abusos de algunos «cristianos» cuyo poder parece eximirlos de toda prohibición. Las soluciones posibles que de ahí se desprenden son dos, y las dos orientadas a la reforma de la Iglesia. O los clérigos mantienen una integridad en la que no valoren más autoridad que la divina, o los dogmas sobre cuestiones sexuales, como lo es el mismo matrimonio, tal vez no debieran resultar tan rígidos e inamovibles.

## 10. Afinidad con Sade: la impunidad del vicio

El nivel de heterodoxia al que llega la novela es amplio, y quizá –aunque no podemos aseverarlo– fuera el principal motivo de que la obra finalmente quedase fuera de las *Leyendas* que se publicaron. Esto no debe cohibirnos ver el cristianismo que subyace al texto y su cercanía para con los autores sensibles e ilustrados de tipo católico, como Estanislao de Cosca Vayo, sobre quien seguía pesando mucho la cosmovisión propia del siglo anterior. Pero semejante religiosidad entra en tensión y en contradicción parcial con el carácter crítico e indicativo que ya señalamos en la obra.

Para explicar esta aparente contradicción no debemos remitirnos tanto a la confesión que el propio autor tuviera en su esfera privada, sino a la filiación literaria de sus textos. Antes mencionamos cómo *Cornelia Bororquia* (1801), de Luis Gutiérrez, constituía uno de sus principales referentes sobre todo en otra novela, *El ferí de Benastepar*. Gutiérrez, aunque heterodoxo, tampoco llegó a caer en el ateísmo; sí contempla esta controvertida opción confesional a partir del personaje de Meneses, pero el trasfondo general de la obra es, aunque reformista y anticlerical, cristiano (Ferreras, 1973: 275-282). En un principio, Hué y Camacho no es diferente de este modelo suyo, ya que se mantiene una línea idéntica; como hemos visto, rechaza algunos aspectos de la Iglesia, pero no discrepa del cristianismo como tal.

Con todo, estos dos novelistas tienen exactamente el mismo problema de coherencia, que proviene de la fuente que poseen en común, y que es directa solo en un caso, indirecta en otro: Sade. En concreto, Sebold ha analizado en profundidad cómo los textos del Divino Marqués tuvieron un peso determinante sobre la génesis de *Cornelia Bororquia* (Sebold, 2002: 55-70). La conclusión a la que llega es que, en conjunto, el texto de Gutiérrez se ajusta de forma absoluta a lo que Sade propone en sus *Ideas sobre la novela*, esto es, que es preferible construir un relato en el que la virtud quede completamente destruida, para de este modo lograr mayor grado de patetismo y de emotividad en el lector (Sebold, 2002: 69-70).

La explicación a esta clase de estética se encuentra, de nuevo, en la filosofía de la Ilustración y en las tendencias literarias que entonces había. Si los sentidos y la emotividad tenían tanta relevancia, resulta lógico que Sade, admirador confeso de Rousseau,[9] quisiese buscarla por esas vías, lo cual, por otra parte, también contribuía a respaldar su propia filosofía atea. Luis Gutiérrez en todo momento solo quiere tomar de su irreligioso antecesor la forma, pero no la ideología, o al menos, no de un modo tan extremo, ya que el discurso más descreído, el de Meneses, queda en todo momento relativizado en favor de los de Vargas o Casinio (Ferreras, 1973: 275-282). Pero un texto de esas características estéticas difícilmente se acomoda a las exigencias del cristianismo, por reformista que sea.

Resulta esclarecedor el contraste entre ese texto y otro de Pablo de Olavide publicado tan solo un año antes, *La hermosa malagueña*. Esta otra novela también plantea una situación parecida, porque los virtuosos protagonistas encuentran la muerte de un modo muy cruel. Pero la desolación del final se relativiza en tanto que quedan retratados como mártires que han dado la vida por el cristianismo y que van a recibir una recompensa en el paraíso por todo ello (Muñoz de Morales Galiana, 2021a: 213-215). Por el contrario, el final de *Cornelia Bororquia* es de-

---

9    Sade, en sus *Ideas sobre la novela*, menciona que *La nueva Eloísa* de Rousseau es una «especie de obra maestra única que jamás se igualará», porque «indispensable era un alma de fuego como Rousseau y un espíritu tan filosófico, dos cosas que la naturaleza no consigue repetir en un mismo siglo» (1971: 63-64).

solador (Sebold, 2002: 69-70). Sin necesidad de poner en duda la sinceridad de Luis Gutiérrez en su cristianismo, lo cierto es que la obra, parece sostener, aunque involuntariamente, una tesis más cercana al ateísmo, porque Dios no tiene ninguna clase de jurisdicción sobre la realidad operatoria para influir sobre las vidas de los protagonistas y modificar los trágicos sucesos. Los personajes quedan abandonados al azar y a la crueldad de la realidad, que se nos muestra tal como es sin que quede la opción de encontrar consuelo divino.

La contundencia de la crítica que ahí vemos es desde luego mayor que la de textos como *La hermosa malagueña* de Olavide y semejantes. Al prescindir de criaturas o realidades numinosas intervengan, como el mismo Dios, Gutiérrez nos redirige al mundo operatorio, que queda presentado sin establecer tampoco relaciones ideales entre términos reales. Su texto es totalmente crítico o indicativo, porque precisamente quiere avivar la conciencia sobre un problema real. Al construir literatura de esta manera, parece olvidar que no está siendo del todo consecuente con uno de los dogmas cristianos, esto es, la confianza en la Providencia. En textos así, se reconozca o no, el poder de Dios nunca es suficiente para cubrir las distintas dificultades de la vida humana. Esto es lo que puede inferirse, a pesar de la intención de Gutiérrez, de *Cornelia Bororquia*, y lo mismo respecto de *El hombre de Tempul*. No obviemos que la intención de un escritor, por clara que sea, no siempre tiene por qué traducirse en la composición de textos a la altura de esas mismas pretensiones.

Por esto mismo puede resultar tan trágica y desoladora la novela que aquí estamos analizando. Pedro, al igual que su amada, queda humillado de un modo extremadamente cruel, pero nunca se llega a establecer justicia ni nada similar. Hay un amago de esto mismo por el comportamiento del propio Pedro, pero nunca se consigue llevar a cabo. En el momento de la novela en que decide cohibirse y no proseguir con su venganza, el protagonista se está comportando de un modo idéntico al que tendría Jimeno de Acuña, el héroe una novela escrita por Francisco Navarro Villoslada, *Doña Blanca de Navarra* (1847). Ese otro personaje mantiene una actitud vengativa y satánica durante gran parte del texto, pero en el momento final se redime y opta por un comportamiento más cristiano basado en el perdón (Sebold, 2002: 220-223). No es diferente de Pedro Medrano en esta decisión, pero las dos novelas divergen de modo crucial a partir de ese punto. Jimeno, en el texto de Villoslada, nunca llega a perder completamente la confianza en la providencia. De hecho, esa fe suya queda recompensada, porque la divinidad misma interviene en el relato y castiga, mediante un cáncer, a la persona malvada en este caso, la reina Leonor (Muñoz de Morales Galiana, 2021b). Por el contrario, nada semejante ocurre en *El hombre de Tempul.*

Juan Medrano y Diego Medrano, dos violadores que no ven reparo en cometer abusos sexuales desde su posición, quedan totalmente impunes. No solo no son castigados, sino que mantienen en todo momento su prestigio social, sin que autoridad alguna, divina o humana, los sancione. Además de esto, ni siquiera sienten nada parecido al arrepentimiento; de hecho, Juan no es capaz ni tan solo de recordar qué es lo que ha ocurrido en su propia casa, prueba de la escasísima importancia que le da a sus mismas atrocidades: «Don Juan volvió a caer en igual atontamiento, y al día siguiente tornose a Jerez sin acordarse para nada de los sucesos de aquella terrible noche» (*EHdT*, c. 7).

Hemos dado sobrados motivos por los que considerar el texto como crítica a esta clase de personajes, que no pretende de ninguna manera dignificar, sino mostrar sus conductas como reprobables. Lo cierto es que, pese a que sean esencialmente contraejemplos, Hué y Camacho no resulta del todo convincente, en sentido estricto, al desaconsejar conductas así. Sus actos, por crueles que sean, carecen de consecuencias; no solo no reciben amonestación, sino que pueden proseguir con sus vidas de un modo próspero. A la postre, la enseñanza que se puede inferir es muy cercana a la que vemos en la pareja de novelas escritas por Sade, *Justina o los infortunios de la virtud* y *Julieta o las prosperidades del vicio.* Quien tiene una conducta «viciosa», como Juan y Diego, triunfa de todas las dificultades vitales y puede llevar una vida próspera. El carácter moralizante de la obra, heredado también de la Ilustración, queda de este modo diluido y subordinado a su esencia crítica. Porque la literatura crítica o indicativa, a diferencia de la programática o imperativa, no pretende imponer modelos de conducta concretos, como ocurría en buena parte de la literatura moral dieciochesca, sino remitir a la realidad tal como es. Queda entonces a juicio de los lectores qué conducta han de adoptar, sin que los autores de este tipo de literatura –entre los que podemos incluir a Hué y Camacho– sean explícitos al respecto.

## 11. Rasgos necrófilos como reflejo de la virtud destruida

Queda claro, por tanto, que mostrar el triunfo del vicio no responde –o no de manera consecuente– a una intención moral en sentido imperativo. Respecto a la destrucción de la virtud, que vemos sobre todo en la violencia y humillaciones sufridas por Pedro Medrano, Beatriz y María, ocurrirá algo parecido, aunque en ese caso no solo tendrá tantas posibilidades en desde un punto de vista crítico, sino también estético. Debemos tener presente, por un lado, todas las posibilidades que en este sentido se contemplaban de acuerdo con Sade. Por otro lado, también es necesario recordar lo ya mencionado sobre el llamado «dolor romántico», el *weltschmerz*, que realmente, como dijimos, es propio de Rousseau y de la literatura sensible en general. Aunque este era un sentimiento común a la época y a mucha de su literatura, tal sufrimiento se verá acrecentado ante la situación tan extrema que vive el protagonista.

Si Pedro es de nacimiento una persona sensible y emotiva, su sentimentalidad atravesará nuevas cotas al ver cómo todo lo «virtuoso» de su vida queda degradado y humillado sin que pueda haber lugar a una reparación o justicia de ningún tipo. Un texto quizá más realista habría explorado entonces su psicología con mayor profundidad y tal vez atendiendo a los avances científicos que entonces se hayan llevado a cabo. Pero, como ya hemos dicho, *El hombre de Tempul* está aún muy lejos de esos rasgos y prefiere remitirse a técnicas dieciochescas, que no románticas, para expresar la subjetividad de los personajes. Antes aludimos a los monólogos y a los pasajes de carácter introspectivo, pero a esto le debemos sumar las ocasiones en las que se expresa el tedio vital de Pedro de un modo mucho más gráfico, es decir, con conductas suyas que explicitan su enajenación mental. Por una parte, tenemos su afán por retirarse a las ruinas de Tempul, alejado de toda la humanidad, para llevar una vida de retiro. Esto en sí puede recordarnos al tópico, tan habitual en el Renacimiento, del *beatus ille*, que vemos en fray Luis de León, fray Antonio de Guevara y otros tantos autores. Pero estamos en una época distinta, por lo que estas mismas ideas se resignifican. Ese intento de retiro no llega a proporcionarle, realmente, ninguna clase de paz interior. El modo más explícito con que el autor nos muestra a qué extremo ha llegado la enajenación mental del protagonista es la necrofilia, lo que vemos, sobre todo, en su conducta para con la calavera de su amada, que guarda con adoración, como un tesoro:

> vio, pues, salir por la puerta a un hombre medio desnudo, desmelenado, la barba larga y las facciones tan hurañas y terribles, que lo creyó horrorosa fantasma; adelantose a la lumbre, encendió el candil, levantó del suelo una loza, escarbó con un almocrafe y sacó una calavera; a esta vista tembló el gitano de pies a cabeza; un sudor frío le corriera por todo su cuerpo y se encomendó por primera vez de su vida a san Dimas, único santo del calendario de que entonces se acordó; don Pedro tomó en la mano aquel resto mortuorio y, suspirando amargamente, exclamó:
> —Tú siempre aquí, y yo postrado en aquel ominoso lecho sufriendo por tantos años una muerte lenta… Alma mía… Tú me amabas con delirio, tú expiraste mirando con cariñosos ojos a tu esposo y este… Aún todavía vive tu asesino… Impío… ¿No se movió a piedad al ver tu rostro angelical? ¿No se condolió de aquellas ino-

centes criaturas…? Desgraciada… Tú eras la más linda de las mujeres, y ahora eres un poco de polvo… Pero polvo santo, divino… Adiós, voime otra vez al lecho de amargura, y… Ay de los malvados (*EHdT*, c.5).

Numerosas fuentes literarias pueden señalarse en un pasaje así. La más evidente es el *Hamlet* de Shakespeare, drama que el mismo Hué y Camacho había traducido al español. En concreto, evoca la escena de la calavera, en la que el príncipe de Dinamarca recuerda con añoranza al bufón Yorick, que había sido el deleite de su infancia. De igual manera, también puede recordarnos al conocido soneto de Lope de Vega, «A una calavera», en el que el yo lírico no se limita a ver un mero conjunto de huesos en esa parte del cadáver, sino que rememora todos los atributos físicos de su amada. De todo esto podemos ver mucho en estos pasajes de *El hombre de Tempul*, pero también conectan, por la época en que vivió Hué, de nuevo con la literatura del XVIII que también había utilizado la necrofilia como forma de expresar los extremos a los que llegan las personas sensibles en momentos de desesperación. El antecedente más claro de esto son las *Noches lúgubres* de Cadalso.

La necrofilia, de amplia tradición literaria desde Shakespeare hasta los románticos, se utiliza aquí como forma de explicitar la enajenación mental a la que llega una persona sensible cuando se siente humillada como consecuencia de que toda virtud acabe siendo destruida. Es un acto no solo de desequilibrio, sino de impotencia. Pedro no puede ya gozar de Beatriz, ni ha podido casarse con ella en vida; no le queda más que fantasear con ello, y en el proceso desarrolla unas inclinaciones necrófilas que lo imbuyen en un carácter desequilibrado y siniestro. Pese a todo, la obra nunca intenta condenarlo ni hacérnoslo ver como ridículo, sino que podamos intuir a qué extremos debe llegar su dolor. Aunque la psicología humana no podía explicitarse aún de una manera realista, por estas vías el autor intenta, con más o menos acierto, que el lector pueda intuir el estado mental del protagonista.

# 12. Recapitulación general: *El hombre de Tempul* como crítica a Felipe V y a la España borbónica

La necrofilia parece, tras todo lo que hemos visto, el último detalle macabro de una historia que abunda en tales. La lectura del texto, que no escasea en heterodoxias, quizá hubiese escandalizado al público de la época más moralista, y probablemente lo hiciera con el editor Pérez de Guzmán, que finalmente no publicó la obra con el resto de las *Leyendas* pese a las intenciones originales de Hué y Camacho. No podemos establecer nada sobre esto que no sea una conjetura, por lo que tampoco sería prudente asumir el carácter tremebundo de la obra como única causa que imposibilitara su publicación. Lo truculento en *El hombre de Tempul* está siempre subordinado a un fin muy concreto y crítico, como ya hemos ido desarrollando, lo que nos permite ubicar la novela dentro de la literatura crítica o indicativa.

Son muchas las realidades y grupos sociales que aparecen retratados sin pudor por mostrar sus mayores defectos. Esto lo hemos ido desarrollando respecto del clero y la aristocracia de la zona jerezana. Pero el grado de culpabilidad que aplica sobre cada persona se relativiza drásticamente si tenemos en cuenta la filosofía determinista que subyace a toda la novela. Es en este punto donde más se distancia de los textos ilustrados con carácter moral; ya hemos visto que la obra no pretende imponer normas o modelos de conducta concretos, sino retratar la sociedad tal como es, sin que esto implique sugerir un programa concreto. Para entender este cambio con respecto al siglo anterior, al que aún sigue debiendo mucho, debemos remitirnos a un filósofo de carácter esencial para el determinismo y la cosmovisión romántica: Johann Gottfried Herder.

Este autor, discípulo de Rousseau (Pucciarelli, 2007: 14), fue uno de los primeros en arremeter contra el moralismo de la Ilustración. Descreía, al igual que su maestro, de que el ser humano fuera tan racional como en el XVIII se consideraba, y a partir de ahí establecía consideraciones como la siguiente:

«Desde el púlpito resuenan principios que todos aceptamos, conocemos, sentimos como buenos y que… dejamos en y junto al púlpito. Lo mismo con la lectura, la filosofía y la moral. ¿Quién no está hastiado de leerlas?» (Herder, 2007: 94). Su escepticismo respecto de la racionalidad humana se fundamentaba en su actitud determinista, que no contemplaba progreso posible si las circunstancias en torno a ello no lo propiciaban: «Sólo se perfecciona aquello para lo cual el tiempo, el clima, la necesidad, el mundo, el destino dan la oportunidad» (2007: 55).

Los personajes de *El hombre de Tempul* se construyen de acuerdo con estas ideas, pero decir que se configuran a partir del determinismo equivale a asumir que carecen de libre albedrío. Como ya hemos visto, las causas de que algunos sean más bondadosos y otros más crueles se encuentra en la biología o en el entorno social. Lo primero lo vemos en la sensibilidad de Pedro y Manuel; lo segundo, en la depravación aristocrática de Juan y Diego. Las capacidades innatas de algunas personas nunca se plantean como solución al problema, porque desde un inicio se asume que son algo minoritario. Caso distinto es lo tocante a la cultura degenerada de las élites.

Si Juan y Diego tampoco tienen libre albedrío, su perfidia no puede decidirse a una decisión deliberada, sino a que el entorno lo favorece. Y la explicación a todo ello, como ya dijimos, se basa en un acontecimiento muy concreto del XVIII, que justifica la consideración del texto como «novela histórica»; esto es, la llegada de Felipe V al poder. Si la sociedad andaluza ha degenerado como resultado de que las élites de allí se encumbren económicamente sin que consigan lo propio en lo educativo, todo ello es producto de que ascendiera al trono ese rey y tratara de recompensar por esas vías a los que de esa región le fueron fieles.

El carácter costumbrista del texto, por consiguiente, debe entenderse no en un sentido idealista; a diferencia de Mesonero Romanos o Estébanez Calderón, Hué y Camacho no llega a caer en la idea herderiana de «folk heist» o espíritu del pueblo. Los comportamientos que la novela reproduce no se muestran como algo típicamente español o andaluz, ni como un detalle que pueda explicarse atendiendo a los orígenes de la patria. Al contrario; ya hemos visto que el majismo se presenta como un fenómeno muy concreto y surgido en un contexto histórico determinado. La consecuencia es la deficiente administración de Felipe V. La crítica que sobre este rey se vierte, si tenemos en cuenta las truculencias de la obra, resulta muy contundente, aunque no sea plenamente explícita en lo que respecta a los ataques directos contra ese soberano en particular.

El monarca resulta ineficaz para solucionar los problemas de su país. Él ha contribuido al engrandecimiento de una aristocracia corrupta, pero el estado –es decir, el poder del soberano en el Antiguo Régimen– no consigue poner fin en lo más mínimo a una serie de prácticas consideradas ilegales y censurables en cualquiera otro contexto. Por esta vía se subraya la impotencia de Felipe V y se anuncia la llegada de los Borbones al trono como algo portador de desgracias y ruina a España. Pero a partir de estos datos aún no queda claro si la crítica se limita solo a la acción de ese monarca o a su dinastía por entero. Esto nos conduce a una reflexión sobre el carácter histórico de la obra. La fecha elegida es elegida no por ser el único momento en que tuvo lugar el fenómeno criticado, el majismo, sino por ser el origen de este. Felipe V proporciona el contexto histórico necesario para que algo así pueda surgir, pero su muerte no supuso la extinción de esto, prueba de lo cual es el mismo Eugenio Noel, que a principios del XX, un siglo después, seguía quejándose de los mismos problemas que Hué y Camacho había ubicado a comienzos del XVIII. Pero nuestro novelista no se mueve solo en el terreno de lo implícito al desarrollar su crítica antiborbónica. Al contrario; el mismo primer párrafo de la obra es muy crítico no solo con respecto al XVIII, sino con su misma actualidad. En ese inicio, el narrador utiliza la historia para reflexionar sobre su propio presente. En concreto, el texto se tuvo que componer en algún momento posterior al inicio de la primera guerra carlista, lo que da lugar a la siguiente comparación de la contienda contemporánea respecto de la Guerra de

Sucesión: «no se viera entonces el espectáculo que ahora vemos por desgracia y que acibara más y más los horrores de la guerra civil; el hombre indefenso no era asesinado vilmente; pugnaban con caballeresca generosidad» (*EHdT*, c.1).

Hué y Camacho ubica en ese conflicto de principios del XVIII, cuando aún el partido austracista no había sido aniquilado, los últimos resquicios de nobleza, gallardía e integridad moral por parte de las élites, en este caso militares. Esa guerra, según vemos que considera, es mucho menos horrible que la carlista. De este primer párrafo se puede inferir una pregunta que el autor nunca llega a formular como tal: ¿qué ha ocurrido en un solo siglo para que las costumbres degeneren tanto? La novela entera, en realidad, pretende dar respuesta a ese mismo interrogante, para lo cual incide sobre la corrupción de las élites que el reinado de Felipe V posibilitó. Esta mirada crítica hacia su propia actualidad lleva a pensar que los Borbones nunca hicieron nada por solucionar tales problemas; al contrario, se denuncia cómo dos miembros de esa familia han sumergido al país en una guerra fratricida, motivo que parece ser la principal insatisfacción del escritor para con la dinastía gobernante, lo que lo habría llevado a un examen y crítica de mayor profundidad.

## 13. ¿Por qué recuperar hoy *El hombre de Tempul*?

En los apartados previos hemos reflexionado sobre el valor e interés de una novela como *El hombre de Tempul*, que hasta ahora había quedado inédita. Su recuperación nos ha permitido indagar en aspectos sobre la visión del XVIII que había en el XIX, y también en las capacidades de Hué y Camacho como novelista, que hasta el momento, y restando la reciente edición de *El ferí*, solo se habían valorado en función de los textos que pudo haber dado a la imprenta (Cantos Casenave, 1999). Precisamente uno de los principales problemas derivados de intentar trazar la historia de la novela española, y de cualquiera otro fenómeno literario, es que siempre tendremos un sesgo en lo que concierne a las fuentes. Dicho de otra manera, los trabajos actuales de historiografía literaria solamente pueden basarse no en todas las obras que realmente se compusieron a lo largo del tiempo, sino en las que son accesibles a cada filólogo en cada momento, y estas generalmente suelen coincidir con las que se han publicado. La imprenta, en este punto, ha jugado un papel fundamental desde su aparición, porque ha contribuido enormemente a la preservación del patrimonio literario de un modo que en la Edad Antigua y en la Edad Media difícilmente podía tener lugar. Pero esto ha llevado a que se margine, de forma sistemática, los textos que no pudieron imprimirse en su momento, cuya fama suele quedar muchas veces tapadas por los que sí se pudieron editar. Del mismo modo, la historia de la novela española entre los siglos XVIII y XIX solo podía responder a consideraciones pesimistas como las que vemos en Ferreras (1973) y Álvarez Barrientos (1991). Para esas dos fechas aún no se habían publicado las ediciones, a cargo de Antonio Cruz Casado, de dos de las mejores novelas que se habían compuesto en esos años, pero que habían quedado inéditas: *Los trabajos de Narciso y Filomela*, de Vicente Martínez Colomer (2000), y los *Efectos del amor propio*, de Miguel Álvarez de Sotomayor y Abarca (1994). El panorama, si nos remitimos a lo inédito, se amplía mucho más, y la historia literaria pasa a quedar menos sesgada.

Si tenemos en cuenta la fuerte censura que hubo entonces, y que ya hemos mencionado, veremos que la España de aquellos años era muy poco propicia para la publicación de textos novelescos. Conocemos casos de obras que quedaron inéditas y que actualmente se encuentran perdidas, como *Los manuscritos de Celia*, de Félix Enciso Castrillón (Álvarez Barrientos, 1991: 351-355). Hué y Camacho vivió, durante la mayor parte de su vida, en una época de represiones y de falta de libertad. Todo hubo mejorado, en ese sentido, en el momento en que compuso *El hombre de Tempul*, pero, por algún motivo que desconocemos, el impresor Pérez de Guzmán rehusó publicarla en la colección de *Leyendas y novelas jerezanas*. Con todo, aunque se hubiese incluido finalmente ahí –como ocurrió, según veremos, con *Los gitanos*–, la repercusión que habría tenido no hubiese sido mucho mayor; ya hemos visto cómo a la colección entera, nunca reeditada, solo se le ha dedicado un trabajo académico (Cantos Casenave, 1999). Estamos hablando, en cualquier caso, de un novelista que vivía en una zona periférica, dentro de que España estaba a su vez en la periferia de Europa. Uno de los temas del texto, precisamente, es la falta de literatura en Andalucía, lo cual se plantea en un sentido amplio, de modo que incide no ya en la falta de escritores, sino en la falta de lectores. Si se estimulan más la tauromaquia y la gastronomía que los libros, difícilmente podrá aparecer gente que lea, y menos aún que escriba. Podrán aparecer excepciones, como Pedro Medrano y Manuel Medrano en la novela y el mismo Hué y Camacho en la realidad, pero no dejarán de ser algo aislado y sin demasiada repercusión en su territorio. Los lugares en los que nació y vivió, a diferencia de Madrid y de otros terrenos donde bullía más la industria del libro, no daban demasiado respaldo a las iniciativas literarias, por mucho que existieran.

Más allá de la posible censura, de la escasa fortuna del autor y de lo poco receptivo que fue su entorno, hemos dado motivos por los que sopesar su excelencia desde un punto de vista literario, lo que haría de su lectura algo de interés no solo a los historiadores de la literatura o de la provincia, sino a un público mucho más amplio. El planteamiento general del texto, que combina con sagacidad lo terrorífico y lo cotidiano, resulta original y muy llamativo. Los elementos propios de la literatura dieciochesca, que no escasean, se adaptan hábilmente al nuevo contexto que plantea, mientras que el trasfondo de la novela invita a una reflexión general sobre las relaciones de poder y los casos de abuso en que la ley –humana o divina– resulta ineficaz. Hué y Camacho puso el énfasis en una época poco visibilizada, el siglo XVIII, para incidir sobre algunas problemáticas surgidas entonces, pero que aún existían a principios del XIX y también se prolongarían en el tiempo después de que el escritor muriera. La crítica que hemos visto articula es muy similar a la antiflamenquista que desarrollaría Noel, pero el contexto es por completo distinto, y lo mismo con la perspectiva. No estamos ya ante la generación del 98 y su voluntad regeneracionista, sino ante alguien que oscila, como casi todos los románticos, entre la Ilustración y el Romanticismo. Desde los presupuestos propios de estos dos movimientos, Hué y Camacho logra una crítica también novedosa y original para su tiempo, y que por su peculiaridad aún puede movernos a reflexión en nuestra actualidad.

## 14. Esta edición

Todos los testimonios de *El hombre de Tempul* cuya existencia nos consta están recogidos en el legajo M/214 de la Biblioteca Central de Jerez. Dentro de ese fichero, observamos que está, en primer lugar, el manuscrito original del texto, al que nos referiremos a partir de ahora como [O].[10] Es un texto difícilmente legible, con una grafía poco esmerada, que requiere de un costoso trabajo paleográfico, a lo que se le suman sus constantes tachaduras que dificultan aún más la lectura. Tras este testimonio se añaden, dentro del mismo legajo, dos copias más, que el catálogo de la Biblioteca Central atribuye a su descendiente Miguel Hué de la Barrera.

Pero, según las pruebas de las que disponemos, sabemos que al menos una de esas dos fue también obra del propio autor, a la que aludiremos en lo sucesivo como *A*. La grafía que en ese testimonio vemos es idéntica a la del ejemplar de *El ferí de Benastepar* que hay en el fondo de Estébanez Calderón dentro de la Biblioteca Nacional de España, es decir, los tres tomos con signaturas 2173, 2174 y 2175. Tanto esos cuadernos como

---

10 Seguimos la nomenclatura propuesta por Blecua (1983: 62) para aludir a este manuscrito primero.

*A* suponen manuscritos muy pulcros y con rótulos idénticos en cuanto al título y los correspondientes capítulos, luego no parece haber dudas de que el mismo autor fue quien lo copió, quizá, eso sí, con ayuda, porque en algunas páginas puntuales la grafía cambia, señal de que colaboró con él alguna otra persona. En cualquier caso, parece un texto listo para ser enviado a la imprenta, porque en ese caso sí es totalmente legible. Ya no hay tachaduras, y muchas de las lecciones que en [O] aparecían rectificadas mediante ese método quedan en A directamente corregidas. No es, por tanto, solo una copia, sino una versión más pulcra y cuidada, algo en apariencia definitivo.

Por este motivo, hemos utilizado *A* como texto base, aunque en todo momento lo hemos cotejado con [O] y hemos apuntado cada diferencia localizada. De especial interés ha sido, en este sentido, el texto que en ocasiones aún podía leerse debajo de cada tachón, lo que permite dar una idea de las elecciones de palabras iniciales que el autor tenía en mente. En algunos casos esos cambios no pasan de lo meramente anecdótico, mientras que en otros apreciamos lo que parece ser una fuerte inclinación a la represión y la autocensura. Además, se ha optado por las lecciones de [O] cuando se han detectado lo que parecen ser erratas en *A*. En cuanto al tercer testimonio, que sí parece realizado por su descendiente, hemos decidido evitar trabajar con él por ser posterior a la muerte del escritor y no tener el mismo interés filológico. Por el resto, se han corregido los seseos y modernizado las grafías, la puntuación y los usos morfológicos y tipográficos de acuerdo con la norma actual de la RAE.

# 15. Edición del texto

## EL HOMBRE[11] DE TEMPUL
### Novela histórica[12]

### Capítulo 1º. El cortijo

Larga fue la contienda entre el archiduque Carlos[13] y Felipe el Animoso,[14] pues[15] ambos, sostenidos por fuertes partidos nacionales y extranjeros, ansiaban por subir al trono de España; costó la sangre a mares en los campos de batalla, pero los soldados eran solo los que peleaban: no[16] se viera entonces el espectáculo que ahora vemos por desgracia y que acibara más y más los horrores de la guerra civil; el hombre indefenso[17] no era asesinado vilmente; pugnaban[18] con caballeresca generosidad, y

---

11   Originalmente, el título iba a ser *La lechera de Tempul*. Las dos primeras palabras aparecen tachadas en [O] y sustituidas por «El hombre».

12   Junto al subtítulo «novela histórica», vemos que aparece también nombrada en [O] como «1ª – 4ª Leyenda jerezana». Probablemente se deba a su pretensión porque encabezara esta colección, si bien más adelante pretendería que la sucediera hasta definitivamente excluirla.

13   Se refiere al archiduque Carlos de Austria (1685-1740), emperador del Sacro Imperio bajo el nombre de Carlos VI, y pretendiente a la corona de España durante la Guerra de Sucesión. Para su biografía, véase León Sanz (2003).

14   El apodo de «Animoso» lo adquirió Felipe V durante la guerra, aunque la historiadora Janine Fayard afirma que no hace justicia a su carácter real, generalmente abúlico y melancólico (1980: 428).

15   pues *A* y (tachado) pues [O].

16   no *A* jamás (tachado) no [O].

17   indefenso [O] indiferente *A*. Optamos por la lección de [O], en este caso, porque tiene mucha más coherencia que la de *A*; esta última parece deberse más a una errata en la copia.

18   pugnaban *A* peleaban (tachado) pugnaban [O].

jamás el ministro del santísimo asió del[19] puñal en vez del crucifijo; no, tranquilo en el templo del señor, oraba y pedía al que todo lo puede; y el estampido de las lides sonaba[20], y transmitíase a sus oídos como los rugidos del embravecido mar lejano; mas ahora… ¡Ah! La pluma se cae de la mano al contemplar las matanzas a sangre fría hechas por algunos de los discípulos del hombre Dios, cuyos labios jamás pronunciaron otras palabras que las de dulzura, reconciliación y caridad.

Felipe[21] venció finalmente, y al ruido de los combates sucedió el miserable ocio y la holganza placentera; la nobleza española,[22] que por luengos años habrá estado luchando, arrimó a su lado las lanzas y buscó otras diversas ocupaciones; ¡mas ah! Engreída con el hambre de sus victorias, preocupada con los timbres y galardones que en las trabajosas lides ganara de contino, no[23] quisieron dedicarse a ocupaciones[24] patrióticas y útiles: el comercio, la industria y aún la agricultura eran tareas[25] serviles, indignas de en alta alcurnia; alguno que otro habíase dado[26] a las bellas letras, mas eso aconteció principalmente en la corte, bajo la expirante[27] dinastía austríaca; en las ciudades

---

19    asió del *A* empuñó (tachado) asió del [O].

20    a lo lejos (tachado) [O].

21    Felipe *A* El poder francés (tachado) Felipe [O]. Esta corrección corrobora lo expuesto sobre la crítica a Felipe V. Hué y Camacho no lo percibe como un monarca español, sino como un invasor francés. Aun así, esta contención puede leerse como una forma de autocensura.

22    los nobles españoles *A* la nobleza española (tachado) los nobles españoles [O].

23    no *A* jamás (tachado) no [O].

24    ocupaciones *A* ocupaciones (tachado) ejercicios [O].

25    tareas *A* para ellos ocupaciones (tachado) tareas [O].

26    dado *A* dedicado (tachado) dado [O]

27    expirante *A* expirante (tachado) [O]. Parece que el autor vaciló en colocar el adjetivo y en un inicio lo tachó, pese a que luego lo mantuviera en el siguiente manuscrito.

subalternas reinaban allí las preocupaciones feudales con mal[28] arraigo y apenas, como iba diciendo, dejaron las lides los descendientes de Pelayo y se entraron por sus hogares,[29] cuando la caza y la pesca fueron sus más provechosas ocupaciones.[30] Cundiera entonces por Andalucía[31] el gusto a los gitanos, a esa casta[32] desgraciada que con su zalamera cháchara procuró captarse la voluntad de los magnates y poderosos, y se hicieron en efecto personas del todo indispensables para sus bulliciosas zambras.[33]

Una de las ciudades andaluzas que más influyeron[34] en la guerra civil era Jerez; sus hijos habían derramado por Felipe su sangre y sus riquezas, y ahora se entregaban a los voluptuosos placeres que pintando voy, porque siempre la molicie y la abundancia acarrean tales desórdenes a no ser que los templen las ciencias y la filosofía; mas tal remedio no se conociera en aquel siglo en mi querida patria: pingües eran las cosechas que se recolectaban; su dilatado término bañado por el Guadalete, el Majaceite[35] y otra infinidad de riachuelos contenía montes hermosos y muchas y abundantes praderas donde vagaban aquella preciosa casta de caballos, cala y prez de la España; los jóvenes briosos montaban en ellos y los manejaban

---

28   mal *A* mal (tachado) desmedido [O]. De nuevo el autor se decanta finalmente por la opción que en inicio había tachado.

29   hogares *A* casas (tachado) hogares [O].

30   ocupaciones *A* ocupaciones (tachado) y amaban entretenerse mejor [O]. La lección que vemos en [O] carece de sentido sintáctico, por lo que el autor debió retractarse al preparar *A*.

31   entonces por Andalucía *A* entonces también por Andalucía pues [O].

32   casta *A* casta de (tachado) [O].

33   zambras *A* diversiones (tachado) zambras [O].

34   influyeron *A* habían influido (tachado) influyeran [O].

35   «El río Guadalete nace en la Sierra de Grazalema y, tras un recorrido de 167 km., desemboca en la Bahía de Cádiz por El Puerto de Santa María», mientras que el «Majaceite» es su principal afluente (Solera del Río, Andrades Balao y Martínez de la Ossa, 1994).

con tan eminente destreza que ha llegado a hacer proverbial, y brillaban sobremanera en los juegos de cañas y sortijas; restos preciosos quedaran de los antiguos torneos, mas, en cambio de tamañas ventajas, despreciaban en Jerez al artesano útil y al honrado comerciante,[36] y el noble solo podía empuñar la lanza en sus manos y nada más; ¡desgraciados los habitantes que así pensaban! Veíanse por eso[37] opulentas iglesias y casas grandes y magníficas,[38] salpicadas y entreveradas con lóbregas y miserables barracas; las calles estaban llenas de barro o de polvo según la estación, y no había ni paseos, ni teatros, ni ninguna de aquellas[39] diversiones que hacen más plácida y llevadera la vida, ¿y para qué serviría nada de esto? El hombre de alta prosapia paseábase en coche y, si no, por los salones de su casa, mirando complacido los escudos y cuarteles que adornaban las enmohecidas paredes; y no era esto aún lo peor; la hidalgomanía[40] cundiera impetuosa; los grandes propietarios,[41] aunque seguían las labores de sus cortijos, pretendían ser también nobles de la más pura alcurnia, aún más todavía[42] el desprecio de los demás[43] que si notaban en los primeros gentes preocupadas,

---

36    A continuación, en *A* se suprime el siguiente fragmento que aparece tachado en [O]: «y en el gozoso y valioso palacio paseaban (sic) su dueño, embozado en una mala capa, pero donde gracias a Dios que lo había hecho nacer noble y no plebeyo; por esta circunspecta clase un». El fragmento suprimido supone una crítica más mordaz hacia la nobleza que de nuevo refrena.

37    eso *A* tanto (tachado) eso [O].

38    magníficas *A* opulentas (tachado) magníficas [O].

39    aquellas *A* aquellas (tachado) las [O].

40    La palabra «hidalgomanía» no aparece registrada en el *DRAE* ni recogida en ningún diccionario del *NTLLE*. La vemos utilizada también por un trabajo de investigación reciente, en el que se emplea en alusión al *Quixote de la Cantabria*, una novela que satiriza la obsesión con el linaje familiar (García Gutiérrez, 2007: 325).

41    propietarios *A* labradores (tachado) propietarios [O].

42    [O] tacha las palabras «aún más todavía».

43    los demás *A* las gentes de razón (tachado) los demás [O].

aunque de mérito;[44] veían[45] en los segundos hombres necios a más no poder; casi todos los hijos de estos pretendidos hidalgos eran unos caballeros que solo sabían fumar, tocar la vihuela, bailar una seguidilla, hablar con los gitanos y agarrochar un toro.[46]

Columbrábase en las orillas del manso Guadalete el cortijo de la Ina,[47] célebre no tanto por el blando ambiente de su clima, lo histórico de su situación, pues allí cerca fue la batalla donde el poder de los godos sucumbió a los sarracenos,[48] y la ferocidad de sus campos, cuanto por la ermita que allí estaba dentro de la misma hacienda, acatada desde antiguos tiempos;[49] notable era también aquel edificio por las comodidades que encerraba en sus habitaciones.

–Pues, señores –dijo[50] el viejo Juan, acabando de limpiarse la boca del almuerzo–, es necesario hacer hoy grandes cosas.

–Tus grandes cosas –le respondió Catalina, mujer que, sin quitarle ni ponerle nada, tendría ya sus sesenta primaveras muy

---

44    gentes preocupadas, aunque de mérito *A* gentes de mérito, aunque preocupadas [O].

45    notaban *A* veían [O].

46    En [O] aparece el siguiente fragmento tachado, que se suprime directamente en *A*: «estos últimos serán pues los héroes de mi verídica historia». Varios motivos pudieron llevar a esa omisión. La frase es ambigua y no queda claro si se está refiriendo a los gitanos o a los «pretendidos hidalgos». Por otra parte, supondría explicitar demasiado la crítica social de la novela, esto es, que los Medrano son un ejemplo de esa aristocracia corrupta, además que no todos los de esa familia se comportan de la misma manera, como ya hemos visto.

47    Está aludiendo a los llanos de la Ina, ubicados a 16,7 kilómetros de Jerez de la Frontera (Martín Gutiérrez, 2003: 277), lo que da una idea de la distancia que hay entre el cortijo y la ciudad.

48    La batalla del Guadalete, que tuvo lugar en el 711, supuso la derrota del rey godo Rodrigo por el califato Omeya, lo que conllevó el fin del poder visigodo en la península (Bernabé Salgueiro, 1988).

49    Se refiere a la ermita histórica de La Ina, que formaba parte de la diócesis de Cádiz pese a su proximidad con Jerez (Pomar Rodil, 2020: 47).

50    dijo *A* decía (tachado) dijo [O].

largas–; mira, niña, no hagas caso de este majadero, que es ponderativo hasta dejárselo de sobra.

–¿Y tú…? No quiero decir lo que eres.

–Si quieres sacar mis trapos a la colada, sácalos, que limpios están en verdad y no te temo.

–Yo no digo nada… Pero… En boca cerrada no entran moscas; vivir y andemos, que por primer día que está María entre nosotros, no es regular que nos vea reñir.

–Dices bien, ea, vamos, desembucha lo que ibas contando…[51] Sepamos esas grandes cosas que hay que hacer, que, por grandes que a ti te parezcan, no valdrán ni un ardite.

–¡Toma…! Tú como conservas los honores y… Pero[52] yo, como no tengo enaguas, ni he tenido nunca la honra de… Mas[53] vuelvo a callarme.

–Sea lo que fuese,[54] yo no he de acelerar mi almuerzo; toma, María, esta tajada de carne, y come despacio a tu sabor y placer, que lugar tenemos de trabajar, y como estoy metida en estos andurriales la mayor parte del año, no tengo más diversión que la comida.

–Pues yo, en razón de estar[55] criada en Cádiz, nada me gusta como una temporada de campo.

–Tonta que eres; el campo es bueno para los ganapanes como este Juan.

–Hable mejor la madama; ya se ve cómo yo nunca he podido amañarme a cosas…

–Estos destripaterrones son buenos para estar aquí; mas nosotras…

–Sí, ya… Vosotras sois señoras de tan alto coturno…

---

51    contando *A* diciendo (tachado) contando [*O*].

52    mas *A* mas (tachado) pero [*O*].

53    pero *A* pero (tachado) mas [*O*].

54    sea *A* fuese (tachado) sea [*O*].

55    en razón de estar *A* como estoy (tachado) en razón de estar [*O*].

–¿Piensas tú que, aunque yo sirva, no tengo también mi poquita de sangre azul? Pues sepa el muy... Si no lo sabe, que mis padres eran asturianos y, de consiguiente, hidalgos por todos cuatro costados.[56]

–¡Qué de palabras inútiles dices[57] al día, Catalina! Mas yo te oigo como quien oye llover... Como iba diciendo, se esperan hoy grandes cosas, vienen todos nuestros amos...

–¿Y también el señor?

–No, hija mía, nuestro amo viejo, el señor don Juan Medrano, no viene... Ya... Tú te acuerdas de otros tiempos y... Los que vienen son los señoritos don Manuel y don Diego, con algunos rancios amigotes.

–Si así es, a fe mía que buena zambra se armará.

–¿Quién lo duda? De suerte que es preciso al instante limpiar perfectamente todas las viviendas y además prevenir la comida y vaya,[58] no le disgustará a don Diego hallar[59] aquí esta muchacha pizpireta agraciada...

–Chito, y no sea zumbón; no creas migaja de lo que dice este necio, hija mía.

–Yo por mi parte tengo que avisar al conocedor y a los vaqueros que traigan el ganado, pues los señoritos quieren picar unos becerros; luego tengo otras muchas cosas que hacer, de suerte que ocuparé casi toda la mañana, y la fortuna que no llegarán hasta la tarde...

–Ay, pues yo, si vienen toros, no sabré dónde esconderme.

–¡Oh! Pues a mí me verás entre ellos, así con una soltura y serenidad...

---

56   Como antes vimos, ya a finales del XVIII existía el estereotipo de los españoles del norte engreídos con la «hidalgomanía», lo cual se satiriza en el *Quixote de la Cantabria* (García Gutiérrez, 2007: 325).

57   dices *A* dices (tachado) gastas [*O*].

58   [*O*] tacha las palabras «y vaya».

59   hallar *A* hallar (tachado) toparse [*O*].

–¡Tendría que ver que tú te escondieses…! Nosotras, niña mía, veremos la fiesta desde las ventanas,[60] a pesar que ahora valen bien poco; nuestro amo viejo sí que sabía agarrar en la mano la garrocha, pero sus hijos… En primer lugar, don Manuel es allá un medio sabio que, aunque por complacer a sus amigos, viene a estas diversiones, no a tomar parte en ellas, e ignora el arte de asir a una res por los cuernos y zas, voltearla al suelo en un minuto… Vamos, nada sabe.

–Algo sabe, Catalina.

–¿Qué? Vaya de qué.

–Mis entendederas son muy cortas, mas yo he oído decir a unos canónigos de Jerez que el señorito es muy leído y…

–Por eso con mucha razón le dice su padre «Manuel, no leas tanto; siendo tú rico, ¿por qué te has de secar sobre los libros? Déjate de simplezas; haz como tu hermano Diego y goza de la vida».

–Don Juan es un hombre que lo entiende.

–Y tanto como lo entiende, y si no fueran mirando a Dios…

–Vamos, acaba, habla.

–Mejor es callar.

–Sí, mejor es.

–Pues, como digo, es verdad que nuestro señorito don Diego es jinete afamado y un toreador en toda forma, mas todavía no ha adquirido aquel tino y aquella firmeza de mano que la mucha práctica da.

–Todo está muy bueno, pero punto en boca, que ya es mucho cotorrear; manos al trabajo, que yo me voy a mis quehaceres.

–Has de saber, niña –prosiguió Catalina– que este Juan es un criado viejo en la casa; algunas malas lenguas dicen que era un medio alcahuete del amo viejo, y ahora también… Dejemos esto a un lado, que a mí no me gusta murmurar ni ofender a Dios ni a nadie con mi lengua; lo cierto es que los señoritos lo miran con buenos ojos, y tú debes hacer lo mismo en la casa… También es verdad que, como los amos son solteros y nosotras

---

60   las ventanas *A* las ventanas (tachado) talanquera [O].

las mujeres tan flacas... Como te decía,[61] yo le hablo bien a Juan por lo que es, pero, para mi gusto, mal tabardillo pintado le diera ahora mismo, y como[62] manos besa el hombre que quisiera ver cortadas... Ea, María, vamos a preparar los aposentos y yo[63] te explicaré lo que has de hacer.[64]

–Hola, buena alhaja –dijo Juan, entrando– ¿Todavía estás aquí? Pues ya ha llegado el mayordomo, y los señoritos vienen detrás... Escucha, María, dos palabras.


## Capítulo 2º. La sala amarilla

–Sabrás, María, que a mí me gustan todas las muchachas bonitas y de poca edad.

–Fresca es la noticia.

–No te creas tú que todos los hombres piensan así; por ejemplo, nuestro amo don Manuel, así que divisa una moza, le parece ve una fiera.

–Estará, sin duda, muy escarmentado de ellas.

–Podrá ser; lo cierto es que,[65] como eres bonita y de cortos años, me chupo los dedos por ti.

–Gracias, amigo, y en verdad lo creo,[66] porque las personas de su edad no deben mentir en razón de que se les acerca la hora de ver a Dios...

–¡Miren la socarrona con qué política me tacha de viejo!

–No lo digo por tanto, pero...

---

61    Las palabras «como te decía» aparecen tachadas en [O].

62    pero *A* y como (tachado) pero [O].

63    y yo *A* que (tachado) y yo [O].

64    te explicaré lo que has de hacer *A* te explicaré por menudo lo que has de hacer [O].

65    [O] tacha el fragmento «Podrá ser, lo cierto es que».

66    lo creo *A* debo creerlo (tachado) lo creo [O].

–Pero... Vaya, te entiendo, niña, al fin, como sea, por los poderosos motivos que te he dicho, quiero ponerte[67] al corriente de las cosas de la casa, para que[68] no tropieces[69] en tu camino; en primer lugar, debes saber que el viejo don Juan es un pobre hombre a carta cabal;[70] en su edad viril tenía en genio de una avispa, mas ya está vencido y hecho unas natas, medio perlático y algo alelado, de suerte que para nada se cuenta con él; vive[71] arrinconado[72] en su casa de[73] Jerez, y quien se acuerda de su merced más a menudo[74] es Catalina, porque en su juventud... Vamos... Pues... Ya me entenderás.

–En verdad que no.

–Como yo te creía más viva que una pimienta... Mas yo te hablaré claro, clarito como el agua: Catalina ha sido en sus mocedades[75] una de las queridas del amo, porque,[76] sin ofender a su merced en lo más mínimo,[77] le han gustado las muchachas más que el rezar; se entiende, allá en sus tiempos, que ahora está solo para sopitas y buen vino; entonces la tal señora[78] man-

---

67    por los poderosos motivos que te he dicho, te pondré *A* por los poderosos motivos que te he dicho, quiero ponerte (tachado) porque te quiero y te requiero, te pondré [O].

68    la casa, para que *A* la casa, y así (tachado) esta familia, para que [O].

69    tropieces *A* tropezarás (tachado) tropieces [O].

70    a carta cabal *A* a carta cabal (tachado) completo [O].

71    vive *A* está (tachado) vive [O].

72    A continuación de «arrinconado», [O] incluye, aunque tachadas, las palabras «con su mujer». Más adelante se revela que la esposa de Juan Medrano está muerta, por lo que Hué y Camacho debió darse cuenta en ese momento de la contradicción.

73    [O] tacha «en su casa de».

74    más a menudo *A* más a menudo (tachado) tal cual vez [O].

75    sus mocedades ] sus tiempos (tachado) sus mocedades *A* sus mocedades [O].

76    porque *A* y (tachado) porque [O].

77    A continuación aparece en [O], aunque tachada, la conjunción «mas».

78    [O] tacha «la tal señora».

daba a su antojo, mas, como ya los señoritos son grandes y ella está vieja y fea, la han arrinconado en el cortijo como a mueble viejo, y si no fuera por mí... Mas ya siempre la[79] atiendo como a mi antigua compañera... Nuestros dos señoritos son tan opuestos en carácter, como el sol y las tinieblas; don Manuel, el que es el mayor,[80] tiene gallarda presencia; ojos negros como azabache, político, cortés, siempre metido entre sus libros, prudente y jovial sobremanera con los criados; su hermano[81] es de pequeña estatura, no de buenas facciones, gastador altanero; en fin, un señorito[82] de Jerez, y he dicho bastante.

–¿Y su padre cómo no ha corregido?

–A su padre se le cae la baba con su hijo Diego; ya se ve cómo es igual a su merced en carácter... Don Manuel se parece mucho a su madre, que, mejorando lo presente y[83] con perdón sea dicho, era una señora de crianza como ella sola y nada lerda, y nunca el amo la quiso bien en el corto tiempo que vivieron casados, pues Dios se la llevó a lo mejor en la flor de su juventud... Ya te he enterado por encima, y no dudo que don Diego, como tiene[84] buenos bigotes, pues...

–¿Y a mí qué?

–¿Y a mí qué? Calla, inocente; criada joven, bonita, y amo soltero y galán; ¿qué podrá suceder?

–Yo no sé.

–Yo sí; a no ser que Dios haga la costa, te acontecerá a ti lo que a Catalina, y... Mas ella te llama a gritos porque temerá que te dé buenos consejos.

–Pues me voy corriendo.

---

79   Justo después siguen las palabras «considero y», aunque tachadas, en [O].

80   mayor *A* menor (tachado) mayor [O]

81   Siguen, tachadas en [O], las palabras «el mayor».

82   señorito *A* mayorazgo (tachado) señorito [O].

83   y *A* pues (tachado) y [O].

84   tiene [O] tienes *A*.

–Adiós, picarilla; si acaso se te antoja querer a alguno, cuidado que sea a mí.

–En eso mismo quedo.

–¡Jesús, muchacha! ¿Dónde estabas?

–Juan me entretuvo.

–Sin duda contándote carocas.

–Pues...

–Tal amo, tal criado.

–Sin duda.

–No te fíes dél, que ya que el diablo nos lleve, que sea en coche; miren qué zascandil; ¡tonto! No es la miel para la boca del asno.

–Eso le he dicho.

Grandes y hermosas eran las cuadras y habitaciones del cortijo, mas como había mucho tiempo que no estaban allí los amos, los tapices hallábanse descolgados, los taburetes llenos de polvo, las camas deshechas, y pendían del techo grandes y gruesas telarañas que ondeaban como cortinas; tuvieron, por tanto, bastante que hacer Catalina y María en poner las habitaciones corrientes.

–¡Qué pesadas sois! –entró diciendo Juan– ¡Qué manos de plomo![85] Gracias a Dios que al fin los amos no han parecido hoy.

–¡Qué cháchara tan sin tino cuando ya hemos acabado la tarea![86]

–¿Y aquella sala que está al frente? –dijo María.

–Ven, hijita,[87] y la verás –prosiguió Catalina–; esta es la sala amarilla.

---

85  La intervención de Juan se inicia de la misma manera en [O], aunque las palabras que anteceden a esta nota están sustituyendo a las siguientes, que aparecen tachadas: «–Vosotras –entró Juan diciendo– pensaréis que ya está todo listo, pues por vida mía mucho mejor si os quedaba».

86  Del mismo modo, esta intervención sustituye en [O] a esta otra que aparece tachada: «Gracias al el (sic) señor que ya acabamos la tarea».

87  *A* añade, aunque tacha a continuación, el posesivo «mía».

–Hermosa vivienda, ¿y cómo está cerrada[88] siendo la mejor de todas?[89]

–Lo ignoro,[90] solo sé que en esta pomposa cama dormía el amo las veces que venía al cortijo, que eran muchas, y después... Nos dijo que la dejásemos adornada, pero que nadie la habitase.[91]

–Sospecho[92] –dijo Juan– que, como el señor no viene para acá, no querrá que nadie la ocupe; manías...[93]

–Ganas me dan –contestó[94] María– de quedarme aquí a dormir, ya que nadie quiere esta vivienda.

–Concedido –replicó Catalina–; ello es, a fe mía, que, aunque vengan huéspedes, siempre está como ahora, vacía.[95]

–¿Y si el amo riñe? –contestó Juan.

–El amo ya no se acuerda, y además, como su merced no viene... Aquí estarás a tus anchas como una reina... Y en verdad que eso y mucho más te mereces tú, ángel mío.

–Sí, mímala, acaríciala; mas acuérdate, María, que entre las rosas están las espinas.

–¿Qué quiere decir con eso el deslenguado?

–Hable mejor la mala hembra, y cuidado, que...

---

88    está cerrada *A* encuentro tan sola (tachado) está cerrada [O].

89    de todas *A* del cortijo (tachado) de todas [O]. Siguen las siguientes dos intervenciones que aparecen tachadas en [O] y no figuran en A: «–Aquí, ya lo ves, hay polvo, mas como verás bien, todos sus muebles están en buen estado y arreglo. –¿Y por qué causa?».

90    Lo ignoro *A* Lo ignoro así (tachado) ignoro el motivo [O].

91    adornada, pero que nadie la habitase *A* así adornada, que no por estar reforzada la habrán adecentado (tachado) adornada, pero que nadie la habitase [O].

92    Antes de «sospecho», [O] incluye las siguientes palabras tachadas: «Quizá será así –siguió Juan–, pero yo».

93    manías... *A* manías... (tachado) caprichos de señores [O]. Se suprime en *A* la siguiente intervención que vemos en [O]: «–Podrá ser».

94    contestó *A* dijo (tachado) contestó [O].

95    siempre está como ahora, vacía *A* nunca se ocupa (tachado) siempre está vacía, como ahora [O].

–Por Dios, no os enfadéis por mi causa, que tendría yo en ello un gran pesar.

Trabajo le costó a María sosegar esta intempestiva reyerta, mas al fin lo logró, y a poco retirose a la sala amarilla después de haber cenado.

Cerró primero perfectamente la puerta, y luego la recorrió toda; era una vivienda[96] cuadrada, colgada de tapices amarillos, y los taburetes estaban forrados con damasco del propio color; veíase también una gran cama con tres hermosos colchones de pluma,[97] y excelentes pinturas adornaban las paredes; había un cuadro más grande que los demás en una testera, y en la otra una chimenea llena de leña a medio quemar, cosa que llamó la atención de María, por la fecha que decían los criados que estaba aquella sala inhabitada.

–Aquí al menos –exclamó acostándose– estará más segura mi inocencia; esta casa es necesario dejarla si son tan viciosos los amos como Juan me los ha pintado; al fin mañana será otro día,[98] y veremos.

La naturaleza próvida y benéfica en demasía ha dispuesto que la noche sirva para reparar las debilitadas fuerzas de los hombres; mientras el astro del día se duerme en el seno de los mares, nosotros también descansamos, ya bajo la humilde choza del pobre en estrecha y dura cama, o ya en los dorados salones, en colchones mullidos y blandos; parecerá a primera vista que todas las horas de la noche son para todos iguales, mas[99] nuestros usos, costumbres, oficios y aún nuestras pasiones hacen que se empleen y cambien[100] de mil maneras, ha rato duerme profundamente el labrador y el artesano, y aún todavía

---

96    vivienda *A* sala (tachado) vivienda [O].

97    [O] tacha «de pluma».

98    será otro día *A* será otro día (tachado) amanecerá [O].

99    Tachado en [O] desde «parecerá» hasta «mas».

100  y cambien *A* y cambien (tachado) las horas de la noche [O].

el alto procer y las encopetadas damiselas[101] pasean por las calles de las capitales o se colaran en suntuosos saraos; ronca ya profundamente[102] el hombre pacífico, de blandas y virtuosas costumbres, y el artero, el que tiene corroído el corazón con las venenosas pasiones, se revuelva inquieto en su lecho de rosas, que le parece de punzantes espinas, pues hallar no puede el apetecido sosiego; empero llega una hora de la noche en que ya todos descansan; Morfeo extiende sus adormideras aún sobre el lecho del malo, y todos sienten su mágico y formidable poder; entonces los suaves ensueños cercan el lecho de la tímida doncella y del amartelado galán; el avaro cree hallar un tesoro, ¡y el encumbrado palaciego palpita de gozo[103] al notar que el monarca se le sonríe plácidamente! ¡Ideas gratas y halagüeñas[104] que desaparecen todas con la ligera brisa de la mañana! También a tan fatídica hora los seres malignos, los que se complacen en dañar[105] a sus semejantes, los déspotas que oprimen con férreo cetro la tierra,[106] dormitan sobresaltados, pues siempre creen ver delante fantasmas pavorosas, puñales, venenos y ensangrentados cadáveres; ¡ay, cuánto ansían despertar! ¡Cuál ansían por dejar aquel lecho de tormentos! Se alzan, pero Dios los empuja con mano de hierro y los vuelve a acostar; también la hora misteriosa de la madrugada es la hora del terror, no solo para las almas débiles, sino otras vigorosas y valientes;[107]

---

101 encopetadas damiselas *A* encopetados señores (tachado) encopetadas damiselas [*O*].

102 Esta palabra no aparece en *A*, sino que hay un hueco en blanco en su lugar. Parece que el autor, al realizar la copia quizá con prisa, no fue capaz de entender su propia grafía. Incluimos este adverbio dado que la intención original del novelista era incluirlo, prueba de lo cual es el espacio que vemos para ello.

103 gozo *A* placer (tachado) gozo [*O*].

104 halagüeñas *A* placenteras (tachado) halagüeñas [*O*].

105 dañar *A* hacer mal (tachado) dañar [*O*].

106 El sujeto de la frase que sigue, en [*O*], es «los que oprimen la pura inocencia», aunque aparece tachado.

107 valientes *A* valientes (tachado) varoniles [*O*].

nuestra imaginación en aquellos momentos[108] nos hace a menudo[109] ver vagantes espectros, y aéreas estantiguas que jamás han existido sino en nuestro acalorado cerebro.

Tapada la cara, en plácida respiración,[110] dormía María, y sosegada como duermen los ángeles; una ligera sonrisa se asomaba a sus labios; ¿qué soñará la inocente? ¿Se acordaría, quizás, de las lisonjeras palabras de algún amante, o vagarían sus ideas en algún mundo ideal y fantástico? ¿Qué sabemos? Aunque ella no debía estar muy contenta con su suerte, quince años hacen reflexionar tan poco que no dudamos que, en vez de ideas tristes, floridos ensueños la hiciesen[111] sonreír de placer.

Dio entonces la una en el reloj del cortijo, y un ligero rumor de pasos se escuchó a lo lejos, que parecía resonar en la vecina iglesia; bamboleose un poco el cuadro que estaba al frente, una mano salió por entre él y la pared, después una cabeza, y luego todo un cuerpo; era un hombre de alta estatura, vestido de negro en su totalidad;[112] una capa cubría sus hombros, y con ella tapaba una lamparilla encendida que traía en la mano, y un anchísimo y largo puñal brillaba en la otra; dio dos pasos y luego dijo a media voz:

–Siempre el mismo silencio… Horrible mansión… Esta noche… Aquí debía estar… Tantos años sin parecer por este sitio… Retirado en lo hondo de su habitación… Mas él vendrá algún día y yo… Yo lo inmolaré a mi justa venganza… Sí, venganza…

Puso entonces la lámpara sobre una mesa, guardó el puñal y se sentó junto al hogar.

–¡Desgraciado! También el punzante miedo se apodera de su corazón… Aún la leña de aquella infausta noche… ¿Y por

---

108 En [O] sigue, aunque tachado, el adjetivo «terroríficos».

109 a menudo *A* muchas veces (tachado) a menudo [O].

110 en plácida respiración *A* en plácida respiración (tachado) y respirando con suavidad [O].

111 hiciesen *A* hacían (tachado) hiciesen [O].

112 en su totalidad *A* en su totalidad (tachado) de pies a cabeza [O].

qué en sus hijos...? No, sus hijos no tienen la culpa de tener tal padre... No... Pero... ¡Dios mío! Las cortinas de la cama están echadas... Sí será... ¡Qué placer...! ¡Cómo se habrá atrevido...! Después de tantos años... Veamos...

Tomó el desconocido otra vez la luz en la mano, se acerca a la cama paso entre paso, y descorre suavemente las cortinas.

–Y duerme el malvado con la cara tapada; con ella tapada irá a los infiernos.

Saca entonces el puñal, lo alza, ya casi tocaba el pecho de la inocente María, ¡ay, Dios mío, qué será de ella! La triste sin duda soñaba, pues exclamó en voz baja:

–Padre... Mi padre... Yo aquí...

–¡Santo cielo...! –dijo el desconocido sujetando el brazo– Esta voz...

Y levanta la sábana, que cubría el rostro de la agraciada doncella; absorto quedó entonces, y el agudo cuchillo casi se le cayó de la mano.

En estos intervalos despertó María.

–¡Qué veo! ¡Ay!

–Silencio o mueres.

–¡Por Dios! No me asesinéis... ¡Por qué he entrado en esta infausta morada![113]

Un sudor frío corrió por su rostro y se quedó desmayada.

Motivo era sin duda de gran terror la presencia del desconocido, porque, prescindiendo de la hora y del puñal que vibraba, su larga cara de color de muerte, su talle alto y su lúgubre ropaje,[114] todo hacía creer que era más que hombre un ser extraño y sobrenatural, destinado para perseguir a los malos, vigilar sus pasos, acibarar sus placeres y acompañarlos hasta dejarlos encerrados en el eterno ataúd.

Abrió María los ojos otra vez, y la espantosa visión estaba aún delante de ella.

–¿Qué me queréis? –le preguntó con debilitada voz.

---

113 La frase entre exclamaciones figura tachada en [O].

114 ropaje A vestidura (tachado) ropaje [O].

–¿Por qué has entrado en esta mansión del crimen? Si tú supieras... Esta sala... ¿No oyes resonar en ella los dolorosos quejidos de la desvalida inocencia? ¿No los oyes...?

–No, señor –replicó la joven sin saber qué decir ni qué hacer.

–Feliz tú... Porque yo... ¿Cómo te llamas? ¿Quién eres?

–Me llamo María, y hoy he entrado de criada...

–¡Desgraciada! Pareces cándida cordera; tú aquí te tornarás sanguinario lobo; esas facciones de tu rostro donde se retrasan la inocencia y la dulzura, todo eso cambiará dentro de poco; adquirirán la feroz sonrisa de los tigres,[115] y tu acento será solapado y traicionero...[116] Si tuvieras valor, yo te libraría...

Y alzó otra vez el hombre el puñal, y María cruzó las manos y cerró los ojos.

–¡Cobarde! Quieres vivir... Vístete y sígueme.

–¿Y dónde vais a[117] llevarme?

–Luego lo sabrás.

–Si teméis que yo os descubra, no lo temáis, que yo...

–Vivo tan escarmentado... María, no te sucederá conmigo el menor desmán... Tu vista dulcifica alguna cosa la herida profunda de mi corazón.

–Pero señor...

–Tú serás la reina de mis oscuros salones y de mis dilatados campos...

–Con todo...

–Si tú supieses las horribles asechanzas, las viles arterias que por todas partes cercan a la virtud... Pero ahorremos razones... No hay otro camino sino el de seguirme...

Tomó el desconocido la lámpara en la mano, alzó el cuadro y se ausentaron los dos.

---

115 tigres *A* tigres (tachado) malvados [*O*].

116 Sigue en [*O*] la siguiente frase tachada: «¿Para qué quieres vivir aquí?».

117 vais a *A* queréis (tachado) vais a [*O*].

# Capítulo 3º. Don Pedro Medrano[118]

Muchos son los restos que en España quedan de la dominación agarena; mil palacios, torres y mezquitas dan patente testimonio ya de su elevado poder, ya de sus muelles y galantes costumbres; descollaba como monumento de la primera clase en lo más intrincado de las sierras de Jerez el castillo de Tempul;[119] la mano del hombre y el transcurso de los siglos lo habían desmoronado en parte y hecho inhabitable; solo el águila y el buitre anidábanse en sus torreones, y sus agudos chillidos retumbaban allí, donde otras veces oyéranse los pasos de los guerreros, el relincho de los corceles y el belicoso sonido de los atabales; no lejos de aquel sitio está el famoso acueducto que en tiempo de los romanos conducía a Cádiz las perdidas aguas de aquellas sierras, y brindaba a sus habitantes con el fresco licor de que ahora carecen; por bajo del castillo, y pegada a una roca, divisábase una humilde choza apoyada contra una encina, y allí llegó María con su desconocido conductor.

–Descansa, hermosa niña –le dijo–, síentate en este banquillo de corcho… En otro tiempo los taburetes de damasco me parecían a mí despreciables y ahora… ¿Ves esta cama de musgo? Este es mi lecho; el lecho del dolor y de la desesperación.

–Antes que todo –replicó María– permitidme que os digo con qué derecho pretendéis forzarme a que permanezca aquí.

–¡Derecho…! ¡Forzarte…! Yo no tengo ningún derecho sobre ti, y yo ni quiero ni debo forzar a nadie… Bastante a mí… Ya mi corazón está casi encallecido… Ya no siento yo, como antes, aquellos sublimes arranques de sensibilidad… No, mi alma[120] está más dura que una piedra; sí, más dura.

---

118 Don Pedro Medrano *A* El hombre de Tempul (tachado) Don Pedro Medrano [O].

119 El castillo de Tempul es una «ruina casi imperceptible» que se encuentra «a 44,5 kilómetros del núcleo urbano jerezano», que posiblemente es «de origen romano», con origen en un antiguo acueducto (Alcina Segura, 2019: 197), tal como el mismo narrador señalará poco después.

120 alma *A* corazón (tachado) alma [O].

–Bien conozco, según vuestras entrecortadas palabras, que sois un desgraciado; lástima me causáis, mas yo no puedo permanecer aquí... No sería decente...

–Dices bien... Pero no ¿qué tenemos nosotros que ver con el engañoso mundo? Brillen allá en buenhora en los encumbrados salones las erguidas damiselas, ostentando en sus lujosos adornos el precio quizás de la infame prostitución... Rodeen los elevados alcázares la turba vil de los aduladores... En otro tiempo[121] me placían tales quimeras, pero la desventura[122] ha abierto mis ojos a la luz; ya me gusta solo lo bueno, y todos los hombres son para mí iguales con tal que sean virtuosos... ¿Aún desconfías de mí? Tienes razón; el modo violento con que te he sacado del cortijo de la Ina, mas tú me lo agradecerás... Si conservas en tu pecho el amor a las buenas costumbres, pronto allí te pervertirías, en aquella casa de maldad y de infamia.

–En cuidado me ponéis; decidme esos secretos...

–¿Y me abandonarás?

–Señor, aquí sola...

–No estarás tan sola; tengo un antiguo criado con su mujer... Yo también, en otro tiempo, he tenido criados, María; ahora conservo solo una piara de cabras por único caudal... Ellos están tan cascados... Si tú, que eres joven, me ayudases...

–Sí os ayudaré así que sepa quién sois y los motivos de vuestra extraña conducta; yo no tengo padres, ¿a qué puede aspirar una huérfana en el mundo? Seré vuestra criada.

–Mi criada no, di más bien mi hija; aquí disfruto algunas comodidades; he ensanchado por debajo de las rocas estas viviendas; siembro algún trigo, y solo lo que me falta es la tranquilidad del corazón, sin la cual nadie puede ser feliz.

–Si me habláis con claridad, yo endulzaré vuestros padeceres...

---

121 En otro tiempo *A* Otros días yo creía y (tachado) En otro tiempo [*O*].

122 la desventura *A* el desagrado (tachado) la desventura [*O*].

—Sí te hablaré, y verás, hija mía, por lo que te cuente,[123] si soy o no digno de lástima… Algunas veces mi frente arde, mi cabeza es un volcán de fuego…

Amargas lágrimas corrieron por las mejillas del hombre de Tempul; serenóse un poco, y luego siguió así.

—Inútil fuera que yo te celebrara mi alta nobleza. ¿Para qué? Otras veces me placían tales ilusiones que he borrado de mi memoria con la desgracia; con todo, debes saber que yo me llamo don Pedro Medrano.

—¿Seréis acaso pariente de don Juan Medrano, dueño del cortijo de la Ina?

—Sí, yo soy su hermano menor.

—¡Ay, Dios! Pues parecéis mucho más viejo.

—¿Piensas tú, joven inocente, que las amorosas penas, las penas terribles del alma, no secan, no corroen el temperamento más robusto? ¿Porque ahora las rosas y las azucenas se pintan en tu rostro, no llegará el día que también[124] se marchiten?

—También yo…

—Te entiendo; también tú tienes penas, pero serán las comunes y usuales en el transcurso de la vida humana, mas no profundas como las mías. Mi padre, desde nuestra niñez, mostró una predilección tan marcada por mi hermano Juan, que apenas lograba yo una de las muchas caricias que le prodigaba sin cesar; irritado con tal preferencia, adquirí desde pequeño cierta rigidez de carácter, cierto despego hacia la sociedad, que sin duda ha contribuido mucho en lo sucesivo a acibarar mi existencia; mi alma era ardiente como el cráter de un volcán, y pura como candorosa doncella; jamás los vicios odiosos ni las costumbres groseras la mancillaron, y siempre y siempre entregado a ocupaciones campestres, llegué a tener veinte años sin amar ni apetecer nada; solo sentía en mi alma una vaga melancolía, un arranque interior de tristeza que me hacía amar la soledad y me indicaba que no estaba satisfecho mi fogoso

---

123 cuente *A* voy a decir (tachado) cuente [*O*].

124 [*O*] tacha «también».

corazón; un día que fui a Medina a negociar particulares de mi casa, vi a una joven asomada a una reja, y entonces conocí que aquella encantadora mujer era lo que me faltaba para endulzar las cuitas vagas de mi pecho, que aquella era la cosa que anhelaba mi alma.

»Beatriz era una recatada doncella, huérfana de padres honrados pero pobre, y en compañía de una parienta conservaba, según voz pública, la más recogida compostura, y hacía[125] una vida ejemplar; ¿para qué cansarte? Nos amamos los dos; templose desde entonces la acritud de mis modales,[126] e iba con tanta frecuencia desde el cortijo[127] a Medina, que pronto lo echaron de ver mis criados, y mi familia se enteró del objeto de mis viajes. «¡Te sentará muy bien», me dijo un día mi padre, entre otras cosas, «casarte con quien no es tu igual!». «Pero la virtud de Beatriz...». «¿Y luego pobre? ¿Cómo te mantendrás? Porque con la virtud no se come ni bebe». «Vos, señor...». «Yo no tengo mi caudal para destinarlo a extravagantes matrimonios; si quieres casarte, hazlo en buenhora, mas no cuentes conmigo para nada». Consulté en estos apuros con una hermana de mi padre, que me quería entrañablemente, y sacamos en limpio que Beatriz se fuese con ella a vivir, por si[128] viéndola y tratándola mi padre se enamoraba de las dulces maneras de aquella divina mujer, que era... ¡Ay! Yo no soy capaz de pintarla; era un ángel del cielo, y no diré más.

»Llegó, en efecto, Beatriz; mi padre no quiso verla, mas mi hermano mayor no fue de los últimos en visitarla; prendose de ella, y me ofreció interceder con mi padre para que nos permitiese casarnos; mientras, yo vivía embriagado con tales esperanzas, y Beatriz me concedió los derechos de esposo; fa-

---

125 hacía *A* guardaba (tachado) guardaba [O].

126 modales *A* carácter (tachado) modales [O].

127 A continuación [O] incluye, aunque las tacha, las palabras «de la Ina».

128 por si *A* para ver si (tachado) por si [O].

lleció mi padre casi de repente; mudó entonces mi hermano[129] de conducta, pues de afable, cariñoso que era conmigo, mostrose severo, y, para colmo de maldad, se atrevió a declararse amante público de Beatriz, que rechazó indignada sus pérfidas insinuaciones; sabedor yo de estos sucesos, determiné casarme al instante y pasar a vivir a Medina, donde estaban criándose dos hijos que ya tenía; para evitar una publicidad dañosa, hice que se fuese a la Ina Beatriz con el mayor sigilo;[130] amaneció, y nos acercamos risueños al altar; rebosaba el más puro júbilo en nuestros corazones; me parecía mi amante no una mujer, sino un Dios;[131] nos hincamos de rodillas, ya íbamos a pronunciar el sí eterno y venturoso, cuando hete aquí que se presenta en la iglesia mi hermano, seguido de diez a doce satélites suyos, armados de pies a cabeza; nos rodearon impetuosamente, y el malvado le dijo con voz ronca y alterada al capellán, que más pálido que la cera estaba de pie, e inmóvil: «¿Quién os manda sin mi permiso...? ¿No soy yo el jefe de mi familia?». «Seguid, venerable varón», grité yo, enfurecido, «seguid desempeñando vuestro sagrado ministerio. ¿Por qué os aterráis? ¿Qué tienen que ver las mundanas tiranías con el ministro del Dios del universo? Ea, acabad...».

»Pero el capellán temblaba y no atendía a mis razones; entonces agarré rápidamente la mano de Beatriz, y le dije con fervor: «Beatriz, yo soy tu esposo, Dios nos mira y nos bendecirá y estos mismos verdugos que nos cercan son los testigos de nuestro casamiento. ¿No es verdad que eres mía?» «Sí, tuya soy eternamente», me respondió. «Apartad de aquí a esa mujer», gritó mi hermano.

»¿Por qué no morí en aquel momento, María, por qué no morí? ¿Qué podía yo hacer solo? Me cercaron por todas partes,

---

129 hermano *A* padre (tachado) hermano [O].

130 Sigue en [O] «apenas», palabra tachada.

131 Estas palabras de Pedro parecen un guiño a las de Calixto en *La Celestina*, en el momento cuando considera «Dios» a Melibea y a sí mismo «melibeo» (Rojas, 1991: 218-220).

111

me maltrataron hasta arrancarme[132] de los brazos a mi querida esposa, allí, en el mismo templo del señor... Me escapé de mis perseguidores y no paré de andar hasta que me embosqué en lo más hondo de estas sierras, y comencé a discurrir detenidamente sobre el modo de librar a Beatriz, que, según costumbre, trataban de dejarla bajo buena custodia en el cortijo[133]. Pensé acudir a la protección de las leyes, ¡mas cuán débiles son contra el poderoso, y cuán vigorosas contra el débil! Clavar el puñal... Y ya estaba de pie y con el acero en la mano; mas mi pobre Beatriz... «Valgámonos», dije, «de la maña para salvarla»; acordeme entonces que había una puerta oculta en la sala amarilla, que caía a la iglesia y que nadie conocía sino yo; acudí en efecto, entro, y para colmo de dicha, como habitación más retirada habían encerrado allí a mi esposa;[134] es inútil pintarte nuestra alegría cuando nos vimos y dejamos concertado que a la siguiente noche vendría por ella; fui, en efecto, acompañado de un antiguo criado que siempre me fue fiel, y a quien dejé escondido con dos caballos; calculando que ya dormiría toda la gente en el cortijo, serían las dos de la noche, cuando entré en la sala amarilla; Beatriz se puso en pie para seguirme, mas mi pérfido hermano, avisado sin duda por alguien que me vería entrar,[135] se muestra[136] de repente en la habitación seguido de sus criados. «¡Hola!», me dijo con voz irónica, «¿te parece a ti que yo no vigilo mi presa? ¿Y por dónde has entrado...? ¡Ah! Ya... Por aquella ventana; ágil eres, mas no te valdrán tus trazas». «Quisiera me dijeses», le respondí[137] refrenando la cólera, «por qué con tal tesón persigues a estos desgraciados esposos».

---

132 arrancarme *A* que me arrancaron (tachado) y [O].

133 [O] añade a continuación, aunque tachado, el siguiente fragmento: «después me puse a llorar amargamente mis cuitas, ¡qué vida, ay, tan cruel!».

134 [O] añade y tacha, justo después, las palabras «como vivienda más retirada».

135 vería entrar *A* columbrara (tachado) vería entrar [O].

136 se muestra *A* entró (tachado) se muestra [O].

137 [O] añade y tacha la palabra «yo».

«¡Esposos! Beatriz no es esposa tuya; yo quiero que sea mía, sí, yo la amo como tú...». «Tú ¿quieres que sea tu concubina?»[138] «Yo haré lo que mejor me parezca». «Malvado, me hablas así porque estás rodeado de tus viles satélites, que, si no, este puñal te lo clavaría cien veces por el corazón». «No lo lograrás, y yo sí puedo herirte en lo más vivo, pues he descubierto el asilo de tus dos hijos, y los tengo conmigo». «¡Ah! ¡Mis hijos! ¿Tú?». «Sí, traedlos». Así lo hicieron, y eran en efecto mis hijos.[139] «Hijos de mi corazón», gritó Beatriz, y alargaba los brazos la triste...[140] «Hermano», proseguí sollozando, «tú, que ya eres también padre, ¿cómo tienes el corazón tan duro? Dame a mis hijos y a mi esposa; no quiero riquezas[141] ni nada;[142] me iré a vivir a algún rincón desconocido, y en tu vida oirás más mi nombre; mas yo siempre, desde mi retiro, te bendeciré eternamente;[143] no habrá día que no me acuerde de ti con placer; hazlo, hermano mío, hazlo, siquiera en memoria de aquel padre que tanto te amaba... Los dos humildemente te lo suplicamos...». Nos hincamos los dos de rodillas, y aquel bárbaro nos miró con sonrisa maligna. «¡Qué patético cuadro!», exclamó. «Mas ni por esas me venceréis». Avergonzado entonces de mi inútil flaqueza, me levanté de repente y le grité: «Tirano, tiembla de mi furor». «Tú eres el que debe temblar». «¿Qué más quieres de nosotros?» «Que esa mujer corresponda a mi amor». «Esa mujer es mi esposa, y guárdate de hablar de ella con tan poco respeto. ¡Oh! Perdóname, que como es de tan ilustre alcurnia...» «¿De qué te sirve a ti esa ilustre alcurnia? De oprobio y de vergüenza». «Ea, ahorremos palabras; Beatriz se quedará aquí, y tú te llevarás tus hijos... ¿No te acomoda este ajuste? Pues

---

138 concubina *A* concubina (tachado) manceba [*O*].

139 mis hijos *A* ellos mismos (tachado) mis hijos [*O*].

140 triste *A* infeliz (tachado) triste [*O*].

141 no quiero riquezas *A* nada más quiero (tachado) no quiero riquezas [*O*].

142 [*O*] añade un sujeto a la siguiente oración, «yo», aunque lo tacha.

143 eternamente *A* mientras viva (tachado) eternamente [*O*].

escucha otro y escoge, yo me llevaré tus hijos y… Vamos, no darán ya en el mundo mucho ruido, y Beatriz se quedará aquí». «Pero, hombre cruel, esos inocentes…» «Sí, morirán sin remedio». Al escuchar estas aterradoras palabras, cayó mi esposa al suelo accidentada; acudo en su socorro, mas la infeliz me mira y expira sin poder hablarme. «Impío hermano», grité, «¿lo ves? Tú la has asesinado… Tú… Pero no hayas cuidado; antes que se acaben de consumir esos leños que están ahí ardiendo, morirás a mis manos». «Ese hombre está loco», respondió, y saliose riendo después de mandar cerrar cuidadosamente la ventana, por donde sin duda creyó que habría yo entrado; entonces cargué en mis hombros el cadáver de mi querida esposa, atravesé la ermita y lo puse sobre el mismo caballo en que viva debía cabalgar; trájelo a estas sierras, y aquí, bajo esta misma tierra que pisamos, reposa el ídolo de mi corazón; esparcí la noticia de mi muerte y fijé aquí,[144] con mis dos criados, mi residencia, pensando siempre en los medios de vengarme; yo hubiera podido matar mil veces en Jerez en su propia casa a mi despiadado hermano, pero no, en la sala amarilla pereció la víctima, allí ha de perecer su verdugo; por eso yo voy con frecuencia al cortijo, registro sus viviendas y galerías hasta que logre la dicha de empapar mis manos en la impía sangre del malvado.

–Pero, señor, la venganza…

–Sí, es abominable y horrorosa, pero mi esposa, mis hijos asesinados impunemente… ¡Ay, qué horror…!

El hombre de Tempul quedó sumergido por un gran rato en un profundo éxtasis, hasta que las lágrimas y consuelos de María lo volvieron en sí.


## Capítulo 4º. Llegada de los amos al cortijo

–Y todavía no llegan –dijo Juan a Catalina–; milagro que no sea esta como la pasada; hace cuatro meses que los estamos

______

144 aquí *A* aquí (tachado) en este sitio [O].

esperamos; hoy vengo, Juan, mañana no puedo, estotro iré, y entre tanto Juan, aguijoneando los talones, preparando los novillos,[145] disponiendo la vitualla,[146] y tan arrellanada sin hacer maldita la cosa.[147]

–Sí, tendría que ver que yo fuese a buscar a los guardas, a avisar al conocedor.[148] ¿Y tú entretanto qué querías hacer, buena maula? Pasear, eh... Pues no, señor, que cada cual debe atender a su oficio.

–Tienes sobrada razón, que hoy no me hallo con gana de reñir.

–¿Y se limpiará la sala amarilla?

–Mucha[149] gente viene, mas la maldita vivienda... ¡Pobre María...! ¿Qué sería de ella...?

–Yo no sé aquello que fue; la llave estaba echada por dentro; dan las diez de la mañana; vamos, la niña estará cansada del viaje, aunque en verdad dos o tres leguas no es gran cosa... Me acerco a la cerradura, pongo el oído, nadie avisto, dan las doce, esto es ya cosa maña, me desgañito gritando, nadie responde, señor, ¿qué es esto? Pun, puerta abajo, las cortinas de la cama descorridas y el pájaro voló.[150]

–Cierto; y las paredes, el techo, todo estaba intacto; solo hallamos la vaina de un puñal.

---

145 aguijoneando los talones, preparando los novillos *A* aguijoneando los talones, preparando los novillos (tachado) avisando al conocedor, llamando allá vaqueros [*O*].

146 vitualla *A* comestibles (tachado) vitualla [*O*].

147 la cosa *A* la cosa (tachado) de Dios la cosa [*O*].

148 fuese a buscar a los guardas, a avisar al conocedor *A* fuese a buscar a los guardas, a avisar al conocedor (tachado) hiciese todo lo que acabas de hablar [*O*].

149 Mucha *A* Mucha (tachado) Alguna [*O*].

150 Tras este párrafo se inserta en [*O*] el siguiente otro, que aparece tachado: «–Tal como lo cuentas sucedió, Juan, y yo no paro de pensar por donde salió la muchacha».

—Aquello fue cosa mala; y sin duda la niña tendría pacto con el demonio... Y se montaría sobre una escoba... ¡Vaya, si el mundo está perdido! En mis tiempos...

—Sí, Catalina, en tus tiempos todos se iban al cielo vestiditos y calzados, y se ataban los perros con longaniza.

—Si no es como digo, habla tú.

—Satanás que lo adivine, lo cierto es que la niña se fue; a dónde y por dónde, Dios todopoderoso lo sabrá, que nosotros no, ni creo que lo sabremos tan aína.

—Lo cierto es que en las pocas horas que estuvo María en casa le tomé tal apego...

—Tú tienes siempre mucho apego a las niñas con tal que sean bonitas y de poca edad, ¿tenías, quizás, algún encargo...?

—Si no mirara a Dios...

—¡Fuera[151] extraño que nuestro señorito...!

—¿Piensas tú que yo...?

—¡Ah! Sí, ya, perdona, que no sé lo que me decía.

—Eres un socarrón.

—Y tú...

—¡Vaya! Acaba.

—No quiero rematar la frase por no ofender tus venerables tocas y tus honradas canas.

—Otras veces no las he tenido.

—Entonces te hubiera aplicado[152] otro nombre diferente.

—A mí no me gusta meterme en mangoneos, pero como uno al fin come aquí el pan...

—Sí, te entiendo.

—¡Tengo que hacer tantas cosas contrarias a mi genio! Ya vez tú, al señorito don Diego le place un palmito de cara bueno, y yo algunas veces...

—Es verdad...[153] Pero... ¿No oís ruido de caballos en el patio?

---

151 Fuera *A* Tenía algo de (tachado) Fuera [O].

152 aplicado *A* dado (tachado) aplicado [O].

153 Es verdad *A* Tienes razón (tachado) Es verdad [O].

–Ellos son.

Eran, en efecto, don Manuel Medrano y su hermano don Diego, que en vistosos alazanes venían de Jerez, con otros dos caballeretes de sus amigos, y seguidos de una turba de criados, unos a pie, otros a caballo.

–Gracias a Dios –dijo Juan, acercándose con la montera en la mano–, que hemos tenido el gusto de ver a vuesas mercedes después de tantos plazos y de tanto esperar.

–Aunque nuestra voluntad ha sido grande –dijo don Manuel con dulzura–, no ha sido posible venir antes.

–Este bribón –prosiguió don Diego– se figura que no tenemos nosotros más que hacer sino venir al cortijo; son tantas nuestras ocupaciones…

–No lo dudo, señor –contestó el criado–, y por eso apreciamos más tan alto honor.

–Déjanos de pláticas, acerca aquella bota y beberemos un trago antes de apearnos.

Después que así lo hicieron, bajáronse de los caballos y entraron en la sala principal, donde comenzaron la zalagarda que era consiguiente,[154] y mucho más cuando a poco se retiró don Manuel a descansar y se les quitó de encima un perpetuo censor de sus acciones.

–Catalina –dijo don Diego, apartándose de sus compañeros y entrando en la cocina–, ¡hola! Parece que estás muy atareada…

–¡Oh! Señorito, bendito sea Dios, que tengo el gusto de ver a vuesa merced.

–Sí, aquí estoy, sano y gordo, que es lo principal, y dispuesto siempre a divertirme.

–Los placeres con moderación nunca son malos.[155]

–¡Malo divertirse! Vamos, tú chocheas; vete, Juan.

---

154 consiguiente *A* de esperar (tachado) consiguiente [O].

155 Esta frase sigue en [O] a esta otra que aparece tachada: «Un poquito de todo no es malo».

No le hizo mucha gracia al criado esta repentina interpelación, y así fue murmurando entre dientes, mientras don Diego se sentó junto a la chimenea.

–¿Con que tenéis tanto que hacer?[156] ¡Eh…!

–¡Ya ve su[157] merced que preparar la comida con decencia![158]

–Siéntate aquí a mi lado, pues sabes que yo siempre…

–No dudo un momento del cariño de su merced, y yo[159] le pago en la misma moneda.

–¿Tenemos algo de nuevo?[160]

–Perdone su merced, que aquel asado se me pasa.

–Espérate…

–¿No oye su[161] merced cuál chorrea[162] la carne? Y cuidado, que es un bocado de gloria[163] un señor ánsar.

–Pues apártalo, y déjame ahora de comidas ni de[164] embelecos.

–Respondiendo a la pregunta de su merced,[165] le digo que no hay ahora nada de provecho.

–¿Me llamaba su[166] merced? –dijo Juan, asomando la cabeza a la puerta.

–No.

–Es que yo…

------

156 ¿Con que tienes tanto que hacer? *A* ¿Así que estás muy atareada? (tachado) ¿Con que tienes tanto que hacer? [O].

157 su *A* su (tachado) vuesa [O].

158 con decencia *A* para tantos (tachado) con decencia [O].

159 Sujeto tachado en [O].

160 Esta frase sustituye en [O] a otra tachada: «Vaya, ¿y qué tenemos de nuevo?».

161 su *A* su (tachado) vuesa [O].

162 chorrea [O] chirrica *A*. La palabra «chirrica» no existe, por lo que nos decantamos por la lección de [O].

163 gloria *A* privilegiado (tachado) gloria [O].

164 ni de *A* ni de (tachado) y [O].

165 de su merced *A* de su merced (tachado) anterior [O].

166 su *A* su (tachado) vuesa [O].

–Vete con mil demonios.

–Eso sí, mi amo es la dulzura misma y[167] al fin me voy sin saber nada de lo que charlan los dos con tanto sigilo.

–¿Pues no sabes tú mi afición?

–No se puede todo lo que se quiere, señorito, si yo viviera en Jerez, entonces…

–Aquí te necesito yo, que en Jerez no me faltan a mí[168] buenos hurones que todo lo atisban y pesquisan.

–Supe hace ocho días que había una linda mozuela en la Florida, y al instante, a pesar de la flaquedad[169] de mis piernas, me encampé allá de un salto, y luego me hallé con una morena sucia y fea que nada vale, sin tener más ventaja que la poca edad.

–No es chica recomendación esa.

–Quedamos conformes en que pronto[170] vendría…

–Que sea pronto, pues yo no soy aficionado a esperar.

–¡Nuestra criada actual es tan fea!

–¿Por qué tienes aquí esas visiones?

–¡Señorito –entró Juan diciendo.

–¿Qué quieres?

–Sepa vuesamerced[171] que como el cortijo no es muy grande estoy aturrullado sin saber dónde colocar tanta gente.

–Colócala donde te diere la gana y vete.

–Yo opino…

–Opina lo que quieras, pero vete.

–Que pudieran ponerse…

–Ponlos donde quieras, pero vete, vete y vete.

---

167 [O] tacha la conjunción copulativa.

168 [O] tacha «a mí».

169 La voz «flaquedad», que no aparece registrada en el *DRAE* ni en el *NTLLE*, es un arcaísmo. Era un cultismo propio del español medieval, formado con el sufijo «-dad», que solía aplicarse a adjetivos con connotaciones negativas (Dworkin, 1989: 337).

170 [O] tacha el adverbio.

171 Sepa vuesamerced *A* Permítame su merced (tachado) Sepa vuesamerced [O].

Hizo Juan un gesto de disgusto y se marchó pausadamente por si podía atrapar algunas palabras al vuelo mientras llegaba a la puerta de la cocina.

–Teníamos hace cuatro meses una criada que parecía bajada del cielo.

Contó Catalina a su amo la desaparición de María, añadiendo una porción de cosas de su caletre.

–Al día siguiente del suceso –siguió–[172] olía la sala amarilla a azufre, y pez, y todo el cortijo estaba lleno de un humo espeso a manera de… De…

–Vaya, a manera de humo.

–Cabal, señorito, y por varias noches se oyó ruido de cadenas en aquella maldita habitación; ¡Jesús me perdone, pero es vivienda que yo tapiaba por lo menos! ¡Habemos hecho perder tan preciosa alhaja!

–Voto a sanes que si no fuera porque te conozco hace muchos años diría que ese humo, pez, alquitrán y ruido de cadenas de que me hablas eran patrañas que ahora mismo ibas forjando en tu cabeza o sucedidos[173] como los que cuentan[174] de noche los gañanes en los cortijos.

–Pues no, señor, que todo pasó así; sin duda por estas cosas[175] el padre de su merced no quiere que entre nadie en la sala amarilla, y yo, pecadora de mí, tuve la culpa en permitir que allí durmiese aquella paloma, para que el enemigo de las almas cargue con ella.

–No te fatigues, mujer, que si esa se fue, ciento vendrán; mañana mismo tráeme aquí a la niña de la Florida, o si no…

–¿Puedo ya hablar a su merced? –dijo Juan, entrando por tercera vez.

–Sí, habla.

---

172 siguió A añadió (tachado) siguió [O].

173 sucedidos A cuentos (tachado) sucedidos [O].

174 dicen A cuentan (tachado) dicen [O].

175 sin duda por estas cosas A y por eso (tachado) sin duda por estas cosas [O].

–Siento en el alma interrumpir un coloquio sin duda alguna muy agradable a su[176] merced cuando lo dilata tanto.

–Te entiendo... Bien... Prosigue.[177]

–No ignoro que Catalina, cuando habla, vierte perlas y aljofares por su[178] boca, y por eso vuesamerced[179] estará[180] embobado con sus palabras.

–Es persona a quien aprecio mucho.

–Pues, señor, no hallo otra salida a la dificultad que antes propuse sino que tornemos comedor la sala amarilla.

–¿Y yo qué entiendo de esas bagatelas?

–Como por el padre de su merced está prohibido...

–Yo te levanto toda prohibición, y haz lo que mejor te parezca.

–Eso es lo que yo quería conseguir, y ya me retiro.

–También yo me voy. Catalina, lo dicho.

–No haya su[181] merced cuidado.

–Vamos a ver los caballos, Juan, si los han traído.

–Sí, señor, ya están ahí.

–Adiós, linda prenda –dijo el criado a la vieja, quedándose un poco atrás–. ¡Qué cosas tan buenas habrás contado!

–Parecidas a las tuyas.

–Tu tela de urdir es más fina que la mía.

–Al fin te quedaste como estabas a pesar de tus entradas y salidas.

–Que me pelen las barbas si no... Ya[182] he oído ciertas medias palabras y me basta.

---

176 su *A* su (tachado) vuesa [O].

177 Prosigue *A* Habla (tachado) Prosigue [O].

178 su *A* la [O].

179 vuesamerced *A* su merced (tachado) vuesamerced [O].

180 estará *A* se había quedado (tachado) estará [O].

181 su *A* su (tachado) vuesa [O].

182 Adverbio tachado en [O].

–Yo te lo diré: el señorito quiere hacer una limosna a un pobre que vive en una choza cerca del cortijo.

–Limosna por el señorito, y tú la medianera abrenuncio.

–Te aseguro.

–Ello cantará.

–Cree que…

–Echemos la plática a otra parte y a Dios.

–A ver mis caballos –gritó don Diego.

Y todos apresuradamente, menos don Manuel, bajaron al patio del cortijo.

Fama inmemorial han tenido los campos de Jerez en criar hermosos bridones, y en todos tiempos las fértiles praderas que baña el plácido Guadalete han presentado, ya en las lides, ya en los ardorosos[183] torneos, vistosos potros que en galana apostura, y en finísima estampa han competido[184] con los mejores de Europa; pujantes estaban entonces aquellas brillantes castas que después tanto se han apocado, y así presentara aquel día don Diego a sus amigos doce caballos hijos del[185] cortijo a cual más hermoso.

–Mirad este morcillo –exclamó–, ¡qué noble figura!

–Pues no –saltó uno de los concurrentes–, que los pechos y cabeza de aquel bayo son a pedir de boca.

–Tengo el honor de saludar a sus[186] mercedes –dijo un quídam acercándose embozado en una mala capa.

–¡Hola! Baltazar –gritaron todos–, ¿has venido por estas tierras?

–Aquí estoy a la orden de sus personas honradas, y que Dios me lleve a su santa gloria si no los quiero a todos más que a las niñas de mis ojos.

183 ardorosos *A* pacíficos (tachado) ardorosos [O].

184 han competido *A* han competido (tachado) competirán [O].

185 del *A* de aquel (tachado) de el [O].

186 su *A* sus (tachado) vuesas [O].

## Capítulo 5º. La lechera

Cuando el placer rebosa en nuestros corazones, cuando las encantadoras delicias de la amistad, las suaves fruiciones del amor, o el brillante oropel de las riquezas nos circundan, ¿quién entonces quiere oír hablar de desventuras? ¿Quién no se fastidia viendo al hombre desgraciado que con pálido rostro alarga la mano para pedir una limosna y cuenta con voz lamentosa sus dolorosas cuitas? ¡Ah! Estamos entonces tan engreídos con nosotros mismos, nos cerca tal tropel de aduladores, la verdad se nos presenta a la vista[187] tan disfrazada, que no es extraño[188] pensemos solo[189] en nuestros placeres; empero cuando la mano de hierro del infortunio pesa sobre nuestro cuello, cuando comemos el pan mezclado con[190] lágrimas, que se acerquen a nosotros los infelices; entonces sí nos faltan[191] para socorrerlos copiosamente los bienes de fortuna, partimos con ellos nuestro lecho y nuestro pan, y lo que es más, los consideramos iguales a nosotros, los escuchamos con escrupuloso cuidado[192] y lloramos también con ellos.

Tal aconteció a María: oyó con atención la desastrosa historia de don Pedro Medrano; lo compadeció, lloró con él, y quiso quedarse en aquel desierto para dulcificar sus penas, mirándolo como si fuera su padre; dedicóse con esmero al cuidado de las cabras, hacía los quesos e iba muchas veces ella misma a venderlos a Paterna o Medina[193], y la fama de su donaire y buena

---

187 la vista *A* nosotros (tachado) la vista [O].

188 A «extraño» siguen, en [O], las palabras tachadas «que no».

189 solo *A* sino (tachado) solo [O].

190 Tras la proposición se inserta en [O] el posesivo «nuestras».

191 faltan ] falta *A* faltan (tachado) falta [O].

192 escrupuloso cuidado *A* escrupulosa atención (tachado) escrupuloso cuidado [O].

193 Entendemos que se refiere a Paterna de Rivera y a Medina Sidonia, las dos localidades pertenecientes a la provincia de Cádiz.

cara extendiose pronto por el contorno;[194] en aquella campestre vida, adquirió mayor robustez y lozanía, y parecía una encarnada rosa nacida en medio de espesos zarzales.

No olvidemos, engolosinados con la pintura de la linda María, la llegada del gitano Baltazar al cortijo, porque el tal gitano era sujeto de cuenta; socarrón consumado, dichero alcahuete y muy bien quisto de los señoritos de Jerez por sus oportunas y sagaces maneras.[195]

–Pero, hombre de Dios –le replicó don Diego–, ¿por qué vienes tan desguiñapado?[196] ¿Te ha sucedido algún percance?

–No, señor.

–Es verdad que eso sería al maestro cuchilladas, pero con todo… ¿Y ese parche que traes sobre el ojo? ¿Es por enfermedad?

–No, señor; por necesidad.

–¡Por necesidad!

–Vuesas mercedes, que tienen siempre la olla arrimada a la lumbre, y solo el[197] trabajo de allegarse el pan[198] a la boca, no comprenden bien las urgencias de un gitano como yo, que me levanto sin saber de dónde me ha de venir el pan nuestro de cada día.

–¿Y eso qué tiene que ver con tu traje?

–¡Y tanto, señorito! Su[199] merced puede presentarse por todas partes con su cara descubierta, y nosotros unas veces debemos llevar un ojo tapado, otras cojo o manco, siempre mu-

---

194 el contorno *A* aquellos contornos (tachado) el contorno [*O*].

195 por sus oportunas y sagaces maneras *A* porque era más adulador que el más zalamero gato (tachado) por sus oportunas y sagaces maneras [*O*].

196 La voz «desguiñapado» tampoco aparece en el *DRAE* ni en el *NTLLE*, al igual que «desguiñapar»; sin embargo, el diccionario de Domínguez considera que es sinónimo de «andrajoso» (1845: 65).

197 solo el *A* sin tener más (tachado) solo el [*O*].

198 pan *A* bocado (tachado) pan [*O*].

199 su *A* su (tachado) vuesa [*O*].

dando de ropa[200] y de domicilio para no caer en las uñas de la justicia, que nos tiene más ganas…

—Sus razones se tendrán.

—Todos somos pecadores, señorito, como hijos de Adam y Eva; pero acontece que un burro que hurta un gitano causa un escándalo que si fuera cien doblones de a ocho, porque las fechorías de los pobres meten mucho ruido; por eso, para evitar el caer en poder de algún gato con uñas o alguacil, que es lo mismo, ando disfrazado siempre de mil maneras, y pocas con mi vestido natural.

—No son tan prevenidos otros compañeros tuyos.

—Cada cual tiene sus caprichos; el mío es el de no caer[201] en poder[202] de quien puede darme un buen penqueo, como sucedió no hace mucho a Juanillo el tuerto, que por quítame allá esas pajas le dieron[203] con un rebenque cincuenta golpes que no le sabrían a almendras, y todo fue por enamorado.

—¡Pues enamoradillo sería el muchacho!

—Sí, señor, y primo mío; en tratándose de asnos, se le iban los ojos detrás, y esos fueron sus amores.

—Pues tú no tengas cuidado por ninguna cosa, que yo soy tu padrino y basta.

—Por eso ando yo[204] de aquí para allí, que si no… Mas siempre tomo algunas precauciones, porque lo comido es lo seguro.

—Vamos, ¿qué traes de nuevo por acá?

—Anoche estuve allá en la casa, y no encontrando a su merced, me vine detrás, porque se ha presentado una entruchadilla y… Vaya, es una linda moza; yo me entré como pidiendo limosna, me dio un pedazo de pan, pero yo no miraba el pan, sino a sus ojos, que brillaban más que unas candelas.

---

200 ropa *A* traje (tachado) ropa [O].

201 dar *A* caer (tachado) dar [O].

202 poder *A* poder (tachado) manos [O].

203 dieron *A* dieron (tachado) aplicaron [O].

204 [O] tacha el sujeto.

–¿Cómo[205] has descubierto ese tesoro?

–Como por complacer a su merced[206] ando siempre bruju-leando que bebo los vientos...

–¿Y cómo podremos?

–La cosa es muy sencilla; no hay más que agarrarla, tapar-le la boca si grita, encerrarla en alguna vivienda del cortijo, y santas pascuas.

Aquella misma tarde dirigiose el gitano con otros dos cria-dos de don Diego hacia Tempul para robar a la bella María; acercáronse a la choza, y ataron los caballos, no lejos de la habitación, al tronco de unas encinas.

–El asunto –dijo Baltazar– es muy fácil,[207] pero siempre para cobrar ánimo será bueno embaular algunas tajadillas y beber un traguito de lo caro.

–Toma –le replicó uno de los dos–, y no aprietes el codo[208] de modo que te pongas hecho una equis.

–Alarga la mano y no tengas cuidado: Jesús, María y José... No es malejo; pues, señores, en esa choza hace años vive un tal Santiago con su mujer, que es otro carcamal como él; yo no sé dónde han pescado a esa muchacha; mientras vosotros acabáis de ver ese hueso, yo me voy callandito, entro, agarro a la niña por el brazo *velis nolis* y, si hay resistencia por parte del viejo, doy un silbido, acudís y asunto rematado.

Como zorra que acecha gallina y se adelanta poco a poco con la cola caída, la cabeza estirada y las patas dobladas, así, medio agazapado, entrose en la choza nuestro gitano; aún todavía ardía un leño en el hogar; sentose allí un momento, y ya iba a empujar la puerta y penetrar en las habitaciones interiores, cuando oyó pasos y se le principiara a helar la sangre en las venas; escondiose rápidamente detrás de un rimero de corchos de colmenas, y por

---

205 Cómo *A* Dónde (tachado) Cómo [O].

206 Como por complacer a su merced *A* Como por complacer a su merced (tachado) Porque [O].

207 fácil *A* sencillo (tachado) fácil [O].

208 el codo *A* la mano (tachado) el codo [O].

entre dos metió un ojo a ver lo que pasaba; pues el miedo no le quitó la curiosidad innata a su carácter; vio, pues, salir por la puerta a un hombre medio desnudo, desmelenado, la barba larga y las facciones tan hurañas y terribles, que lo creyó horrorosa fantasma; adelantose a la lumbre, encendió el candil, levantó del suelo una losa, escarbó con un almocrafe[209] y sacó una calavera; a esta vista tembló el gitano de pies a cabeza; un sudor frío le corriera por todo su cuerpo y se encomendó por primera vez de su vida a san Dimas, único santo del calendario de que entonces se acordó; don Pedro tomó en la mano aquel resto mortuorio y, suspirando amargamente, exclamó:

—Tú siempre aquí, y yo postrado en aquel ominoso lecho sufriendo por tantos años una muerte lenta... Alma mía... Tú me amabas con delirio, tú expiraste mirando con cariñosos ojos a tu esposo y este... Aún todavía vive tu asesino...[210] Impío... ¿No se movió a piedad al ver tu rostro angelical? ¿No se condolió de aquellas inocentes criaturas...? Desgraciada... Tú eras la más linda de las mujeres, y ahora eres un poco de polvo... Pero polvo santo, divino... Adiós, voime otra vez al lecho de amargura, y... Ay de los malvados.

Enterró otra vez la calavera, la tapó con tierra, puso la losa y entrose en las habitaciones interiores; el gitano apenas se vio solo, sale de su escondite, echa a correr y cuenta a sus compañeros lo que había oído.

—¿Pues no nos dijiste —repuso uno de ellos— que ahí no habitaba más que un viejo?

—Sí, y lo digo y lo redigo.

—Pues entonces...

—Entonces... Fue sin duda el demonio el que allí se me apareció, por señas que tiene la barba larga, la cara negra, dijo dos mil perrerías; vamos, no hay duda que él era.

—Si te parece, vamos allá.

---

209 El diccionario histórico de la RAE, de 1933, define «almocrafe» como «acción y efecto de amojonar» (Real Academia Española, 1933: 467).

210 Tras «asesino», [O] añade, aunque tachadas, las palabras «y yo».

–Yo no quiero nada con gentes del otro mundo y de noche; amanecerá y nos veremos las caras.

Se acercaron[211] entonces más y se escondieron entre unas jaras delante de la choza, y vieron salir al amanecer a don Pedro, que iba, cual acostumbraba, a cazar.

–Ese sería el que tú viste –dijo uno[212] a Baltazar.

–Sí a fe mía, cuando el otro tenía una vara más de cuerpo.

–Pues ese no es bajo.

–Y luego unas barbas…

–Pues ese no las tiene chicas.

–Y no tenía cara de hombre, sino de condenado por lo menos.

–Tu miedo…

–¡Sí, miedo! En mi vida he estado más fresco.

–Siquiera por el sudor que te correría[213] por el cuerpo…

El gitano iba a replicar, mas callose al ver salir a María seguida de Santiago y de Magdalena, sentáronse a[214] almorzar a veinte pasos de ellos.

–Muy temprano te has levantado hoy, niña.

–Hace muy bien –replicó el viejo–, que así se engorda.

–Lo mismo pienso yo.

–¿Pues si tú eres la mujer más floja y dormilona que hay en el mundo? Y si ahora te levantas temprano es porque ya no puedes dormir por tus muchos años.

–No que tú.

–También yo cuento largas navidades, porque a cada puerco le llega su San Martín; esta noche va ahora subiendo, y nosotros bajando, pero de golpe y zumbido, ¿y estamos tan torpes? Desde que María está con nosotros se despacha mejor nuestro queso, ¿y por qué? Porque María aprieta y menea los puños, y ya tú por tus años…

---

211 Se acercaron *A* Adelantaron (tachado) Se acercaron [O].

212 [O] añade después las siguientes palabras tachadas: «en voz baja».

213 caería *A* caía (tachado) caería [O].

214 sentáronse a *A* sentáronse luego a [O].

–Vuelta con los años, Santiago.

–Si los tienes ya y muchos, ¿quién lo puede remediar, Magdalena mía?

–Lo que yo extraño, María, es cómo te vienes a vivir con nosotros en este destierro y con un amo tan raro... Y tú criada en Cádiz.

–Así son las cosas del mundo; hoy aquí, mañana allí.

–Tu cara y tus modales son finos, y así creo[215] que la desgracia o la casualidad...

–Os engañáis; yo soy una pobre huérfana, y mis padres eran gitanos.

–¡Gitanos! ¡Dios mío! ¡Gitanos!

–Sí, señora, que también los gitanos son hombres como los demás.

–Pero como tú no tienes traza de pertenecer a tal gente...

–Como no hago canastillos, ni ando la ceca y la meca, os figuráis que no puedo ser gitana; pues sí señora, no lo niego;[216] mi madre me enseñó y guio por el camino de la virtud pues era una excelente mujer, mas tuve la desgracia de perderla hace cuatro años; mi padre era herrero, y tenía el vicio[217] de embriagarse con frecuencia; habrá poco más de cinco meses que trató de mudar su residencia a Arcos; llegamos a Jerez y me dijo: «Espérame a la salida, que voy a ver a un compadre mío que vive en la calle de Antón Daza;[218] fue en efecto, entró en una taberna, y se estuvo allí todo el día, hasta que ya oscurecido trabara una quimera, y le atravesaron el pecho de una puñalada; ni aún tuve el gusto de verlo después de muerto, pues los parientes del matador lo quitaron de en medio, sin duda para ocultar aquel delito; yo, viéndome ya sola en el mundo, y no queriendo mendigar el pan de mis deudos, me entré a servir en casa de don Juan Medrano,

---

215 [O] añade al verbo el sujeto «yo», que tacha.

216 lo niego A puedo negarlo (tachado) lo niego [O].

217 el vicio A la manía (tachado) el vicio [O].

218 «Antón Daza» es, en realidad, el nombre de una plazuela jerezana que linda con la calle Caballeros (Ríos Martínez, 1996: 235).

y al día siguiente me enviaron al cortijo de la Ina; la casualidad hizo después que me haya venido con vosotros, lejos del bullicio del mundo, y estoy contenta, porque solo en él la seducción y el engaño cercarían sin cesar a la pobre gitana.

## Capítulo 6º. La cena

Levantáronse en esto los dos viejos y se metieron en la choza para dedicarse, sin duda, a sus tareas ordinarias, y Magdalena iba diciendo a media voz:

–¡Vaya una gracia! ¡Gitana! ¿Quién lo creyera? Ya se ve, por eso, la muy… Está aquí tan contenta entre estos riscos; porque, ¿a dónde podrá ir ella mejor siendo gitana?

–Te creíste –respondió su marido– que sería alguna princesa errante, alguna gran señora desvalida…

–No, pero…

–O alguna[219] doncella menesterosa que por quítame allá esas pajas corría por esos mundos de Dios;[220] pues no señor, que es una muchacha pobre, bonita y desgraciada como nuestro amo, y esta última recomendación le basta y sobra; si es gitana con su pan se lo coma; ni tú ni yo nos hemos de casar con ella.

–Es verdad, pero el amo…

–Antón Perulero, cada cual atienda a su juego;[221] deja al amo que haga lo que mejor le plazca, y vete a barrer, que yo me voy con las cabras.

---

219 Esta palabra aparece tachada en [O].

220 esos mundos de Dios *A* el mundo (tachado) esos mundos de Dios [O].

221 «Antón Perulero, cada cual atienda a su juego» es una expresión popular basada en un juego infantil, según explica Arora: «Applied by the informant to an individual who changes jobs frequently without settling down to any one occupation. The saying refers to a children's game in which the players perform movements imitating various occupations (shoemaker, tailor, etc.). The leader, or Antón Pirulero, performs his own movement but from time to time changes to that of another player, who must then adopt the leader's original role: failure to do so results in a forfeit» (Arora, 1977: 61).

María quedose entretanto sentada; la sucinta relación que había hecho de su vida excitara sin duda su sensibilidad, pues se la vio sollozar, y algunas lágrimas se le asomaron a las mejillas; notolas el gitano, pero no supo a qué achacarlas, pues la joven había hablado tan bajo que nada apercibió[222] de su plática; sin causarle esto migaja de piedad, abalanzóse con sus compañeros, le taparon la boca y se la llevaron.

Cenaban nuestros caballeretes opíparamente ya bien entrada la noche, y don Manuel se había retirado a dormir.

—Gracias a Dios que se fue —dijo su hermano.

—¡Qué censor! —replicó Pérez, que era uno de los dos amigos— No nos deja reposar una migaja; que torna a moral, que daca la virtud; ¡vaya una bataola! Medrados estábamos si hubiésemos de aprender tan enrevesada monserga.

—Igual cantinela —saltó Mendoza— me refiere mi padre todas las noches, y yo lo oigo como quien oye llover.

—Y a mí también —siguió don Diego— me entran por un oído y me salen por otro las reprimendas y los consejos de mi hermano; porque ¿quién se había de hacer caso de todo lo que dice? En recompensa jamás mi padre ha dicho esta boca es mía para reprenderme; lléname el vaso, Perez... ¿A que no has visto estampa de potro más linda que la de mi castaño?

—Sí, pero es cuatralbo, y ya sabes tú el refrán que señala los grados de bondad o maldad de dicho accidente.

—Sí; uno bueno, dos mejor, tres malo, cuatro peor, pero no hay regla sin excepción, y yo te aseguro que mi Aquiles vale tanto como el caballo más pintiparado del mundo... Vaya, Mendoza, ¿no bebes? ¿Estás triste por el juego de la otra noche...? ¡Bah...! ¿Qué son en el mundo doscientos escudos que perdiste?

—Yo no lo hago por el dinero, sino por el truhan descamisado que me los ganó con puestas de a peso y aún menos.

—También, si hubiera sido[223] al contrario...

---

222 apercibió *A* había podido apercibir (tachado) apercibió [*O*].

223 sido *A* ganado (tachado) sido [*O*].

–¿Qué podía aflojar semejante zascandil? Apuesto a que[224] aquel pelagatos no tenía diez escudos en el bolsillo, y luego tuve que descerrajar el arca de mi padre para pagarle.

–Felizmente el mío[225] me da todo el dinero que necesito, y aún mi hermano Manuel; este quiere enterarse alguna que otra vez en lo que gasta la moneda, pero mi padre es como si tal hombre viviese en el mundo.

–Eso depende de que con el aire está atontado.

–Cuando[226] bueno era lo mismo.

–En esa parte has tenido siempre más suerte que no yo.

–Vamos corriendo, señores, ¿de cuándo acá tan sabios?

–Sí, y ya me he tragado media[227] gallina entera.

–Como tú eres capaz de comerte cuatro… ¿Qué tal te va, Pérez, con tu ninfa?

–¿Cuál de ellas?

–Tienes razón, ¡no me acordaba! ¡Son tantas! Hablo de aquella morena ojinegra…

–Hace ya dos meses que la he dejado, porque ahora despunto por las rubias y blancas, caprichos… Quizás llegue el día que solo me agraden las de color de cobre.

–También me gusta a mí sobremanera la variedad; ved ahí otra de las rarezas de mi hermano… Dice que, si alguna vez llega a enamorarse, será hasta la muerte.

–Esos son –siguió Pérez– terminotes rancios,[228] antiguallas góticas y necedades de viejos… Escucha, Medrano, ¿y la muchacha…?

–Durilla está, mas ella se amansará; zampada la tengo en un granero, para que mi hermano no se entere, y al cuidado de Catalina, que no la dejará escapar tan fácilmente.

---

224 Las palabras «apuesto a que» aparecen tachadas en [O].

225 el mío A mi padre (tachado) el mío [O].

226 [O] añade a continuación, aunque tachado, el verbo «estaba».

227 tragado media A comido media (tachado) tragado una [O].

228 rancios A antiguos (tachado) rancios [O].

–¡Qué necia! ¿Qué más podía apetecer la tonta? ¿Y vale algo?

–Tal cual, pero es joven y fresca como una rosa.

En estas y otras pláticas pasaron nuestros jóvenes casi toda la noche, y ya apuntaba el día cuando se acostaron; entretanto, le decía Catalina a María:

–Vamos, hija mía, ¿no has llorado ya bastante? ¿A qué te afliges? Nadie trata de hacerte el menor daño.

–¿Pues entonces para qué me han traído aquí?

–¿Y tú para qué te fuiste?

–¿No puedo yo acaso disponer de mi persona?

–Aquí para las dos, ¿te fuiste por el techo de la sala amarilla o por el agujero de la llave?

–¿Soy yo ratón o pájaro?

–Entonces...

–Me fui por la ventana, por la puerta o por donde me pareció mejor.

–Ya se ve... Y ha sido una casualidad pescarte de nuevo, ¡pobrecita! ¿Qué malos ratos habrás pasado ordeñando cabras por esos cerros de Dios? Una tez tan fina, unas manos tan delicaditas...

–Dejémonos de adulaciones, Catalina; por desgracia os conozco ya bastante.

–Aquí ya es otra cosa; todos te miran a la cara, te miman y cada vez más... Lo que quiero es que no te vea el señorito don Manuel, porque es necio y extravagante en demasía; pronto se irá a Jerez, y quedaremos a nuestras anchas... ¿Si tú vieras lo amable que es su hermano don Diego...?[229] ¡Qué generoso...! Sabe pagar las cosas...[230] Cualquier ligero favor, su onza de oro al canto... No que el otro todo se lo cree merecer por su buena cara... Pues no, que eso no es razón, que nuestros favores necesitan recompensa.

---

229 ¿Si vieras tú lo amable que es su hermano don Diego? *A* Si vieras tú lo amable que es (tachado) su hermano don Diego es otra cosa [*O*].

230 Esta oración está tachada en [*O*].

–¿Y pensáis que yo…?

–No se trata aquí de tal cosa,[231] apuradamente que yo te quiero como si fueras mi hija.

–¿Quisierais que vuestra hija fuera manceba de don Diego? Pues tal es el empleo que pensáis encomendarme.

–Manceba no, pero…

–Otra cosa equivalente; Catalina, he escuchado con paciencia vuestros perniciosos consejos; soy una pobre huérfana y desvalida, mas no contéis jamás conmigo para tamañas maldades.

–Sosíegate, María, almuerza y luego veremos.

–Muchas gracias.

–Mira que hace dos días que casi no has probado bocado.

–Soltadme y veréis cómo entonces como. ¿Con qué derecho me tenéis aquí presa? Temed que grite…

–Entonces me vería obligada a ponerte una mordaza.

–¡Vaya que en este cortijo se saben halagar bien a las mujeres! ¡Mordaza! Como quien dice el más exquisito regalo…

–Eso solo se hace con las chillonas desobedientes; si tú fueras suave, cariciosa…

–Infame vieja, sois el oprobio de todas las mujeres, ya que por vuestras horribles arrugas no podéis servir de manceba a esos viles caballeretes, servís de…

–Calla, María, cuidado que la paciencia se me acaba… Es verdad que no soy niña, pero no estoy tan desfigurada como supones.

–Me alegra que os piquéis por mi dicho, maldita mujer.

–Si no fuera mirando a Dios…

–Matadme si os da la gana, pero no me quitaréis el honor.

–La fuerza decide muchas veces mayores dificultades.

–¡La fuerza! ¿Y tendríais valor?

–Don Diego, mi señor, usa pocas veces de este remedio a no ser en un caso extremo…

–¿Con que entonces…?

–No hay más que ceder de grado o por fuerza.

---

231 cosa A asunto (tachado) cosa [O].

–¿Y siempre ceder?

–Sí.

–¿Por qué el fuerte oprime así al débil?

–Porque… Ya se ve… Como quiere y puede.[232]

Un raudal de lágrimas ahogó la voz de María.

–Llora, hija mía, que así te aliviarás; a lo menos así me sucede a mí.

–Fuego quisiera yo llorar y abrasaros viva.

–Desagradecida eres, y con tus pintas de grosera te trato bien, me respondes mal; yo todo lo llevo por Dios.

–Decid más bien por el demonio, que ojalá cargase con voz en cuerpo y alma.

–Ya escampa y llovían guijarros… Se conoce que has sido bien educada, ¡Jesús…! Sin duda el trato de los gañanes de Tempul te ha hecho adquirir ese lenguaje agradable… Me temo que el señor se va a fastidiar pronto de ti si no te enmiendas. ¿Pues a quién le gustan pláticas descomedidas…? Y ya ves tú que de ser querida un día a solo un año o más es grande la diferencia.

–Ya estoy harta de oíros, y no me incomodéis más.

–Voy, alma mía, por tu almuerzo. Quizás algún día, así que reflexiones maduramente, me agradecerás los desvelos que tengo por…

–Por perderme.

–No digas tal, pimpollo mío, ¡lo que yo quiero es que caigas en las manos de un hombre de bien, no en las de un pelagato!

–Si todos los hombres de bien son como vuestro señorito, frescos estábamos, Catalina.

–Ea, adiós, tú tienes permiso de decir todo lo que te venga a la boca.

Juan sospechó que la desconocida que con tan gran misterio habían escondido en el cortijo era María; tornose esta sospecha en realidad, pues desde la puerta del granero oyó el anterior diálogo. Al punto dio aviso a don Manuel, y este pudo hablar a

---

232 En [O] sigue la siguiente intervención de María, que aparece tachada: «¿Y por qué en vez de hacer mal no hacéis bien?».

solas con María mientras durmiera[233] Catalina; se enteró de su historia y resolvió librarla a toda costa; hizo algunas tentativas, mas la puerta del cortijo estaba perfectamente guardada, y allí entre aquellos satélites era más respetada la voz de su hermano que la suya; por lo tanto, resolvió ir a Jerez y avisar a su padre de lo que ocurría.[234]

Cenaba don Juan Medrano tranquilamente, cuando entró su hijo en el comedor.

–¿Cómo estáis, señor?

–Bueno, hijo, bueno; acércame, Pedro, la botella.

–No bebáis mucho vino, que os podrá dañar.

–Si es solo un sorbo.

–Porque[235] el médico dice que no os aprovecha.

–¡Hola! ¿Lo ha dicho? Pues bien.[236]

–Y que no comáis tanta carne.

–Ya veis tú, un pollito…

–¿Y ese pavo asado que tenéis delante?

–¡Ah! Se me olvidaba; acércame, Pedro, ese plato.

–Pero, por Dios…

–Párteme solo tres tajaditas.

–No tan grandes, Pedro.

–Como el señor…

–Yo no las quiero muy grandes, así como esta.

–Esa tendrá más de un cuarterón.

–¿Con que quieres matarme de hambre?

–Yo solo miro por vuestra salud.

–Tráeme esos postres.

–Gracias a Dios que vais acabando.

–¿No estabas tú en el cortijo?

<hr>

233 durmiera *A* dormía (tachado) durmiera [*O*].

234 ocurría *A* pasaba (tachado) ocurría [*O*].

235 Porque *A* Pues (tachado) Porque [*O*].

236 bien *A* bien (tachado) dices bien [*O*].

–Sí, señor, y[237] he sido testigo del más espantoso desorden.

–¡Oiga! ¿Pues quién está allí? ¿No son Perez y Mendoza?

–Sí, señor.[238]

–Muchachos de juicio. ¿Y Diego?

–Mi hermano es el peor de todos.

–¡Ya!

–Siempre embriagado, en comilonas…

–A nadie ofenden con eso.

–Tienen[239] presa a una doncella…

–¡Ya!

–Contra su voluntad.

–¡Ya!

–¿Y tomáis esta nueva con tal frescura, padre?[240] ¿Qué dirán nosotros si tal maldad se descubre?

–La muchacha tendrá cuidado…

–¡Qué horror! No digáis tales palabras; aquella inocente niña entregada a unos desalmados…

–Pero… Ya se ve… Si ella…

–Ella morirá primero que sufrir una infamia, y mi hermano es capaz de todo.

–No… Pero… Siempre… ¿Y qué quieres tú que yo haga?

–Reprenderlos severamente.

–Dices bien; anda y diles de mi parte que dejen a esa muchacha, que como ella sobran mil en el mundo.

–No basta, padre mío, conviene que vos mismo vayáis.

–Dieciséis años hace que por lo menos que no piso aquellos umbrales… Pedro…

–Señor.

–¿No es hora ya de que yo cene?

–Padre, ¿si ahora mismo acabáis de hacerlo?

---

237 [O] añade el adverbio «allí», que tacha.

238 Sí, señor A Sí, señor (tachado) Los mismos [O].

239 [O] añade y tacha la palabra «allí».

240 En [O] se agregan, aunque tachadas, las palabras «Dios, los hombres todos».

–¡Yo! Vaya, lo creo porque tú lo dices; pero mi estómago me manifiesta lo contrario.

–Vamos, atended a lo que os hablo;[241] cuidado que aquella víctima espera vuestro auxilio.

–Sí, bien, aunque había jurado no ir más allá.

–¿Y por qué?

–Ello tenía yo suficiente motivo, mas en verdad que ahora no lo recuerdo.

–Si vos no evitáis tal maldad,[242] reuniré mis criados y amigos, o invocaré el auxilio de la justicia, y en cualquiera de estos dos casos el escándalo será terrible.

–Dices bien; nada, yo iré, y sin estrépito…

–Por eso os he avisado, padre mío.

–Corriente; iremos mañana así que almuerce…

–¿Pero vendréis?

–Sí, ya ves tú, ansío por ver a mi Diego…

–Lo que debéis ansiar es por librar a aquella infeliz.

–Quién lo duda… Ya…

## Capítulo 7º. El descubrimiento importante

Aunque sabía don Manuel Medrano que María era de una raza despreciada y proscripta, como de corazón bueno y sensible, apenas amaneció ya estaba despertando a su padre, que dormía a pierna suelta, sin acordarse ya para nada de las conversaciones de la noche anterior; tan desmemoriado estaba, en efecto, que se sorprendió mucho cuando su hijo le dijo que ya era hora de ir a la Ina; después de un buen rato, recordose[243] de lo que había pasado, pero juró que hasta que entrase mucho más la mañana no se movería para nada de la casa.

---

241 hablo *A* digo (tachado) hablo [O].

242 escándalo *A* maldad (tachado) escándalo [O].

243 recordose *A* recobraron al fin el sentido (tachado) recordose [O].

Desesperado don Manuel de tantas dilaciones, saliose a pasear, y endilgara los pasos[244] casualmente hacia la plaza del Arenal;[245] no se conocía entonces en Jerez ni el paseo de Capuchinos[246] ni la Alameda,[247] y solo dicha plaza, a pesar de su lodo y polvo según las estaciones, era el lugar donde concurrían los ociosos a matar el tiempo y el fastidio; junto a ella, y delante del convento de san Agustín se halla la anche calle de Alquiladores,[248] que desde tiempos antiguos es sitio todos los domingos de una feria de asnos; allí acuden muchas recuas de estos animales, y, por consiguiente, como atraídos por el más poderoso imán, los gitanos de Jerez y de sus cercanías.

Dieron en esto un golpecito en el hombro a don Manuel, y vio que el interpelante era el gitano Baltazar.

–¡Hombre! Yo no te creía aquí a estas horas.

–¿Había de faltar yo[249] hoy, señorito, y más cuando el amo me ha encargado que le compre cuatro burros de los mejores para el cortijo?

–Yo lo ignoraba.

–Pues sí, señor, y ya tengo dos ojeados que se le pueden presentar al mismo rey en persona; ¡qué lustre de pelo! ¡Qué agilidad! Y luego con la edad en la boca; acérquese su merced y los verá… Escucha, Perico, este muchacho es mi primo, tráete

---

244 endilgara los pasos *A* se encaminara (tachado) endilgara los pasos [O].

245 La plaza del Arenal fue, durante la Edad Moderna, el «centro neurálgico de la ciudad de Jerez» (Moreno Arana, 2021: 25), como también advierte el narrador.

246 El paseo de Capuchinos no se construyó hasta 1784 (Mariscal Trujillo, 2014). Según vemos en la siguiente nota, la novela parece ambientarse en las primeras décadas del XVIII, por lo que, como bien indica el narrador, aún no existía el mencionado lugar.

247 La Alameda de las Angustias empezó a construirse en 1723, pero la obra no se completó hasta después de 1732 (Aroca Vicenti, 2004: 127), lo que nos permite ubicar cronológicamente los sucesos de la novela en las tres primeras décadas del XVIII.

248 En efecto, el convento de San Agustín se ubicaba en la calle de Alquiladores, según podemos observar en Jordán Fernández (2020: 136).

249 [O] agrega y tacha justo después el adverbio «allí».

hacia acá esos animalitos... Móntate en uno de ellos... ¡Qué triste! Parece que tiene alas, y tan sereno el paso que se puede llevar en la mano un vaso de agua sin derramarse.

–¿Y el precio?[250]

–Allí veo al amo; ¡eh...! ¡Eh..., mocito... es un talabartero de la calle de las vacas...! ¿Con que treinta pesos quiere vuesamerced por cada uno...? Ya se ve cada cual quieto por lo suyo lo que le acomoda... Ello no hay duda que los rucios son buenos, pero son chicos de cuerpo y es necesario que baje un poquito la mano.

–Me parece –respondió el dueño– que estoy puesto en razón.

–No pique vuesamerced tan alto, que no están los tiempos para eso, y lo más que valen son a quince pesos.

–Ese es poco dinero.

–Vamos, que ya sé yo lo que se ha de hacer, deme vuesamerced –prosiguió acercándose al oído de don Manuel– un escudo.[251]

–Tómalo.

–Y vuesamerced –dijo al talabartero en igual metal de voz–, cuatro reales.

Tomó el gitano las manos de los dos, hizo como que pasaba las monedas de unas a otras, pero en realidad donde las puso en cobro fue en su bolsillo, y enseguida exclamó:

–Ea, señores, los burros están vendidos en veinte pesos, y Dios le dé al tío Jacinto vida y salud para que pueda hacer muchos tratos como el de hoy, y el señorito viva más siglos que el Matusalén en compañía de su amado padre.

Soltó don Manuel el burro, y el gitano corrió detrás del[252] talabartero, y le dijo:

–A vuesamerced se le ha olvidado el corretaje... Con cuatro reales tengo suficiente.

–Pero, hombre, ¿y los que antes te di?

---

250 La frase se inicia en [O] con el adverbio «No», que aparece tachado.

251 un escudo *A* diez reales (tachado) un escudo [O].

252 detrás del *A* tras el (tachado) detrás del [O].

–Esos son[253] derechos y circunstancias de la venta.

–No lo entiendo, pero toma, y Dios te ayude.

–Señorito, en cuanto a vuesamerced, lo que guste darme.

–Toma un peso.

–Dios se lo pague y le dé más fortuna que a un quebrado.

–En conciencia, Baltazar, ya que la compra está hecha, ¿te parecen buenos y seguros?

–Buenos son, señorito, y en cuanto a seguros, yo los fío con mi propia persona, porque el talabartero es hombre de bien si los hay, y tiene el gusto de criar estos animales desde chicos; yo los conozco desde que nacieran como a la madre que me parió.

–Este Baltazar –dijo un caballero acercándose embozado en su capa– asegura todas las compras, mas luego entran los trabajos...

–Buenos días, señorito... ¡Hola! ¿Su merced por estas tierras? Ha de saber el señor don Manuel que este caballero es uno de mis antiguos padrinos, y vive en Arcos; habrá como unos seis meses que un mayordomo de su merced se presentó en busca de una bestia buena... Había aquí una jumenta que, tirados a la calle, valía veinte doblones, y se la llevó por ocho, sin más cortapisa que el encargo que le hice de que el animalito no podía beber el agua del río de Sevilla.

–A los pocos días –prosiguió el caballero– la llevé a la feria de Mairena porque andaba tanto como un caballo; entré en la primera posada, y a la media hora[254] se presentara su amo y me quedé sin ella.

–¿No lo había yo dicho? Si el animalito no podía beber el agua del río de Sevilla...

–De modo –siguió don Manuel sonriendo– que el amigo Baltazar avisó con tiempo.

–Tampoco yo le eché la culpa, y ahora vengo a que me busque otra pollina.

---

253 son *A* eran (tachado) son [O].

254 a la media hora *A* al poco (tachado) a la media hora [O].

—Cabalmente las hay buenas y baratas, ¿ve vuesamerced aquella con un lunar blanco en la frente? Por diez pesos la dan, mas no puede salir del término de Jerez.

—Yo la quiero que pueda beber en todos los ríos y fuentes, y salir y entrar por todas partes.

—Dieguillo, ven acá con esa rabicana.

Acercose un gitano viejo y despilfarrado.

—Ha de saber vuesamerced —dijo Baltazar— que este amigo vive de milagro, porque no hace muchos meses le atravesaron una noche el cuerpo a puñaladas en la calle de Antón Daza; llévelo a mi casa, porque es pariente, aunque lejano, y al fin, como por ensalmo, gracias a la virgen del Carmen[255] y al Santo Cristo de la Expiración,[256] ha curado del todo.

—¿Tienes tú —le dijo don Manuel— una hija que se llama María?

—Sí, señor.

—¡Tú, hija! —siguió Baltazar.

—Como yo siempre he vivido en Cádiz, por eso no la conoces. ¿Sabe vuesamerced de ella?

—Sí, sígueme.

Después que hablara un poco rato con él a solas, tomaron el camino del cortijo, dos horas después que don Juan Medrano[257] lo hiciera.

Estrepitosa era la bullanga y la zambra que reinaba en la sala amarilla de la Ina; ya hartos y medio beodos don Diego y sus camaradas, cantaban a más no poder, se echaban pullas o se

---

255 Se refiere a la Virgen del Carmen que se encuentra en la Basílica del Carmen; concretamente, en la portada principal de esta, que empezó a construirse en 1731 (Pomar Rodil y Mariscal Rodríguez, 108-109). Antes vimos que la novela tenía que situarse antes de 1732, porque la Alameda de las Angustias aún no se había terminado de construir según indica el narrador. Si a esto le sumamos el dato de que transcurre en un momento posterior a la portada principal de la Basílica donde estaba la Virgen del Carmen, el margen se reduce mucho más, luego los acontecimientos relatados deben situarse entre 1731 y 1732.

256 La hermandad del Cristo de la Expiración se había fundado a finales del XVI en la ermita de San Telmo (Pomar Rodil, 2020: 37).

257 don Juan Medrano *A* su padre (tachado) don Juan Medrano [*O*].

decían insulsas cuchufletas y toscos desaires, cuando hete aquí que se presenta a la puerta de la sala Catalina diciendo que el amo don Juan estaba apeándose del caballo en el patio.

—¡Mi padre! Esa vieja está loca; dieciséis años por lo menos hace que no viene el buen señor al cortijo.

—Tú me has hecho venir —dijo el viejo entrando en la sala y sentándose a la mesa.

—¡Yo, padre!

—Sí, tus excesos, porque yo no digo de que los jóvenes vivan como cartujos, pero...

—Regañoso venís hoy, mas antes de todo, vaga, padre, este sorbito.

—Y esta pechuga —siguió Mendoza, que conoció la idea.

—En tu edad debes divertirte, pero... ¿Es moscatel este vino?

—No, señor; pedrojiménez.

—Como es tan blanco.

—Es del pago de Barbaína.[258]

—Y luego el abono de las mujeres... Sabrosa está la carne; no será aquí mala la cocinera.

—Sí, yo soy —dijo acercándose Catalina—, ¿no me conoce vuesa merced?

—Ah, sí, ya me acuerdo bastante de ti, aunque hace años...

—Pues sí, señor, hace muchos años...

—Vaya, padre, este pedacito de jamón, y era un trozo que en verdad pesaba media libra.

—Y traer a la fuerza jóvenes no me parece bien.

—¿Queréis aceitunas? —saltó Pérez interrumpiéndole— Cuidado, que estas son gordales de Sevilla.

—Sí.[259]

—¿Y queso? —prosiguió Mendoza.

—Bueno.[260]

---

258 El pago de la Barbaína es un pago dedicado al cultivo de la vid que se encuentra entre los términos de Jerez y de El Puerto (Mingorance Ruiz, 2016: 26).

259 En [O], lo que dice es «sí, vengan», aunque la segunda palabra aparece tachada.

260 «Sí, bueno» en [O], aunque con el adverbio tachado.

–Tomad estas ricas tortas.

–Vengan.

–Y esta empanada.

–Me parece bien.

–Y este relleno.

–Acércalo.

Fue tal la prisa que los tres se dieron en darle comida al viejo, y este en embaularla, que, olvidando la regañeta comenzada, pensó solo en las funciones masticatorias, hasta que cruzó los brazos sobre la mesa, plantara en medio la cabeza de punta y se quedó dormido.

Entonces los mozuelos se deslizaron a sus habitaciones, resueltos a marchar al otro día, y don Diego llamó apresuradamente a Juan.

–Ya ves –le dijo– la necedad que ha hecho mi padre en encajarse aquí sin ton ni son.

–Cierto, venirse tan de repente...

–Conviene pensar alguna traza...

–Y luego entrar en la sala amarilla...

–Maldita sea la sala amarilla; lo mismo me da a mí de esa sala que de las demás.

–Pues a mí no, porque como el señor ha prohibido...

–Mi padre está bilorio[261] y no se acuerda de lo que manda; el caso es ahora quitar de en medio a María. ¿No te parece que me la lleve ahora mismo a Jerez?

–No, señor, porque podría gritar, y los criados del amo...

–Dices bien, ¿qué piensas tú deberé hacer?

–Ya se ve; el asunto es peliagudo para dar concejos...

–Por eso te lo propongo.[262]

–El señorito su hermano está en la ciudad; pudiéramos toparlo en el camino; lo mejor será que cualquiera cargue con la

---

261 El término «bilorio» es una voz propia de Andalucía y de la cultura médica –recuérdese la profesión del autor–, y significa, según Núñez Fernández y Herrador Sánchez, «tonto» (2006: 39).

262 lo propongo A propongo (tachado) los pido [O].

niña y la encampe en cuerpo y alma donde su merced disponga, y, para que no preste resistencia, se la haga creer que va a ponérsela en libertad hasta que se la[263] saque del cortijo, que entonces otro gallo le cantará.

–Me parece el plan bueno; llevémosla a Medina, a la casa de mi amigo Aguilar, luego iré yo detrás… Tú serás el conductor.

–¡Yo![264]

–Sí, tú.

–¿Y si el señor o Catalina?

–Mi padre no sabrá nada, y los demás callarán como mudos.

–No es muy agradable hacer en mi edad tal papel.

–Por mí, harás tú esto y mucho más.

Saltando de gozo,[265] tomó Juan con María el camino de Medina, mas a los pocos pasos torció las bridas al caballo y aguijoneó rápidamente hacia Jerez, resuelto a poner en buen recaudo[266] aquella inocente y sacarla de las uñas de su malvado amo.

Don Pedro Medrano, así que se halló sin María, no se entretuvo en estériles quejas, sino indagó y preguntó cuidadosamente, y al fin columbrara que sus sobrinos[267] tenían encerrada en el cortijo a la agraciada doncella; serían, pues, las doce de la noche cuando destapa la tapicería, entra en la sala amarilla y se para delante de su hermano, que dormitaba tranquilamente.

–¡Ay! ¡Dios mío! ¡Él es! ¿Lo mataré al instante? No, sería una muerte muy dulce; quiero que vea relumbrar en mis manos el cuchillo, que sepa que va a morir sin remedio.

Atrancó cuidadosamente la puerta de la sala, y volvió a colocarse inmóvil delante de su hermano, después de haber encendido la leña de la chimenea.

---

263 hasta que se la *A* hasta que se la (tachado) así que se la [*O*].

264 Yo [*O*] ya *A*.

265 gozo *A* placer (tachado) gozo [*O*].

266 Esta palabra solo aparece en [*O*], pero la mantenemos porque de nuevo encontramos en *A* un espacio en blanco en su lugar.

267 sus sobrinos *A* la hija de su hermano (tachado) sus sobrinos [*O*].

A poco despertó don Juan Medrano, que quedó horrorizado con la visión que delante tenía.

–¡Ay...!

–Silencio. ¿Me conoces?

–Yo... Yo...

–Sí; tú.

–En verdad que... Mis hijos... Todos... ¿Por dónde has entrado?

–¡Qué de años ha te esperaba en este sitio!

–¿En este sitio?

–Esta es la sala amarilla. ¿Lo oyes bien? La sala amarilla del cortijo de la Ina.

–¿Y por qué me aguardabas aquí?

–¿Y tú, por qué no has venido en tantos años[268] a este lugar? ¡Miserable!

–¿Quién eres que así me tratas?[269]

–Mírame bien; aquí tienes delante a tu hermano Pedro, el esposo de Beatriz.

–¡Jesús! ¡Dios mío! Pedro... Beatriz...

A estas palabras la aletargada alma de don Juan se despertó, y recordó perfectamente las escenas que en la sala amarilla habían acontecido.

–Sí, ya[270]... Por eso no quería yo venir a este sitio... Y ahora en poder de mis enemigos.

–Tú has hecho que yo lo sea, hombre feroz.

–Muévete[271] a piedad... Tantos años de arrepentimiento.

–¡Piedad! ¿Eres tú el que invoca la piedad, asesino de mi familia? ¡Ya llegó tu hora postrera! ¡Ah! ¡Cuánto se solaza mi alma! ¿No adviertes en mi rostro el júbilo de mi corazón? Esposa mía, adorada mujer, ya llegó el momento de la venganza.

---

268 en tantos años *A* en tantos años (tachado) antes [O].

269 La oración se inicia en [O] con las palabras –tachadas– «y tú».

270 [O] añade y tacha el verbo «recuerdo».

271 Muévete *A* Muévate yo [O].

¿No te dije hace luengos años que no acabaría de arder la leña de la chimenea, y que habrías pasado a la eternidad? ¡Hela allí encendida! No te ha bastado conservar cuidadosamente esos tizones; ya va a cumplirse mi terrible profecía.

Volvió don Juan el rostro, y vio, en efecto, arder la leña como tea, y brillar el puñal en las manos de su despiadado hermano.

–Perdido soy… ¿No hay quien me socorra? Pedro, acuérdate que soy tu sangre…

–¿Te acordaste tú de eso cuando diste la muerte a mis hijos y a mi esposa?

–Las pasiones…

–Di más bien tu empedernido y vil corazón; las pasiones del hombre de bien son generosas y grandes; las tuyas eran rastreras y menguadas como las de un esclavo corrompido.

–¡Cuánto después he llorado recordando…!

–Lágrimas engañosas y falsas. ¿Y mis hijos? ¿Qué hiciste de ellos? Preséntamelos delante y quizás…

–¿Me perdonarías? ¡Pero, ah! Ignoro…

–Tu silencio me hace patente, bien a las claras, que ellos perecieron a tus manos.

–Te juro…

–O por tu orden…

–Vuelvo a jurarte que no.

–No invoques falsamente el Dios a quien bastante has ofendido ya en este mundo, y prepárate a morir; en esta sala se cometió la maldad, aquí debe espirarse el delito… Vas a morir, sí, pero lentamente te iré dando puñaladas y pequeñas, para que lo sepas, que lo conozcas, que te saborees con la muerte, que yo vea tus espantosos visajes, que yo oiga los gritos de tu prolongada agonía.

–Por Dios, te suplico…

–¡Tú suplicarme! ¡Tú! ¿Te acuerdas cuando yo y el ángel inocente que descansa en el seno del criador nos hincamos de rodillas a tus plantas, las regamos con nuestras ardientes y amargas lágrimas, extendimos a ti nuestros brazos, te pedimos llorando nuestros hijos, te juramos que nos iríamos a lejanas tierras y que bendeciríamos eternamente tu nombre, y tú, vil, te burlaste de nuestros justos clamores...? Pues toma en pago.

Alzó el brazo don Pedro y le dio una puñalada a su hermano, que huyó el cuerpo, y el cuchillo quedara clavado en la mesa.

–Hermano mío, perdóname siquiera por la memoria de tu amada esposa.

–¿Tienes miedo? Pues no eras cobarde cuando estabas cercado de tus satélites.

Iba otra vez el vengativo don Pedro a repetir el golpe, cuando sonó un terrible estruendo a la puerta del cuarto.

–Por Dios...[272] Mi querido tío, detened vuestra furia.

–Turba vil, yo os desafío a todos. ¿Piensas tú que podrás librarte? Mientras más pronto echen la puerta abajo, más pronto pasarás a la eternidad... No hay sino perecer, y nada te valdrá, ni tus criados ni tus hijos.

De repente se abre la tapicería y entran María y don Manuel.[273]

–Detened el brazo –gritó la joven.

–¡Cómo! María...[274] Tú... Pérfidos...

–Yo no os tengo miedo, señor, matadme; aquí está mi pecho; herid a vuestra propia hija.[275]

–Dios todopoderoso –gritó don Pedro,[276] dejando caer el puñal de la mano.

–Sí, mi querido tío –dijo don Manuel, acercándose–; María es vuestra hija; hemos tenido la dicha de que se descubra este importante secreto.

–Retirad a ese hombre; ya no trato de vengarme, pero que no lo vea yo delante de mí.

---

272 En [O], «por Dios padre», aunque la palabra «padre» queda tachada.

273 [O] añade «y parte de los criados», palabras que aparecen tachadas.

274 María A Hija (tachado) María [O].

275 propia hija A hija (tachado) propia hija [O].

276 [O] añade –tachado– «cayéndose sobre una silla».

Fuese don Juan a su habitación, mientras que todos se sentaron alrededor de don Pedro y el criado Juan acercose para explicar aquel misterio.

–Cuando aconteció hace años –dijo– el fatal suceso de la sala amarilla, me llamó el amo y me entregó los dos niños, diciéndome... Nada me dijo, mas yo conocí bien que no quería más oír hablar de ellos;[277] salí del cortijo y tomé el camino de Arcos; los angelitos tenían sed, y nos sentamos junto a una fuente; eran tan chiquititos y tan graciosos, que el alma se me partía al considerar... En aquellos momentos llegaron allí dos gitanos, y se sentaron junto a nosotros; celebraron mucho la belleza de los niños, y yo, aprovechando tan feliz coyuntura, se los ofrecí; admitiéronlos con mucho gusto, y desde entonces no he vuelto a saber ni de unos ni de[278] otros, hasta hace pocas horas, que me encontré con don Manuel[279] a este hombre, a quien al instante conocí por el gitano que se llevó a los niños.

Entonces este prosiguió así:

–Yo iba aquel día de que habla Juan con mi mujer a Arcos, y fue para nosotros el colmo de la dicha topar con aquellos niños, pues había muchos años que estábamos casados y no teníamos hijos; volvimos a Cádiz, donde llamé al cura de mi parroquia y a tres testigos que me dieron el competente documento de lo que había pasado, el cual conservo en mi poder, lo mismo que la ropa que los niños llevaban aquel día, y que ya ha mandado el señorito por ella a Jerez;[280] después de enviudar, pasé a dicha ciudad un día, y allí, en una pendencia, dejáronme por muerto, pues me curé como por encanto de mis heridas.

Don Pedro Medrano se sonrió entonces de placer, y abrazó cariñosamente a[281] María.

---

277 [O] tacha la frase «mas yo conocí bien que no quería más oír hablar de ellos».

278 ni de *A* y de (tachado) ni de [O].

279 don Manuel *A* don Manuel (tachado) el señorito [O].

280 A partir de «Jerez», lo que sigue del párrafo está tachado en [O].

281 [O] añade y tacha «su hija» antes de «María».

–Pero ¿y mi hijo? –preguntó.

–El hijo de su[282] merced murió a los siete años de sarampión, y tengo también la fe de muerto.

–Te agradezco sobremanera –dijo don Pedro– lo que has hecho por mi hija… ¡Bendita niña…! ¡Qué horror…! ¿Si yo te hubiera asesinado en esta propia sala…?

–Ahora dejaréis la soledad, mi querido padre.

–No, hija mía, mi suerte está ya ligada a ella para siempre.

–Pero, tío, pudierais vivir en este cortijo, pues mi padre os lo cederá de buena gana.

–¡Tu padre! ¡Ah! ¿Por qué no se parece a ti…? No me incomodéis, pues, a pesar de vuestras razones, seguiré viviendo en Tempul.

–¿Y tú también, María?

–¿No he de irme con mi padre?

–¿Me permitiréis, querido tío, que os haga algunas visitas?

–Sí, con tal que vayas solo.

Don Juan volvió a caer en igual atontamiento, y al día siguiente tornose a Jerez sin acordarse para nada de los sucesos de aquella terrible noche; don Pedro y María volvieron a Tempul, donde siguieron sus acostumbradas tareas, y de tiempo en tiempo se estaba allí don Manuel con ellos semanas enteras.

El placer que con el hallazgo de su hija disfrutaba don Pedro acabó de agotar las fuerzas de aquel hombre desgraciado, y muy pronto se postró en la cama, gravado de agudos dolores; cabo de algunos días, conoció que su hora postrimera se acercaba, y llamó una noche a su hija, que dormitaba sentada a su cabecera.

–Hija mía… Hija mía… Despierta.

–¿Qué se os ofrece, querido padre? ¿Estáis mejor?

–Sí, estoy mejor, pues pronto no padeceré nada… Mi alma irá al eterno descanso.

–No digáis tales cosas.

---

282 su A vuesa (tachado) María [O].

–No te aflijas, no; ahora que voy a dejar estos despojos mortales, ahora estoy yo contento... ¿No ves cómo me sonrío de placer? Ahora voy a juntarme con tu madre, con mi querida Beatriz... Beatriz, óyeme, desde que abandonaste esta tierra impía, sacrílega, de maldición, ¿qué ha hecho tu esposo, sino llorar y más llorar? La herida de mi corazón se ha solapado en verdad con el encuentro de tu hija, pero siempre es honda y terrible... Espérame, Beatriz, yo te sigo... Mi corazón ha albergado la pasión horrible de la venganza, pero mis manos están puras, limpias de sangre; yo puedo sentarme sin rebozo al lado de los ángeles, donde tú estarás... ¡Ay! Yo ansío por verte, Dios mío, recogedme pronto a vos, sí, pronto, yo lo deseo, Dios mío... Perdonadme si os he ofendido, así como yo perdono a mi hermano de todo corazón... Beatriz, ¿no hago bien? ¿No imito así la dulzura de tu alma? Hija mía, hija mía, sé siempre buena como tu madre, y así lograrás[283] las bendiciones de todos.

–Padre mío, sosegaos... ¡Ay! Vuestras manos están tan yertas.

–¡Yertas! Sí, es verdad, yertas... Date prisa a hacer lo que voy a mandarte; levanta aquella piedra.

–¡Qué horror! Padre... Una calavera...

–Tráemela acá; esos son los restos preciosos que quedan de tu madre... Mírala bien, hija mía.

–Pero, permitidme...

–A ti te parecerá un objeto asqueroso, y a mí... Esa calavera es para mí la mayor delicia... Dámela acá, dámela acá... Que la tenga yo en mis manos... Que expire con ella... Recibidme ahora, Dios mío... Hija... Acércate más... Toma el último beso de amor de tu padre... ¡Cómo arden tus labios...! ¡Qué error...! Los míos son los que se van ya enfriando... Oye mi última voluntad... Que me entierren allí... Donde está tu madre... Allí... ¡Ah...! Bendita seas mil veces, hija de mi corazón... Yo muero adorándote, porque eres hija de mi celestial esposa... Adiós... Adiós...

---

283 [O] añade y tacha «siempre».

Avisó el instante María a su primo de la desgracia que había ocurrido; cumpliose la voluntad del difunto; ya, pues, retirose a Jerez a la casa de don Manuel, pues ya también había muerto don Juan; el amor fue, pues, a poco en sus pechos, ocupando el lugar[284] de la amistad; casáronse, y fueron siempre el modelo de los matrimonios virtuosos; vivieron felices, pero jamás se borró de sus almas la melancólica memoria del desgraciado hombre de Tempul.

**Fin**

---

284 lugar *A* sitio (tachado) lugar [*O*].

# Los gitanos

# 1. Comparativa con *El hombre de Tempul*

Según hemos visto, las *Leyendas y novelas jerezanas* iban a estar constituidas, en inicio, por solo tres textos: *El pendón, El hombre de Tempul* y *El cristiano y la mora*. En la introducción a la obra pudimos apreciar cómo Hué y Camacho hacía alusiones a esos tres textos por separado, pero no mencionaba nada sobre *Los gitanos*. Solo en el epílogo vimos la nota suya en que advertía cómo *El hombre de Tempul* había quedado sustituida por *Los gitanos*. Este cambio, que inicialmente no estaba en sus planes, nos lleva a pensar que este otro texto seguramente fuese compuesto con posteridad al primero que en este volumen hemos editado.

Ya hemos visto cómo no tenemos pruebas que nos permitan garantizar un motivo que llevara a esta sustitución. Desde un punto de vista cuantitativo, lo primero que podemos apreciar es que este texto es más breve que *El hombre de Tempul*. Si la anterior novela constaba de siete capítulos, esta otra se encuentra comprendida solo por seis, lo que sugiere cómo tal vez pudo haber influido también la extensión, es decir, que no hubiese papel suficiente para una obra tan larga como la anterior y que el impresor optase por una más breve. Pero esta explicación no parece del todo convincente si advertimos que aún había una obra más extensa en el libro publicado, *El cristiano y la mora*, con ocho capítulos.

Nos queda, aunque sin que lo podamos confirmar, la opción de que el texto anterior pudo quedar vetado por su carácter truculento y su aguda crítica social. Los elementos góticos, que tenían una presencia fundamental en el texto anterior, desaparecen por completo en *Los gitanos*; de igual manera, se relaja la contundencia de la crítica social, aunque esto tampoco la elimina del todo. Según iremos viendo, mucho de lo presente en este texto adquiere una nueva connotación desde el momento en que conocemos las ideas que Hué y Camacho tenía cuando compuso *El hombre de Tempul*. El texto nuevo, en sí, es de hecho muy similar al anterior, salvando el detalle de que prescinde del terror y de que se vuelve más sutil en su carácter crítico. Por lo demás, las dos obras son muy parecidas.

La primera conexión que podemos establecer es que ambas se ambientan en el siglo XVIII. Cantos Casenave ya ha llamado la atención sobre este detalle, y lo ha señalado como diferencial respecto de las otras novelas que hay en la colección, *El pendón* y *El cristiano y la mora*; si a estas las considera, en función de la terminología del título, «leyendas», solo *Los gitanos* adquiere realmente la categoría de «novela», ya que «no se remonta a la Edad Media sino al siglo XVIII, y el asunto –como *La gitanilla* de Cervantes– consiste en la historia amorosa entre un noble y una gitana, con la pintura de costumbres de un grupo de individuos de esta raza» (1999: 55). Es decir, que el proyecto original de Hué y Camacho era construir dos narraciones ambientadas en tiempos muy lejanos, con carácter tal vez más legendario que histórico, y solo una en su pasado próximo, *El hombre de Tempul*. Una vez le quedó vetada esta última, se limitó a sustituirla por otra que se desarrolla también en el XVIII, *Los gitanos*. Pero conservó la dualidad que originalmente había planteado en la colección, es decir, entre «leyendas» y «novelas», o más bien entre novelas de ambientación medieval y otra de ambientación dieciochesca.

A partir de aquí es fácil establecer similitudes. Si el objetivo del novelista era dar una visión panorámica de Jerez desde la Edad Media al XVIII, la obra resultante lo mantuvo a pesar de que tuviera lugar este cambio. Y su visión del siglo pasado no difiere mucho en este nuevo texto. Vemos que también hay una crítica hacia Felipe V, que puede leerse incluso como más contundente. En *El hombre de Tempul* apenas dedicaba tiempo a la cuestión de los austracistas, aunque ya vimos que sitúa en su caída la degradación del honor español. En *Los gitanos*, que también retoma el asunto de la Guerra de Sucesión, vuelve nuevamente sobre los pertenecientes al bando vencido, que en este caso no quedan únicamente relegados a ser una anotación histórica al comienzo del texto, sino que adquieren relevancia capital en el argumento y en el conjunto de la obra. En cuanto al bando victorioso, también nos muestra aquí la degradación de las élites en la zona de Jerez, y retoma el asunto del ambiente corrompido lleno de señoritos y majismo. Si somos conscientes del desagrado que ante todo esto había mostrado el escritor en su otro texto, sabremos apreciar que su punto de vista al respecto no es demasiado benévolo, aunque la perspectiva que en *Los gitanos* muestra es menos radical. Hué y Camacho se limita a mostrar esta depravación como un vicio sin tantas consecuencias horribles, pero no por ello menos criticable. También veremos en esta a sus respectivos señoritos jerezanos, que se inclinan por un estilo de vida presentado como poco aconsejable y más bien degenerado, pero en ningún momento llegan a violar a nadie ni a los extremos que hemos leído en *El hombre de Tempul*.

Esta actitud suya también se explicará, al igual que en el texto anterior, mediante su afición a los gitanos, que vuelven a convertirse en el foco de sus diversiones. De hecho, esta otra novela, como en el título anuncia, profundizará mucho más en las relaciones entre los señoritos y los miembros de dicha etnia. El tema central del texto es la reflexión sobre la posición que estos ocupan en una sociedad dominada por el majismo. Pero, de nuevo, el enfoque con el que se trata es menos agresivo. Los gitanos ya no son partícipes directos de ninguna red de secuestros y violaciones, sino que las diversiones proporcionadas resultan en este caso más aparentemente inocentes. Bien es cierto que la sexualidad nunca queda plenamente de lado, pero en este caso se relaja mucho más el tono en que se presenta, aunque sin abandonar del todo la crítica.

A fin de expresar toda esta temática, Hué y Camacho vuelve a recuperar, como detallaremos, el estilo costumbrista que había introducido por vez primera en *El hombre de Tempul*. De hecho, ese tono se intensificará aún más en esta obra, sobre todo por prescindir de los elementos góticos propios de la narración previa. El resultado, como explicaremos, será el de un texto aún más realista en el que apenas habrá lugar a los lances ni a la estética de lo sublime, lo que no excluirá también la presencia del misterio o de elementos trágicos predominantes. La psicología, en cualquier caso, tampoco brilla, pero el dolor del personaje más complejo de todos, don Gerónimo, aquí queda expresado de un modo que, a diferencia de lo que vimos respecto de Pedro Medrano, recordará más al Romanticismo que a la literatura dieciochesca.

Será este nuevo protagonista más un héroe romántico al uso que un hombre sensible a la manera de Rousseau. Pero adquirirá un rol muy parecido al de Pedro Medrano, en tanto que también será un solitario que vive parcialmente aislado en la zona de Jerez, con un pasado oscuro y trágico y con una clara distancia respecto de la cultura aristocrática que lo rodea. De hecho, será mucho más crítico al respecto que Pedro, mientras que su proximidad para con el Romanticismo hará de él, como veremos, un sujeto menos virtuoso y más irreligioso.

Por último, la anagnórisis también será un elemento clave en esta nueva obra, y también entrará en juego por vía de los gitanos, que en este caso adquieren aún más relevancia. También retomará, con el mismo juego intertextual respecto de Cervantes, el motivo de una gitana que realmente es la hija perdida de un noble, pero en este caso se empleará eso mismo para alimentar una reflexión general en torno a la condición gitana que trascenderá lo planteado en *El hombre de Tempul*.

*Los gitanos*, por tanto, es una obra que reutiliza muchos elementos del texto anterior. Su composición tal vez estuvo motivada por un afán, por parte de Hué y Camacho, de dar al conjunto de las *Leyendas y novelas jerezanas* una forma muy cercana a la que originalmente había concebido. Esta otra novela tenía que ser similar en casi todo a la otra, porque así podía permanecer su visión panorámica sobre Jerez desde la Edad Media hasta el XVIII. De hecho, los elementos en común podrían llevarnos a verla como una suerte de reescritura de *El hombre de Tempul*, quizá más ajustada a las exigencias del impresor, aunque no podamos determinar si estas reclamaban una menor extensión o una disminución de los elementos grotescos.

Con todo, el texto sigue presentando un interés claro para quienes ya hayan leído la obra anterior. Sus muchas similitudes no excluyen que esta también tenga numerosos elementos nuevos que hacen de la novela no solo una obra interesante en sí, sino también una cuyos matices se aprecian mejor para los lectores de *El hombre de Tempul*. En la época no pudo haber muchos así, porque el texto previo había quedado inédito hasta este momento, pero ahora, tras haberlo recuperado, podemos enfrentarnos a *Los gitanos* desde una nueva perspectiva. Son estas dos obras que dialogan y en las que se establece un díptico sobre Jerez y sobre el siglo XVIII, una visión bifronte de una misma realidad, ya que el cambio de tono, como iremos viendo, posibilita que se profundice en otros asuntos y de un modo diferente.

## 2. Argumento de la obra

Puesto que ya hemos contextualizado esta nueva novela como un texto que imita muchos planteamientos de *El hombre de Tempul*, será necesario remitirnos a los detalles de su argumento a fin de apreciar mejor las diferencias y los elementos novedosos. Para ello, y al igual que en el caso anterior, optaremos por una exposición de los acontecimientos en orden cronológico, lo que nos permitirá atender al argumento de un modo más esclarecedor.

Todo lo ocurrido en el texto es consecuencia, al igual que en la otra novela, de la Guerra de Sucesión. En concreto, el origen de la problemática se remite también al momento en el que Felipe V sube al trono y decide no solo recompensar a quienes le han sido fieles, sino castigar a los que apoyaron al archiduque Carlos. Decreta, por tanto, la persecución de estos últimos, lo que trastoca por completo la vida de un caballero austracista, Diego de Palán. Este sujeto, caracterizado del modo más noble imaginable, pasa a ser un fugitivo frente a la ley y se ve forzado a separarse de su hija. Pero su amor paternal es tan grande que no se siente capaz de abandonarla del todo y decide hacerle visitas en completo secreto, para que nadie pueda descubrirlo ni avisar a las autoridades. Ella, mientras tanto, se había casado con un noble valenciano llamado Gerónimo Bocairent, con quien había tenido una hija, Leonor, y el cual vive ajeno a las disimuladas visitas de su suegro a su esposa. Desconocedor de la realidad detrás de todo ello, sospecha que lo que realmente ocurre es que su mujer le está siendo infiel. En consecuencia, sorprende una noche a su esposa con su suegro y de este último sobreentiende que es su amante. Por consiguiente, y presa de los celos, los mata a los dos.

Justo antes de perder la vida, Diego de Palán se arrastra, moribundo, hasta su asesino, y le revela la verdad sobre la inocencia de su mujer y el horrible crimen que acaba de cometer. Gerónimo se ve entonces consciente de lo que realmente ha hecho y le acometen unos remordimientos que no lo abandonan hasta el fin de sus días. La tragedia de esa noche se intensifica cuando aparece un gitano, el tío Gregorio, que roba a Leonor y se la lleva para criarla con su ranchería. Don Gerónimo queda entonces en la soledad más absoluta, con su esposa y su suegro muertos por él mismo y su hija secuestrada sin que se sepa su paradero. Sus sentimientos se reducen entonces a un arrepentimiento absoluto por lo que ha hecho, que se suma a un odio intenso hacia todos los gitanos, por haberle robado a la niña uno de ellos. La única compañía que tiene es la de su ama de llaves, Marcelina, con quien mantiene una relación bastante fría.

En cuanto a Beatriz, crece entre gitanos con el nombre de María, ajena por completo a sus orígenes nobles. No obstante, no llega por completo a asimilarse a la cultura de su nueva familia. Esto se debe a que una gitana llamada Baltazara, su madre adoptiva y presunta madre biológica, siente lástima de que esa niña adquiera las peores costumbres de su cultura, por lo que decide enseñarle a leer y darle una educación al margen. María desarrolla entonces una afición a la lectura, en especial la de textos piadosos, lo que preserva su carácter virtuoso en contraposición a las actitudes criminales de los otros gitanos, muy aficionados al robo.

La novela comienza varios años después de ese acontecimiento inicial, con una María muy instruida y un don Gerónimo muy atormentado. Este último ha decidido trasladarse a la zona de Jerez, donde compra un castillo. Paralelamente y sin que él lo sepa, también se mueve a esa misma zona el tío Gregorio con su ranchería de gitanos. Allí estos dos personajes traban relaciones, aunque por distintos motivos, con un noble llamado Juan de Vargas, que vive en un cortijo, donde lleva, junto a su hijo Pedro, una vida de señorito. Los gitanos se convierten entonces en la diversión y el entretenimiento de esos caciques, que pasan a ser sus protectores y en encargados de proporcionarles una función social. Don Gerónimo, que aborrece con intensidad a toda la gitanería, no soporta todo ese aplebeyamiento, pero acostumbra a dejarse ver por el cortijo porque está enamorado de Clara, la hija de don Juan. En estos sentimientos cifra sus últimas esperanzas respecto de la vida humana, que por lo demás tiene en absoluto aborrecida.

Mientras tanto, el trato recurrente de la familia Vargas con los gitanos se acaba traduciendo primero en una afición desmedida del joven Pedro hacia esta clase de diversiones, y luego en un enamoramiento de la presunta gitana María, a la que adora con tal obsesión que se siente capaz de marcharse a vivir con ella y de asimilarse a la vida propia de su cultura. Justo entonces tiene lugar una anagnórisis muy similar a la de *El hombre de Tempul*, de modo que se descubre cómo María es en realidad Leonor, la hija de don Gerónimo, la misma que robó el tío Gregorio, y Baltazara admite que prefirió darle una educación aparte.

Esto permite que se resuelvan las diferencias culturales entre Pedro de Vargas y María, porque los dos ahora son parte de un estado social idéntico, y el uno no tiene que convertirse en gitano para aspirar a la mano de la otra. Consiguen, por tanto, casarse, mientras que en don Gerónimo desaparece todo rastro de odio hacia los gitanos, a quienes empieza a ver con otros ojos desde que descubre la buena acción de Baltazara. Como consecuencia, les da la oportunidad de abandonar la existencia errante, ya que se los lleva a vivir a su propio castillo, donde adquieren una vida próspera y sin necesidad alguna de tener que caer en el delito.

La obra entonces parece acercarse a una resolución por completo feliz, pero esto no tiene lugar por completo. A pesar de que todos han perdonado a don Gerónimo, este no es capaz de ser tan benevolente consigo mismo, porque sigue atormentado y culpándose de que su esposa haya muerto. Un sacerdote siente mucha piedad de él, e intenta hacerle ver, ya en su lecho de muerte, que Dios es benévolo y que también tiene piedad para él. Pero Gerónimo encuentra una dolorosa muerte entre profundas dudas sobre si él mismo realmente podrá ser merecedor de piedad alguna después de un crimen tan atroz.

## 3. Trasfondo histórico: los austracistas represaliados por Felipe V

A diferencia de lo que ocurre con *El hombre de Tempul*, *Los gitanos* no se subtitula «novela histórica». Este hecho, desde la teoría de la literatura, no tiene por qué ser indicador de ninguna tipología, aunque sí revela cómo este otro texto carece de una intencionalidad que sí estaba clara en *El hombre de Tempul*. Hué y Camacho no anuncia, en esta ocasión, que quiera componer una «novela histórica». Si nos remitimos solo a los acontecimientos más superficiales, en un principio esta obra no parecería nada de tal género. En realidad, está retomando una historia de gitanos y anagnórisis, tal como lo es *La gitanilla* de Cervantes. La trama, en un principio, podría extrapolarse a cualquiera otro contexto. Lo esencial, en un principio, es que haya una guerra civil y un monarca victorioso sobre otro, que decrete la persecución de quienes han apoyado a su enemigo. En ese sentido, el texto podría también ambientarse, *a priori*, en la guerra que hubo entre Pedro I y Enrique II, porque el mismo conflicto se podría extrapolar ahí.

La historia de Diego de Palán y don Gerónimo, por tanto, no es lo que hace del texto una novela histórica. Pero el trasfondo costumbrista, el señoritismo propio de la zona de Jerez y la relevancia que entonces adquieren los gitanos son rasgos que no podrían darse en ningún momento anterior al siglo XVIII, ya que son fenómenos, según vimos, que responden a circunstancias sociales muy concretas. La novela, por tanto, es histórica por los mismos motivos por los que podemos considerar que lo es *El hombre de Tempul*, pero no tanto por el asunto de la persecución de los austracistas.

Esto no impide que toda la trama de Diego de Palán agregue un matiz que no estaba en el texto anterior. *Los gitanos* no solo es una novela sobre la sociedad que surgió al amparo de Felipe V, sino que también habla de lo vivido por los detractores, por los rebeldes, por quienes lucharon en el bando derrotado y tuvieron que afrontar el amanecer de una nueva España cuyo monarca era su mayor enemigo. Diego de Palán, en ese sentido, se nos muestra como metonimia de todos los austracistas.

La visibilidad dada a este caballero agrega un nuevo matiz a la crítica contra Felipe V. En nuestro análisis de *El hombre de Tempul* hemos sostenido que la denuncia contra el monarca se basaba, sobre todo, en su impotencia, pasividad y permisividad frente al ascenso de una élite social corrupta. En este caso contemplamos, a su vez, la faceta opuesta del Borbón: su crueldad. Si con sus partidarios ha sido capaz de encumbrarlos y desentenderse de sus transgresiones, con sus enemigos ocurrirá todo lo contrario. Dará inicio a una persecución atroz que llevará la criminalización de personas como Diego de Palán, virtuosas en todo lo demás, pero forzadas a llevar una vida de fugitivos.

La falta de piedad de Felipe V lo convierte, una vez más, en el origen de toda la tragedia. Si él no hubiese perseguido a sus contrarios, Diego de Palán nunca se habría tenido que esconder como un criminal ni verse a escondidas con su hija. Tampoco don Gerónimo hubiera caído en la paranoia ni en el homicidio, ni en el instante de locura que motivó el fatal despiste de apartar la atención de su hija poco antes de que el tío Gregorio apareciera por allí.

Felipe V vuelve a ser, por tanto, origen de una tragedia individual, pero el carácter metonímico de Diego lo sitúa también en la raíz de una catástrofe colectiva. Si esa familia ha podido agonizar tanto por culpa de las persecuciones, su caso dará a entender que muchas otras habrán podido sufrir tragedias similares, del mismo modo que en *El hombre de Tempul* la familia protagonista, los Medrano, viene a demostrar la corrupción de la aristocracia jerezana a la que pertenece. De nuevo estamos hablando de personajes que carecen de una individualidad como la que habría en la novela realista. No representan tanto sujetos reales, sino que encarnan ellos solos una colectividad. A lo sumo, son personajes tipo y de carácter metonímico, cuya inclusión en esta clase de textos contribuía a la pintura de una sociedad. En este contexto se intensifica la crítica contra Felipe V, porque su crueldad podrá extenderse no solo a Diego de Palán, sino a tantos otros que, como él, hayan sufrido las consecuencias de tan horrible persecución.

## 4. Ficción y realidad

Pero todas estas aseveraciones sobre la sociedad de comienzos del XVIII siguen siendo parte de una obra literaria que carece valor de verdad, y que no supone, ni lo pretende necesariamente, un modo de instruir al lector sobre la vida en la España de ese siglo. Al contrario; conocer dicha realidad facilitará comprender mejor la novela y saber hasta qué punto se ha desviado –o no– del historicismo respecto de lo que está tratando. Al igual que lo desarrollado en *El hombre de Tempul*, esto nos permitirá ubicar la novela o bien en la literatura programática o imperativa, o bien en la crítica o indicativa.

Mucho de lo pertinente para esta cuestión ya quedó explicado en el estudio sobre *El hombre de Tempul*. *Los gitanos*, al igual que la anterior novela, se basa en una realidad cuando describe la degeneración de las costumbres andaluzas. También aquí evita caer en una visión maniquea del problema. Si en el texto previo vimos cómo a los señoritos degenerados les oponía otros determinados por las inclinaciones innatas, de comportamiento más sensible, aquí nos presentará otros que no son ni lo uno ni lo otro. Ni Juan de Vargas ni Pedro de Vargas demuestran la sensibilidad de Pedro Medrano o Manuel Medrano, pero tampoco caen en los extremos de Juan Medrano o Diego Medrano. Sus costumbres no se nos muestran como las más recomendables, según iremos viendo, pero no violan ni maltratan a nadie. Su papel en la obra es relativamente secundario; no son, ni mucho menos, el origen de la tragedia. Este relativismo cohíbe todo posible carácter programático. Sin embargo, es necesario trazar el respectivo contexto historiográfico de la realidad que queda apelada en la novela, esto es, la de los austracistas valencianos tras su derrota. Un trabajo de investigación reciente prueba cómo en efecto fueron severamente represaliados:

> La adhesión del reino de Valencia a partir de 1705 a la causa austracista se tradujo en una mayor desconfianza de las autoridades borbónicas hacia los valencianos y en una mayor dureza y rigor en la aplicación de las medidas que se adoptaron no solo durante la guerra, sino después. […] El proceso de reconciliación en el seno de la nueva monarquía fue lento y limitado. La creencia de los austracistas y también de algunos gobernantes borbónicos de un perdón general de Felipe V se desvaneció pronto. La política de represalias de Felipe V hacia los que habían apoyado al Archiduque Carlos durante la contienda dinástica se mantuvo con fluctuaciones a lo largo del reinado (León Sanz, 2014: 196).

Sabemos, por tanto, que la situación descrita con relación a Diego de Palán es muy verosímil y consecuente con lo que estaban sufriendo los austracistas valencianos tras la Guerra de Sucesión. En un clima de represalias tras la victoria de Felipe

V, no parece incoherente que un noble de esa región sea perseguido por su antigua lealtad al archiduque. El personaje en cuestión, en cualquier caso, es ficticio, pero su historia guarda paralelismos con algunos casos de persecución orquestados por el monarca borbónico:

> No obstante, la oleada de secuestros de 1717 y 1718, particularmente notable en Castilla y Cataluña, coincide con la necesidad económica de financiar la empresa de Alberoni en Cerdeña y Sicilia. Esa vinculación de la coyuntura internacional con la persecución a los disidentes no fue solo de carácter económico. Así, en 1717 fue detenido en Valencia José Torres, un marinero del Grao que había escapado a Cataluña y Mallorca; y en 1718, el gobernador de San Felipe, Francisco Rocafull, apresó a Ventura Menor, de Xátiva, que había participado en la revuelta de 1705 y en el último sitio de Barcelona de 1714 (León Sanz, 2014: 204).

Casos como el de José Torres o Ventura Menor, que también fueron represaliados y perseguidos, suponen el trasunto histórico del ficticio Diego de Palán. La tragedia de este último es aún más intensa por las terribles acciones de su impetuoso yerno, pero la denuncia contra ese clima de hostilidades es clara. El autor condena que se les imposibilitara tener una vida normal a los vencidos y plantea lo sucedido a su personaje como un caso extremo de lo que podría pasar si un hombre honrado se ve forzado a tener que ocultarse como un vil criminal.

## 5. El costumbrismo en *Los gitanos*

Pero los acontecimientos históricos concretos, que no dejan de tener presencia, caen en este caso, y al igual que *El hombre de Tempul*, en un segundo plano en comparación con el trasfondo costumbrista de la obra, más centrada en explicar costumbres generales que sucesos puntuales. La diferencia esencial con la obra anterior, como ya dijimos, es que se suprime todo lo gótico, por lo que el texto resultante será esencialmente distinto. En la obra previa la pintura de costumbres se introducía en el hilo de un relato de terror. Las descripciones de este tipo lo contextualizaban todo mejor, pero era en el misterio y en lo horroroso donde se focalizaba la atención de los lectores. No ocurrirá de esta manera aquí. Sí es cierto que hay un personaje, Guillermo Bocairent, que es algo misterioso y que esconde un oscuro secreto. Hay momentos en la obra en los que se ofrecen algunas pistas sobre su pasado, como cuando se desmaya al escuchar un sermón contra quienes matan a sus familias (*LG*, c. 2), pero, en general, el efecto que se consigue no es tan emotivo, ya que la atmósfera creada es, en este caso, de total cotidianeidad sin que eso implique ningún elemento rupturista. Los detalles grotescos de la obra, que los hay, se condensan en una sola analepsis situada en el capítulo final, pero la novela no se basa en estos elementos.

De hecho, en líneas generales estamos ante una obra que carece en su mayor parte de una narración como tal. Los momentos en los que avanza la trama son mínimos, y se reducen en su mayoría al capítulo seis, momento en el que se cuenta el pasado de don Gerónimo y se llega a la anagnórisis y a la posterior resolución. Pero en los cinco capítulos anteriores no ocurre realmente nada de calado, sino que tan solo quedan presentados los personajes y se nos exponen descripciones de sus costumbres. Desde un punto de vista estructural, la obra es idéntica en todo a otra que se publicó ese mismo año, *Cristianos y moriscos* de Estébanez Calderón. Blanes Valdeiglesias ha juzgado que esa otra novela es, por paradójico que resulte, poco novelesca, sino que más bien parece un extenso artículo de costumbres en el que se ha insertado una pequeña narración, puesto que es una obra «falta de acción» en la que destaca «la desproporción entre lo principal y lo accesorios», mientras que carece que «una mínima estructura que hace que sus descripciones y diálogos se agoten en sí mismos sin solución de continuidad, quedando reducidos a pintorescos "cuadros"» (2006: XX).

Con *Los gitanos*, en realidad, ocurre lo mismo; a lo sumo, es una colección de artículos costumbristas enlazados por una unidad mínima de trama que no se termina de desarrollar ni de explicar hasta el último capítulo. El primero, por ejemplo, es una escena en la que no ocurre casi nada más allá de que se describa la vida de los gitanos que pertenecen a la ranchería del tío Gregorio. El tercero retrata la vida en el cortijo, con los señoritos y los gitanos a modo de diversión, mientras que el cuarto es simplemente una descripción de la Semana Santa jerezana. Por último, en el quinto se presta más atención al arte de los gitanos, y ahí encontramos descripciones elaboradas sobre cómo es el flamenco.

Por tanto, si nos ciñésemos únicamente a lo factual y a lo denotativo, la misma historia podría narrarse con mucho menos texto. Pero la constante ilustración de las costumbres aporta nuevas connotaciones a la obra, relacionadas sobre todo con su carácter crítico. Advirtamos que el género del artículo costumbrista puede también formar parte de la literatura crítica o indicativa, y así ocurre precisamente con Larra (Maestro, 2017: 1679-1686). Lo mismo ocurre con *Los gitanos*. Los «artículos» que integran el total de la obra mueven, en sí, a una misma reflexión, que queda acentuada por la solución final. El interrogante que en todo momento plantea el autor está relacionado con la situación de los gitanos en su sociedad. Para divagar sobre ese particular no se conforma con escribir una historia que tenga como protagonistas a miembros de esta etnia, sino que prefiere examinar con detenimiento las costumbres que tiene e ilustrarlas con correspondientes escenas. A partir de ahí plantea diferentes problemas que va acusando, y lo que resuelve al final supone una propuesta de solución para todas esas cuestiones. Aunque iremos analizándolas una a una a lo largo de este estudio, cabe adelantar que, en general, el autor se muestra empático y preocupado por los gitanos y que, si evita individualizar mucho a ninguno de ellos, es porque no pretende tanto remitirse a la situación que tuvo un grupo concreto de estos, sino a la que tienen, en general, quienes pertenecen a esa cultura.

# 6. Visión crítica del señorito andaluz y sus diversiones

El primero de estos problemas guarda relación con el papel de los gitanos en la cultura del flamenquismo y en el entorno de los señoritos andaluces. En *El hombre de Tempul*, según vimos, ya se había tratado someramente esta cuestión. Los gitanos se mostraban ahí como los cómplices de la aristocracia corrupta, ya que se encargaban del trabajo más horrible, es decir, el de secuestrar a las mujeres y llevarlas a los respectivos caciques para abusar de ellas. Con todo, también pudimos apreciar que, aunque los retrata como gente violenta y sin escrúpulos, no les atribuye tanta perversidad como a los mismos señoritos para los que trabajan.

Algo similar ocurrirá en esta novela, con la salvedad de que, como ya hemos dicho, los caciques no quedan aquí retratados con tanta severidad, ni se les llega a atribuir tal grado de perfidia. Pero su relación estrecha con los gitanos se mantiene. El único perteneciente a la nobleza que evita todo contacto con ellos, porque los odia, es don Gerónimo, pero no es andaluz, sino valenciano; se vuelve a insistir, por tanto, en que la relación con los gitanos es propia de andaluces, y más concretamente de señoritos andaluces.

Al establecer este vínculo, Hué y Camacho retoma, de nuevo, las mismas consideraciones morales con relación a estos dos grupos, es decir, los señoritos y los gitanos. De nuevo, los primeros aparecen mucho menos dignificados que los segundos, en especial por el trato que dan a estos últimos. En un principio puede parecer, por el contrario, que son benévolos o que los están favoreciendo, pero eso es solo la apariencia superficial. Lo cierto es que la relación que se establece entre ellos es completamente asimétrica y de poder.

Para entender esto, tenemos que remitirnos a la situación en la que empiezan los dos grupos de personajes. Los señoritos, según se explica en *El hombre de Tempul*, han adquirido un importante prestigio social, para lo cual Felipe V ha sido una figura clave. En *Los gitanos* también se hace visible que gozan de dinero y de todas las comodidades imaginables. Se menciona, por ejemplo, que Pedro de Vargas era el «único heredero de un cuantioso caudal» y que «fue mimado sobremanera en su infancia» (*LG*, c. 3). Pero esto no ocurre con los gitanos, que desde un origen constituyen un pueblo marginal. Ya desde un inicio, en los primeros párrafos de la obra, el narrador establece que se encuentran en situación de perpetua exclusión social:

> forman entre nosotros una sociedad independiente con lenguaje, costumbres y modales diversos al de los otros españoles; y tienen, además, todos los vicios y defectos de las razas proscriptas. Si se ven separados con eterna y triple barrera del resto de la sociedad, ¿cómo han de ser buenos ni virtuosos? Lo mismo se apreciaba en aquel tiempo, mucho más aristocrático que el nuestro, a un gitano hombre de bien, que al que era redomado bribón: gentileza, zalamería y dichos agudos y grotescos se buscaban en ellos, y nada más. El que tenía estas cualidades era recibido en los opulentos alcázares para divertir con sus chistes a sus tétricos y aburridos señores, o recreaban al trabajado pechero en sus momentos de ocio y de holganza (*LG*, c. 1).

De aquí se desprende una asimetría evidente. Para los gitanos, que no han recibido ninguna clase de apoyo institucional, la simpatía de los señoritos es vital en su sustento; estos tienen dinero y tienen prestigio, por lo que pueden darles una función social y algo con lo que ganarse la vida sin necesidad de delinquir. Se convierten, por ello, en espectáculo y diversión para la aristocracia presentada como decadente en el párrafo citado y en la novela anterior. Pero los señoritos, en cambio, no tienen tanta necesidad de estar en compañía de los gitanos. Ellos tienen, en sí, resueltas todas sus necesidades vitales. Si se rodean de estas compañías, es solo con afán lúdico, como ahí hemos visto. Solo Pedro, que tiene cierto carácter quijotesco, trasciende con este supuesto cuando su enamoramiento es tal que no ve inconveniente en convertirse él mismo en gitano y renunciar a su propia cultura. Esta es una figura que, en realidad, encuentra su principal antecedente literario en el don José de *Carmen*, que presenta una situación muy parecida.

Salvando la excepción de este personaje al final de la novela, las necesidades y capacidades de cada grupo hacen evidente la asimetría. La familia de los Vargas puede prescindir de los gitanos, porque solo perdería momentos de ocio, pero no pondría en peligro su sustento vital. A lo sumo, siempre podrían buscar otra diversión u otro grupo de gitanos con el que entretenerse. Pero los de la ranchería del tío Gregorio, en cambio, no pueden hacer lo mismo con sus benefactores. Necesitan tenerlos en todo momento contentos y sin rechistar para que quieran seguir reclamándolos, siquiera como recreo. Por esa vía se benefician y tienen, al menos, algo con lo que vivir.

No hay, por tanto, un vínculo sincero ni entre iguales, sino una evidente relación de poder. Nunca llega a haber violencia explícita, pero sí implícita; aunque no vemos tensiones entre estos dos grupos, sí observamos que el menos favorecido tiene que acatar todos los caprichos de los señoritos, no solo sin rechistar, sino mostrando absoluta complacencia ante todo:

> –Me alegro mucho ver a vuestramerced tan bueno y tan gordo; camaraditas, este es el señor don Pedro de Vargas, hijo del amo de aquel cortijo, y a quien debería llamarse con razón el padrino de todos los gitanos del mundo.
>
> –¿Y quién es la cabeza de esta ranchería?
>
> –Un servidor de vuestramerced –replicó tío Gregorio quitándose la pipa de la boca (*LG*, c. 3).

> –¡Y cuidado, que para gustarnos a nosotros, que estábamos hechos a la mano del ilustre difunto, mi compadre Juan Pijino, es menester que el amigo sea el improsulta!
>
> –Pues yo –dijo Vargas poniéndose de pie– brindo por el tío Manolito, por el tío Gregorio, por María y por todos los gitanos y gitanas del mundo.

–Y yo –replico el tío Manolito–, repito el brindis por nuestro padrino el señor don Pedro de Vargas (*LG*, c. 4).

Tal como el autor lo está formulando, se puede apreciar claramente la hipocresía y el carácter adulatorio de los gitanos. Esto se extrema, en especial, cuando Pedro de Vargas se obsesiona con María. Este enamoramiento, como ya hemos dicho, es completamente sincero y cercano al que don José siente por Carmen en su correspondiente novela. Pero los gitanos, acostumbrados a los caprichos y a las costumbres de los señoritos, piensan de otra manera, y en primera instancia llegan a contemplar que Pedro únicamente siente interés sexual en María. Ahí es cuando se hace más explícito lo degradante de este tipo de relaciones:

–Tenéis una hija –continuó bajando la voz– como una plata. [...] Noto que es tan arisca...
–Está poco acostumbrada a que le hablen caballeros tan principales.
–Me gusta sobremanera y te protegeré altamente... Vamos... Si ella me corresponde.
–No haya miedo vuestramerced, que mi hija será obediente a lo que yo le mande; acércate, María, dale las gracias al señor don Pedro por los muchos favores que quiere hacernos.
–¡Yo...!
–Sí, hija mía –dijo el caballero–, porque me han matado esas dos flechas que tienes en lugar de ojos.
Riose entonces María a carcajadas, y Baltazara añadió:
–Es una tontuela que no sabe lo que se hace.
–Mejor; su inocencia me encanta sobremanera.
Después que se fue don Pedro, predicó Baltazara a María un largo sermón manifestándole como debería manejarse para hacer creer al caballero que lo quería, aunque, por casualidad lo aborreciese, y el modo de traerlo engañado, chuparle buenos pesos, y luego chasquearlo; pues opinaba la vieja que ninguna gitana debía querer de corazón a los castellanos sino de mentirigüela, y venderles siempre gato por liebre; el tío Gregorio y los demás resolvieron por unani-

midad que si María no seguía los sabios consejos de su madre era
una necia consumada indigna de llamarse gitana. (*LG*, c. 3).

En ese momento parece estar todo dispuesto para que tenga
lugar un extremo de violencia sexual similar a los que caracterizan
la novela de *El hombre de Tempul*. La prostitución, que en el fragmento citado queda insinuada, se hace del todo explícita cuando
Pedro ofrece directamente dinero por poder acercarse a María:

> –Mucho aguija el amor a vuesamerced; es verdad que la María es
> capaz de hacer este y otros muchos milagros; cuando estemos soli-
> tos, que quiera que no…
> –Vayan cuatro escudos.
> –¡Bendito sea el señorito! ¿Qué te parece, Baltazara? ¿Qué puedes
> apetecer para tu hija? ¿No vale más que sea del señor don Pedro
> que no de cualquier pelagatos o zascandil? (*LG*, c. 5).

> –Lo sé bien, Baltazara, pero ella se burla de mí.
> –Todavía es de corta edad…
> –No puedo resistir… Me abrazo interiormente; toma veinte escudos.
> –Muchas gracias, señorito, pero…
> –Nada de pero; esta ocasión es más oportuna.
> –Consultaré con el tío Gregorio.
> –Lo mejor será –dijo este– que ya que el señorito quiere declarar-
> se nuestro protector, Baltazara, María y yo nos separemos de los
> demás, y el señor don Pedro se vendrá con nosotros… (*LG*, c. 5).

Vista esta actitud, el personaje de don Pedro podría ser un
claro retrato de la figura del putero, muy habitual en la novela
española de aquellos años (Amann, 2022). Pero la salvaguar-
da para que caiga ahí es, en este caso, su inocencia quijotesca.
Si este fuera un señorito tan pérfido como Juan Medrano o
Diego Medrano, de la otra novela, tal vez no habría sentido
escrúpulos por abusar de este modo de María. Pero no es así,
porque la ama sinceramente para sorpresa de los mismos gitanos. Estos, cuando se dan cuenta de lo que ocurre, le avisan de

que tiene que unirse a su propia cultura: «tendría vuesamerced que acomodarse a nuestra vida; malos ratos… Sustos…» (*LG*, c. 5). Como Pedro accede, la trama da un giro hacia un tono mucho menos truculento, tal vez porque el autor era consciente de que no quería disgustar tanto al editor como con *El hombre de Tempul*. Una historia de prostitución apenas esbozada se convierte, por esta vía, en una historia de amores extremos e interculturales, con consiguientes fugas y anagnórisis. Pero la sola sugerencia de prostituir a María es prueba de hasta qué punto es asimétrica y abusiva la relación de los gitanos con los señoritos, no solo con los Vargas. El hecho de que Baltazara pida dinero por los favores sexuales de su «hija» demuestra cómo los gitanos, que han viajado mucho y tratado con otros señoritos, pueden estar acostumbrados a ese tipo de inclinaciones. La crítica social que de todo esto se infiere es muy grande, pero está más sugerida que mostrada.

Lo esencial de todo esto es la deshumanización y el fetichismo hacia los gitanos que estas dinámicas conllevan. El interés de las élites sociales hacia los miembros de esas etnias pasa siempre por exaltarlos y verlos como fuente de entretenimiento o de placeres sexuales, pero nunca los tienen en cuenta como seres humanos reales, ni pretenden ayudarlos a que se integren socialmente. Antes que eso, prefieren llamarlos solo para fiestas y diversiones así, en calidad de monos de feria o gentes de placer. Esta es una clase de objetificación, una forma de antigitanismo idéntica a la que han sufrido siempre los romanís reales en España según explica Marques Gonçalves (2020: 79-81).

Al tratar este asunto, Hué y Camacho profundiza, aunque con sutileza, en uno de los principales problemas del señoritismo que no había abordado profundamente en *El hombre de Tempul*. Las élites andaluzas quedan retratadas como muy cercanas a los gitanos, muy interesadas por estos y por las diversiones que les pueden dar. Pero todo ese interés se traduce, salvando el quijotismo de Pedro, en instrumentalizarlos y reducirlos a una fuente de diversiones. No se ha abandonado nunca, en realidad, la xenofobia ni el racismo. No hay nunca un afán sincero por ayudarlos a que se integren en la sociedad; de hecho, precisamente el carácter marginal que en todo momento tienen contribuye a ese fetichismo. Lo más crítico de este discurso es el modo en que se incide sobre cómo el señoritismo es perjudicial para los mismos gitanos que tanto han contribuido, supuestamente, a degradar las costumbres españolas según Eugenio Noel (2014: 128-137). Hué y Camacho demuestra tener aquí una visión más crítica y menos intransigente que la del noventayochista. No son los gitanos quienes dañan los hábitos del país; es la aristocracia española, corrupta y depravada de antemano, la que da un trato degradante e inhumano a los de esa etnia.

## 7. Defensa de la lectura como forma de elevación moral

Sabemos, de este modo, que el señoritismo sigue tratándose de una manera crítica en esta obra, aunque la sátira, en este caso, estará orientada en otra dirección. Si en *El hombre de Tempul* las víctimas eran las mujeres inocentes y los «señoritos» que no querían entrar en esas dinámicas, aquí lo serán, en última instancia, los gitanos. Esa clase de estructura se muestra realmente como un tipo de xenofobia, es decir, como un modo de evitar la integración de un grupo que queda en todo momento al margen.

Antes, al hablar del majismo en la otra novela, vimos cómo ese conjunto de idiosincrasias sociales se explicaba a partir de la falta de literatura –en sentido amplio– que había en la aristocracia. Lo que puede aplicarse a los señoritos andaluces en ese texto también puede remitirse, aunque con un contexto por completo distinto, a los gitanos, en tanto que portadores de esa cultura a la que los caciques son tan aficionados.

Hué y Camacho, como hemos visto, encanalla siempre más a los señoritos que a los mismos gitanos, y en ningún caso llega al maniqueísmo. En la obra anterior pudimos ver cómo lo literario existía, aunque de forma minoritaria, en esta clase de ambientes, lo que quedaba encarnado en Pedro Medrano y Manuel Medrano. Lo mismo, aunque salvando las distancias, quedará referido respecto de los mismos gitanos.

Para los que dan título a la obra es tradición más que asumida el robar sin pensar en ninguna clase de reparos morales. El latrocinio, para todos ellos, es algo tan lícito como la violación para los señoritos de *El hombre de Tempul*, y esto puede apreciarse desde el primer capítulo, en el que todos ellos se jactan de sus costumbres y se burlan de María por no querer esta última caer en tales crímenes:

> –Sus, a pelar las aves –siguió Baltazara–; cuidado, Juan, no las chamusques… Pretolica, trae las ollas… El cuchillo… Andad pronto, que tengo una hambre de Barrabás. Periquillo, sopla… Lo mejor se me olvidaba: escucha, María; acércate, hija mía, siéntate aquí. ¿Has cumplido con lo que *te se* dijo?
> –No, madre.
> –¿Con que no has recogido el vino, a pesar que desde ayer acá hemos entrado en cuatro o seis bodegas?
> –Flojilla es la Maricuela –saltó el viejo–, y si no fuera por su palmito de cara, que al fin, al fin nos sirve y servirá más adelante… ¿No es verdad, comadre Baltazara?
> –Sin duda –replicó esta bajando la voz–, callad que mi hija es todavía pollita nueva… Adusta… Yo la enseñaré… (*LG*, c. 1).

Siquiera la religión, que supuestamente dicen tener, les permite en lo más mínimo redimirse o servirles de guía moral. En todo momento ellos se declaran cristianos, como se ve en su devoción hacia la Semana Santa que se refleja en el capítulo cuarto, pero su fe no es sincera ni sirve de código moral, sino que se convierte en un nuevo pretexto para establecer más dinámicas culturales. Que el séptimo mandamiento prohíba el robo poco o nada importa para ellos. Pero ese cristianismo tan basado en los ritos sociales queda retratado, en todo momento, como insincero, innecesario e insuficiente, porque no permite mejorar sus costumbres.

Mucho más optimista será el autor al vincular la literatura con los gitanos. Por un lado, establece que todo lo valioso que puede –y debe– preservarse de esta etnia es de tipo literario, o artístico en general; por otro, plantea también la literatura misma como solución a la problemática de exclusión que ellos tienen, todo ello, claro está, en un sentido amplio y sin abandonar la máxima dieciochesca del *docere et delectare*. Esto se aprecia, por un lado, en el elogio tan claro y entusiasta que el narrador hace de la literatura de los gitanos:

> La larga permanencia de los árabes en Andalucía, el suave y templado clima y el carácter ardiente y sentimental de sus habitantes han influido sobremanera en su poesía; los romances en los tiempos antiguos, y más modernamente el polo, la caña, las rondeñas, etc., presentan siempre, si no rasgos brillantes de composición musical, trinados suaves y dulces, que cautivan los corazones; no son estos sonidos estrepitosos como los rápidos torrentes y las altísimas cataratas de la desierta América, ni variados y alegres como las plateadas aguas de anchuroso y sereno río, sino melancólicos y blandos, cual el oscuro arroyo que camina poco a poco en sombrío bosquete, cercado de agradable y pintoresco paisaje; la civilización moderna ha puesto en olvido estos cánticos entre las gentes ilustradas, mas no por eso han perdido su verdadero mérito, no, aún en medio de las más elegantes diversiones, cuando nos saboreamos con los encantadores sonidos del celestial Rossini, escuchamos con grato placer estos antiguos himnos nacionales.
> Tenían entonces los gitanos, y aún hoy conservan, otros peculiares suyos como los clamores o playeras, y fue sin duda el entusiasmo que reinara en la sala cuando la linda María, después de preludiar uno o dos minutos, cantó con delicada voz la siguiente coplilla (*LG*, c. 5).

Nada similar se ve con relación a las otras costumbres que tienen; quitando los actos en sí pecaminosos, como el robo o la prostitución, la tauromaquia o similares son rasgos a los que no se les da relevancia alguna. En cuanto a lo segundo, ahí juegan un papel fundamental los personajes de María y Baltazara. La primera, tan aficionada a la lectura, presenta en todo momento una clara superioridad moral respecto del resto, como ya hemos visto; en consecuencia, los demás se burlan de ella:

> –Vuestra hija María… –exclamó el tío Gregorio–, acerca candela, Juanillo, para mi pipa: este tizón es muy chico, otro más grande… Desde que leyó el maldito libro que hace dos años le diera el sacristán de Bornos… ¿Y por qué demonios le enseñasteis a leer?
> –Callaos, compadre, que los tiempos mudan y Dios sabe lo mejor… Bastante hemos reñido ya a la muchacha… No despabiléis de ese modo las tajadas, muchachos, acordaos que estoy yo aquí. (*LG*, c. 1).

Pero Baltazara en el fondo sabe que le es beneficioso leer y escribir, y por eso quiere educarla de esa manera: «mas Baltazara, calculando que podría alguna vez toparse con sus padres, guardó los zarcillos con el mayor esmero, le enseñó a leer, y a esta corta educación debo sin duda el que mi hija no se haya corrompido con el roce de las otras gitanas» (*LG*, c. 6). El hecho de que una gitana tome esa decisión con respecto de María es una muestra de cómo el autor contempla esperanza en los gitanos; es decir, no los ve solo como un pueblo en exceso gremializado o alienado con su cultura, sino también con claras inclinaciones literarias que pueden desarrollar y que les evitan caer en la total degradación moral que los señoritos andaluces muestran en la otra novela.

## 8. Idolatría y sadomasoquismo: la Semana Santa jerezana en *Los gitanos*

En el caso de María, el acceso a la lectura se vuelve algo vital, porque le permite tener un cristianismo más sincero, más instruido y, a la postre, más consecuente. Pero con los otros

gitanos de la ranchería, que desprecian la lectura, la fe queda
reducida a un conjunto de ritos con carácter cultural y gremial,
cuyo epítome lo será la Semana Santa de Jerez. El narrador, que
nunca introduce un solo atisbo de duda con respecto del catoli-
cismo, no duda en declararse, desde un inicio, en contra de esta
clase de celebraciones por considerarlas arcaicas:

> acostumbrados los primeros cristianos a las estrepitosas y pro-
> fanas diversiones y ceremonias de la gentilidad, no pudieron en
> su nueva creencia perderlas del todo, porque es difícil desarrai-
> gar los usos a que desde la cuna nos acostumbramos; así ellos
> acompañaron por mucho tiempo los pasos de los hijos del Cru-
> cificado; y si los prudentes concilios generales y particulares y
> las piadosas pláticas de varones ilustres lograron desterrar los
> hábitos más perjudiciales, quedaron por luengos siglos otros no
> menos extraños y notables. Las fiestas del asno y de los inocentes
> en Francia y la del toro de San Marcos en nuestra Extremadura
> son irrevocables testimonios de lo que voy diciendo. No se acos-
> tumbraban en Jerez prácticas tan reprehensibles, pero creíase que
> las multiplicadas procesiones de Semana Santa, con sus discipli-
> nantes, rifas, caídas, descendimientos de cruz, etc., eran ejerci-
> cios sumamente laudables, y sea dicho en verdad, podrían bien
> acomodarse a las costumbres sencillas de nuestros abuelos, pero
> en el día nos place la religión más espiritual, menos mundana y
> no ligada con inconexas exterioridades (*LG*, c. 4).

Una vez se ha declarado en contra de este festejo de manera
explícita, el nivel de crítica tampoco disminuirá en el capítulo
cuarto, que, como ya dijimos, no pretende tanto aportar nada
de vital importancia para el argumento, sino que funciona a
modo de artículo costumbrista, cercano en todo, por su nivel de
crítica, a los que compuso Larra. El desprecio hacia esa celebra-
ción se articula a partir de dos argumentos de peso, el primero
de los cuales atañe a la violencia que este tipo de ritos entraña.
La actitud de los penitentes y de quienes los contemplan queda
contemplada como cierta clase de juego sadomasoquista; mien-

tras los primeros parecen disfrutar con el dolor, los otros gozan con el sufrimiento ajeno:

> –¿Te ha gustado la procesión? –preguntó Baltazara a su hija– Tú, como no te has hallado en otra…
> –Todo me ha parecido muy santo y muy bueno, menos la indecencia de los azotados.
> –Muchacha, ¡qué dices!
> –La verdad, no me ha hecho chispa de gracia, que uno de ellos me llenase de sangre el jubón.
> –Ese es un favor muy grande, hija mía –siguió el tío Manolito–, y se conoce bien que esta mozuela no es andaluza; porque, si no, no proferiría tales despropósitos. ¡Indecencia llama a los azotados…! Nada hay más agradable a nuestro padre y Señor de la Expiración… Y este año no ha habido cosa de provecho, porque lo bueno se va perdiendo… En mi mocedad… Montañez, lléname otro vasito… Hubo un año más de cuatrocientos azotados; las caras de los que miraban las paredes, el suelo, la ropa, todo se llenó de sangre… Échame otro sorbito; tío Gregorio, no aflojar… Vamos bebiendo y tragando… ¿Ves, hija mía, esta corcova que tengo? Pues fue ganada en buena guerra; en guerra de hombres, no de mocosos… Me solfeé una vez tanto las espaldas que se me quedó desfigurada para siempre… Ya se ve, me parecía a mí, y así sería, que mi padre y Señor de la Expiración me miraba con unos ojos tan cariñosos… Y yo sin dolerme de mis carnes, aprieta que aprieta… Ahora, ¡miserables! Apenas se hacen un rasguño (*LG*, c. 4).

No subyace a estos comportamientos, tal como ahí se retratan, ningún sentimiento piadoso; al contrario, solo estimula en los gitanos los instintos violentos, los comportamientos autolíticos y las ganas de ver sangre. No solo no mueve a que esta etnia adquiera una actitud más inclinado a la empatía y a la consideración, sino que contribuye a que normalicen la violencia. Y, si desde la misma religión se autorizan esa clase de celebraciones sanguinarias, parece que no se puede culpar al tío Manolito y los demás de su actitud más o menos depravada, ya que la han aprendido en el mismo ambiente hegemónico. De nuevo apreciamos un claro determinismo social. Solo María se da cuenta de que todo ahí es pura barbarie carente de conciencia cristiana real, ya que ella es más sensible y conoce mejor la religión por vía de sus mismas lecturas. Los demás, aunque se proclaman «cristianos», tienen una actitud más propia de paganos o gentiles. En el momento en que dicen que al Señor de la Expiración le gusta la sangre, más parece que están adorando a una suerte de ídolo pagano sanguinario, que no al verdadero Jesucristo.

Y será la idolatría, precisamente, el segundo «vicio» al que arrastra, según las consideraciones del autor, la misma Semana Santa. Las esculturas religiosas, en tanto que iconos, solo tienen valor desde la ortodoxia católica si se entienden como representación de una divinidad trascendente. Pero los gitanos de la novela, tan poco leídos, no son capaces de entender estos matices teológicos. Esto lleva a que no son capaces de adorar a Dios como tal, sino a una representación concreta de Jesucristo, de modo y manera que son capaces de sentir desprecio hacia quienes son devotos de otro icono distinto:

> «Ah del valor, ¿qué se dirá? ¿Que el Cristo de San Miguel le casca a nuestro Padre y Señor…?» Porque debe saber vuesamerced que hace años están picados estos dos Cristos, y se miran de reojo; enseguida arremetimos con cuchillos y palos; y vaya, en un santiamén huyeron los contrarios, y nosotros nos quedamos con honor y vergüenza. Si tal lance se presentase al Zurdillo ¿era capaz de zapatearse así y con castellanos? (*LG*, c. 4).

El término «católico», por etimología, hace referencia al deseo de crear una comunidad universal, tal como lo formula Ignacio de Antioquía, padre de la Iglesia, en su *Carta a los esmirniotas* (Giménez de Aragón Sierra, 2018). En ese sentido, los gitanos de la novela solo pueden ser «católicos» nominalmente, porque su actitud es lo más anticatólica posible. Al ser devotos del Señor de la Expiración y no de los demás, quedan por completo gremializados y aislados de los otros creyentes, a quienes consideran no correligionarios, sino rivales.

## 9. Determinismo biológico frente a determinismo ambiental

Según todo lo que hemos visto sobre estas cuestiones, no parece que realmente el autor muestre una visión realmente negativa de los gitanos en sí, sino más bien de la *cultura* gitana, entendiendo por tal no ya la de los gitanos de todo el mundo, sino la de quienes viven en España. En concreto, los rasgos que más parece criticar tienen más que ver con el hecho de estar marginados que con el de ser gitanos. Desde un inicio, el autor, en funciones de narrador, confiesa no tener idea de cuáles son los orígenes reales de ese pueblo: «oscuro es sin duda el origen de esta desgraciada raza: unos creen que son judíos; y otros, moriscos que se quedaron en España después de su expulsión: lo cierto es que ellos mismos no saben cuáles fueron sus abuelos» (*LG*, c. 1).

A partir de ahí somos conscientes de que sus conocimientos sobre la cultura gitana en general, con orígenes reales en la nobleza india (Hancock, 2017: 1-17), están muy limitados. Los rasgos propios de los que aparecen ahí se explicarán no ya a partir de sus tradiciones ancestrales, sino más bien de las prácticas que han ido adquiriendo a partir de la marginación social en la que viven. Esto explica, por un lado, su capacidad para delinquir sin escrúpulos, y también, por otro, su tendencia al primitivismo salvaje dentro de la misma religión católica, lo cual, como hemos visto, se exterioriza en especial por su devoción hacia la Semana Santa. Solo hay una persona que logra mantenerse al margen de todo ello: María, es decir, Leonor. Pero ella no es, en sentido estricto, una gitana, sino la hija perdida de don Gerónimo. Este hecho, *a priori*, nos lleva a pensar en si no son ideas sobre determinismo biológico lo que ofrece una visión negativa de los gitanos.

Para poder adentrarnos en esta cuestión será necesario detenerse sobre dos presupuestos; a un lado, el concepto de «raza» del modo que se estaba empezando a entender en el XIX; al otro, las ideas e imágenes que al respecto se habían vertido en la literatura previa y en la de la época. Sobre lo primero, Todorov (2013: 140) y Fernández Díaz (2019) han estudiado cómo el XIX fue un momento clave para el desarrollo del racismo con base teórica y presuntamente «científica». Las consecuencias que estas falaces consideraciones han tenido para la gente romaní han sido terribles. Este erróneo biologismo alcanzó su epítome con el científico nazi Robert Ritter, que hizo pasar por científicas una serie de pruebas erróneas con las que justificar la presunta «inferioridad» de los gitanos y el peligro que para la raza aria suponían (Hancock, 2017: 42-47). A partir de ahí se convirtieron en otro de los muchos grupos perseguidos por el holocausto, llamado por la misma gente romaní «Baro Porrajmos», y considerada como «the best tragedy to befall the European Romani population» (Hancock, 2017: 34) Tales extremos se alcanzaron en el siglo XX, pero no por ello se le ha de presuponer inocencia a la literatura del XIX o anterior que haya asentado el caldo de cultivo para este absoluto radicalismo.

Una de las primeras y más evidentes obras en las que se aborda una perspectiva parecida es *La gitanilla* (1614) de Cervantes. Es un texto previo al surgimiento del «racismo» desde un punto de vista teórico, es decir, el racialismo; pero el «racismo» en sentido amplio, entendido como rechazo sistemático a quienes tienen rasgos físicos o un color de piel distinto, existía desde mucho antes (Todorov, 2013: 115-116). En concreto, Cervantes puede caer en el determinismo biológico en tanto que la presunta «gitana» no es tal, sino la hija perdida de un noble, de ahí que tuviera en todo momento una bondad mayor que la del resto. Es decir, no se comportaba como los otros gitanos porque su sangre era castellana y de alta alcurnia (Charnon-Deutsch, 2019: 7-9). Lo biológico, en esa obra, se impone sobre lo cultural.

A lo largo del siglo XIX, con el apogeo de las ideas racialistas y sus consecuentes teóricos, aparecieron múltiples obras en la España de entonces que retomaban esa misma tesis con idéntico motivo, esto es, el de una «gitana» más bondadosa que el resto, que luego resulta ser la hija perdida de algún noble. Es el caso de *La gitanilla de Lavapiés*, de José María Palacios (1850), o el de *El aljibe de la gitana*, de Manuel Fernández y González (1868). Incluso en la misma novela de *El hombre de Tempul* ocurre aparentemente lo mismo; la gitana María, mucho más civilizada que su padre, resulta ser la hija perdida de Pedro Medrano, por lo que vuelve a imponerse ese mismo determinismo biológico. Si atendemos al contexto racista y a la tradición literaria que lo estaba siendo más aún, y de la que el mismo Hué y Camacho era partícipe en la anterior novela, no habría motivos por los que considerar un cambio de parecer en este segundo texto, más aún teniendo en cuenta que la única gitana diferente, María, es, de igual manera, Leonor, la hija perdida de don Gerónimo. Es más, al comienzo de la obra el autor no duda en referirse al conjunto de los gitanos como una «desgraciada raza» (*LG*, c. 1), y en *El hombre de Tempul*, por su argumento, se demuestran unos prejuicios idénticos en todo a los de Cervantes.

De hecho, la intertextualidad con este último es muy clara. Tanto en el primer capítulo como en el último encontramos citas a *La gitanilla*, lo cual, sumado a la admiración que hacia el autor del *Quijote* mostraba en el prólogo de sus *Leyendas*, nos deja poco margen de duda sobre el contexto que subyace a la novela. Pero, si atendemos a todos los acontecimientos de la narración y a lo que en cada momento plantea, resulta difícil ubicar en esta obra un trasfondo, en este sentido, tan simplista como el que subyacía a *El hombre de Tempul*. Esto se comprueba, sobre todo, cuando pretende dar respuesta a una pregunta que él mismo ha formulado: ¿cuál es el motivo de que María, presunta hija de gitanos que se ha criado con tales, sea distinta de los demás? La respuesta se puede enfocar en dos frentes distintos en función de qué es lo que distingue a la niña del resto. A un lado tenemos los rasgos puramente físicos, sobre los que se llama la atención desde un inicio, como pistas de que no es realmente una gitana: «sus ojos azules y pelo rubio contrastaban sobremanera con el atesado cabello y ojos negros de las otras gitanas» (*LG*, c. 1). La explicación de todo esto se encuentra, claro está, en que finalmente se revele como hija de don Gerónimo. Pero también tenemos el otro asunto, es decir, el de la superioridad moral frente a los otros. Para explicar este detalle, por el contrario, el autor se remite más bien a la educación que ha recibido; es decir, al hecho de que Baltazara le enseñara en secreto a leer. Recuérdese todo lo ya expuesto sobre la pervivencia en Hué y Camacho del tópico ilustrado *docere et delectare*.

Pero, si realmente la diferencia la marca una cuestión educativa y no racial, a la novela subyace una idea muy contraria al determinismo biológico de Cervantes, José María Palacios o Fernández y González; esto es, que todos los gitanos dejarían de comportarse de una manera salvaje siempre y cuando tuvieran acceso a la misma educación que ha recibido María, porque en ningún momento se apela a la cuestión de su genealogía para explicar su superioridad de costumbres. Al contrario, si la tía Baltazara se preocupa por educarla es porque sabe que ella se acabaría corrompiendo de vivir en este ambiente, con independencia de su sangre o de la identidad de sus progenitores.

A ello se le suma que jamás se establece una equivalencia absoluta dentro de los mismos gitanos. Las ideas sobre las disposiciones innatas operan, en este punto, de un modo idéntico al de los señoritos de *El hombre de Tempul*. Según estos supuestos, con independencia de la etnia o el entorno social en el que se nazca, habrá siempre personas más sensibles que otras. Es el caso de Baltazara, personaje sobre el que pesa más su propia sensibilidad que el hecho de ser gitana. Ella, con independencia absoluta de su sangre y de la cultura en la que se ha criado, es una persona más empática y sensible que el tío Gregorio y los demás, y por ello quiere darle una educación distinta a María. A lo largo de la novela, no obstante, demuestra un carácter diferente, tan alienada como el resto. Pero al final descubrimos que, por el contrario, Baltazara no es realmente así, y que solo ha estado fingiendo por presión de grupo para poder integrarse, ya que en el fondo es una persona sensible y más inclinada a la empatía que todos los demás.

Que el carácter de María se modele más por la educación que por la sangre es un indicio sobre cómo el autor no entraba del todo en el discurso racista y biologicista que había en su época. Pero el personaje de Baltazara nos permite confirmarlo del todo, porque ella es gitana de nacimiento y no la hija perdida de ningún castellano. Al actuar ella de una manera noble y digna, demuestra que cualquier otro gitano, con independencia de la sangre, puede ser así también. Dicho de otra manera, es un personaje que contribuye a dignificar a la totalidad de los gitanos. Lo problemático no puede ser, por tanto, la «raza», sino una cultura que es indeseable no por ser gitana, sino por ser consecuencia de la marginación. En ese sentido, el determinismo biológico se impone al cultural, pero no desde un discurso racialista, sino sensible, como en *El hombre de Tempul*; es decir, que asume la posibilidad de que nazcan personas sensibles en cualquier entorno y con total independencia de la «raza».

## 10. Segregación frente a integración

Queda demostrado cómo Hué y Camacho es en *Los gitanos*, y a diferencia de en *El hombre de Tempul*, una persona a contracorriente del racismo que imperaba en aquel entonces. Que tenga una perspectiva diferente en cada novela puede explicarse si atendemos a lo ya desarrollado sobre que un texto se compuso probablemente después del otro. Tengamos en cuenta que los gitanos, en el primer texto, tenían un papel muy secundario, pero en este otro ocupan el mismo título. La idea de componer una novela expresa sobre ellos pudo haber motivado una reflexión de mayor calado cuyas consecuencias situarían al autor dentro de un progresismo para nada habitual en su época.

Pero, si realmente es consecuente con sus ideas, debería también mostrarse en contra de muchos presupuestos del momento, más a favor todos ellos de la marginación como preservativo cultural. En el XIX se aspiraba, en muchas ocasiones, a una identidad colectiva, no individual, que podía quedar destruida mediante las mezclas constantes con otros grupos. Pero Hué y Camacho, según hemos visto, rechaza los dos principales presupuestos ideológicos de todo este discurso: la raza y la cultura. Sobre lo primero, no ve como relevante, tal como hemos comprobado, la cuestión de la sangre o el color de la piel, sino más bien la sensibilidad con la que se nazca y la educación que se reciba. En cuanto a lo segundo, no le da ningún tipo de importancia ni considera que se deba preservar si no es útil o si contribuye a la depravación de las costumbres. La evidencia más clara de esto es que propone, directamente, la abolición de la Semana Santa, como ya vimos.

Pero, si no hay «razas» ni «culturas» que preservar, y si tampoco hay motivos por los que considerar a los gitanos como distintos de los demás humanos, ¿qué sentido tiene que se les margine? La misma novela da respuesta a ello: ninguno. Esto se aprecia, sobre todo, si atendemos al contraste entre las actitudes que tienen dos nobles para con los gitanos, el señorito cortijero don Juan de Vargas y el noble valenciano don Gerónimo Bocairent.

El primero, como ya hemos visto, no pretende nunca que los gitanos se integren realmente, sino que en todo momento los mantiene al margen y se dirige solo a ellos como espectáculo. Todo lo que hemos explicado sobre el señoritismo y el majismo nos lleva a ver como muy plausible esa voluntad por preservar, en un contexto de apologías culturales, toda la idiosincrasia gitana como sinónimo de lo marginal y lo canalla. Los Vargas no pueden pretender que los gitanos se integren en la sociedad; si lo hicieran, dejarían de existir como algo «exótico», dejarían de ser el «otro» sobre el que proyectar sus propias fantasías. Sus demandas lúdicas se anteponen, en este sentido, a las necesidades más básicas de los gitanos. Ni siquiera la cuestión de los amores que siente don Juan lleva a que se cuestionen estas dinámicas. El muchacho antes prefiere fugarse con los gitanos y convertirse él mismo en uno, que no plantear la ruptura de las barreras culturales que imposibilitan el casamiento; no llega siquiera a ocurrírsele esa posibilidad.

Caso distinto es el de don Gerónimo. Este, en un inicio, está completamente resentido contra los gitanos, porque le han robado a su hija: «Jamás me han gustado los gitanos... Los odio, vecino» (*LG*, c. 5). Pero este odio se desvanece cuando descubre que no todos los gitanos son iguales y que la sensible Baltazara se ha ocupado de dar una educación mejor a María, que tal vez sea incluso superior a la que él mismo hubiera podido darle, tan atormentado y desequilibrado como estaba por el arrepentimiento. En cuanto caen los prejuicios de don Gerónimo, este no tarda en consentir, por sugerencia de María, con una solución al problema gitano totalmente distinta de las que hasta ese momento estaban dando los Vargas: «La tía Baltazara y el tío Gregorio cesaron en su vida errante, y por intercesión de María se les dio habitación separada y cómoda en el castillo» (*LG*, c. 6). Este noble valenciano desde un inicio se muestra incapaz de caer en las dinámicas de fetichismo en torno a los gitanos: «No sé cómo vos, que tenéis sobrado seso, permitís en vuestra casa tan estrepitosa bacanal... Y con mezcla de gitanos... ¿Qué podrán aprender de bueno esos jóvenes en su compañía?» (*LG*, c. 5). Tal rechazo estaba provocado por la xenofobia explícita que él mismo sentía; pero, cuando esta desaparece, desaparece del todo, sin llegar tampoco a la xenofobia implícita de los Vargas, quienes se admiran de los gitanos al tiempo que los desean marginados y sin integrarse. Gerónimo, que no admite nunca esas dinámicas, prefiere pasar de un extremo a otro. Si al principio es el primero en poner medidas para marginarlos de un modo total, como expulsarlos de sus posesiones (*LG*, c.1), al final de la novela propone justo lo contrario, es decir, llevárselos a su castillo a vivir con él. En este punto se convierte, a diferencia de Juan de Vargas, en un benefactor por completo incondicional. Actúa con altruismo y no con un afán lúdico, porque no les está pidiendo a cambio que le den ninguna clase de espectáculo.

Dicho de otra manera, don Gerónimo no los quiere, al final de la obra, segregados, sino integrados, y para ello los acoge en su misma vivienda, en el castillo. De este modo, Hué y Camacho apuesta por la integración por encima de la segregación, sin que le importe la protección de cuestiones abstractas como la «raza» o la «cultura». No podemos olvidar cómo su adhesión al Romanticismo no supuso un rechazo total de los supuestos ilustrados, y que ahí entonces había esplendor de ideas humanitarias sobre la filantropía hacia todo el género humano. En concreto, a la hora de buscar soluciones particulares, Hué y Camacho considera que quienes deben ofrecerlas son aquellos mismos que más han contribuido al problema, esto es, las élites sociales que los abocaban a una marginación total, como don Gerónimo, o relativa, como en el caso de los Vargas y el fetichismo que demuestran. El primero de estos tendrá que compensar el daño que les ha causado mediante la solidaridad incondicional como indemnización.

## 11. Visión del autor frente al antigitanismo de don Gerónimo

Don Gerónimo, que no está basado en ningún sujeto histórico, ni tampoco adquiere la profundidad propia de la novela realista, no trascenderá de ser un personaje más bien simbólico. No pretende representar tanto una actitud real, sino una serie de posturas y comportamientos comunes a toda una colectividad de individuos. Esta manera de actuar, como hemos visto, experimenta un cambio radical en cuanto descubre la educación que Baltazara le ha dado a su hija, y a partir de ahí el personaje adquiere un carácter ejemplar respecto de la actitud que el autor pretende fomentar entre otros nobles.

El personaje, en función del momento, puede ser reflejo tanto de cómo la sociedad *es*, como de lo que *debería ser*. Lo segundo ya lo hemos analizado en el apartado anterior, es decir, constituye una propuesta sobre lo que se ha de hacer con los gitanos y la responsabilidad que las élites tienen en su integración. Pero lo primero suscita una reflexión sobre los gitanos y su relación con los señoritos. En ese sentido, Hué y Camacho utiliza una estrategia muy parecida a la de Montesquieu en las *Cartas persas*, esto es, utilizar la perspectiva del extranjero para distanciarse de su propia cultura y adquirir una renovada visión crítica (Todorov, 2013: 399-411). El autor, que es andaluz, crea a Gerónimo Bocairent, un caballero valenciano, para reflexionar sobre problemas tocantes a la realidad andaluza desde cierta distancia.

Pero su personaje, a diferencia del persa que protagoniza las *Cartas*, cuenta ya con un sesgo de entrada, el antigitanismo, que no se debe tanto a los prejuicios existentes en la época, sino a la experiencia particular que él ha tenido con un solo gitano, el tío Gregorio. Este tipo de xenofobia no se justifica nunca y, como ya hemos visto, desaparece en cuanto descubre el comportamiento de Baltazara y consigue recuperar a su hija.

## 12. Don Gerónimo: asesino arrepentido, ateo irredento y héroe romántico

El personaje de don Gerónimo, por tanto, tiene un claro uso simbólico en el conjunto de la obra. Aún es un período relativamente temprano para esperar como algo frecuente la presencia de personajes más humanos y complejos. Pero, dentro de las posibilidades que el Romanticismo ofrecía, y en concreto el español, don Gerónimo ofrece una profundidad relativa y más próxima a algunos textos recientes.

Lo podemos apreciar, en especial, mediante el contraste con *El hombre de Tempul.* Antes vimos que esa obra era romántica en muchos aspectos, pero también, sin que sea excluyente, dieciochesca y sensible en otros tantos, entre los que se incluye la caracterización de los personajes. La dicotomía que entonces se establecía era propia de un dualismo moral, entre «buenos» y «sensibles» a un lado –Pedro y Manuel–, y «malos» e «insensibles» en el otro –Juan y Diego–. No había, en ese otro texto, lugar a un punto intermedio o a una escala de grises. El resultado, según explicamos, era muy similar a textos románticos con aún mucho peso de la literatura ilustrada, como *Los terremotos de Orihuela* de Estanislao de Cosca Vayo.

Pero don Gerónimo, en cambio, no cae plenamente en ninguno de esos extremos morales. No es, ni de lejos, enteramente «bueno», porque su historia está empañada con sangre; es, ante todo, un asesino caracterizado por haber dado muerte, sin compasión ninguna, a su inocente mujer y a su suegro. Pero tampoco llega a los extremos de crueldad propios de Juan Medrano o Diego Medrano en *El hombre de Tempul.* No es una persona tan sensible como Pedro y Manuel lo son en la anterior novela, pero tampoco es del todo insensible. Él es consciente de que ha obrado mal, y está muy arrepentido por ello, pero su actitud no es tampoco ejemplar del todo, ya que es cruel injustificadamente con todos los gitanos por una experiencia concreta que tuvo con uno solo. Sin embargo, como hemos visto, siquiera en ese aspecto se muestra en términos absolutos, porque al final de la obra termina mostrando una conducta ejemplar.

Esta dualidad puede explicarse si encuadramos a este personaje en una categoría a la que se ajustaba difícilmente Pedro Medrano, esto es, los héroes románticos a la manera de la novela española, más inclinados a una actitud atea, blasfema y materialista (Sebold, 2002: 39). Don Gerónimo entra por completo en esa definición. No es ya un hombre sensible, propio del XVIII, sino un calavera violento, impulsivo y atormentado, a la manera de Byron y autores similares. Su actitud se explica no ya a partir de la Ilustración, sino del Romanticismo, y de la visión más negativa de este, la que contempla solo caos sin propósito en la realidad (Peckham, 1951: 15-20).

Lo primero que de su historia sabemos es que, en un inicio, era una persona celosa, egoísta, despótica y muy violenta, un marido verdaderamente controlador: «Cambió el orden interior de mi casa; despedí a todos mis criados excepto a una cocinera vieja y al jardinero; armé de hierro las ventanas y de cerrojos las puertas; hice, en fin, todas las locuras que acostumbran los celosos» (*LG*, c.6). Prefiere dejarse llevar por el torbellino de sus sentimientos, irracionales e injustificados, antes que por ninguna ley moral. De ese modo, mata a su mujer y a su suegro sin siquiera dudar lo más mínimo:

> El furor ardiente de la cólera, de la venganza y de los celos se apoderó de mi alma; salto las tapias del jardín, rompo, aunque con trabajo y tiempo, un postigo, y penetro en las habitaciones; paso a paso, con el puñal en la mano, llego al cuarto de mi esposa; entreabro la puerta y noto que estaba sentada en una silla, como dormida, y el forastero enfrente de ella rebujado y tapado casi con la capa. Figuraos lo que pasaría por mí; entrar y clavar el acero en el pecho de los dos que cayeron al suelo nadando en su sangre fue obra de un instante (*LG*, c. 6).

Gerónimo está por completo en las antípodas de un Pedro Medrano con tanta sensibilidad y bondad natural que no es capaz de matar a su propio hermano, pese a conocer sobradamente que este es del todo culpable. A don Gerónimo apenas le bastan pruebas para cometer un acto tan atroz, lo que nos lleva a que lo veamos como alguien sin respeto por nada. Su arrepentimiento, además, no se traduce en ninguna clase de consideración hacia la ley. Al contrario, se sirve de su influencia como noble para boicotear todo proceso legal y salir impune de su crimen: «mis amigos acallaron con su poderoso influjo la voz de la justicia, y aquellas muertes pasaron por un asesinato común y casual» (*LG*, c. 6). Y tampoco se muestra más inclinado a respetar los mandamientos divinos, aunque los haya quebrado. Desde un inicio nos queda claro que este personaje es un completo ateo, porque no solo evita las costumbres religiosas, sino que se mofa de ellas y del tercer mandamiento al tiempo que blasfema:

> –Tenga vuesamerced muy buenos días.
> –A Dios.
> –Cuidado que mañana es domingo.
> –Poco me importa. ¿El domingo no es un día de la semana como otro cualquiera?
> –Sí, señor, pero es menester vestirse de limpio. Vuesamerced, en plantándose su bata y su gorro blanco, ya le parece que está ataviado para un año.
> –¿Y a ti qué te importa?
> –Pues bien mugrienta tiene ya la ropa.
> –No lo dudo.
> –Dejémonos de terquedades; mañana es necesario vestirse de limpio.
> –Bien.
> –Y pasear un poco.
> –No (*LG*, c. 2).

Solo llega a conmoverse ante el sermón de un capellán que apela a la cuestión que más dolorosa le resulta, la de las personas que han matado a sus familias. Ahí entonces se desmaya, pero esto no se debe tanto a que profese una fe sincera, sino a los remordimientos que tiene y que entonces se avivan al verse identificado con las palabras del clérigo:

> Dicha la misa, arrellanose el capellán en otro sillón para hacer, como domingo, de cuaresma que era, una pequeña plática doctrinal; después de pintar el clérigo en ella la necesidad de la religión de Cristo para, domar las pasiones de los hombres, concluyó así:
> –Ya veis, mis queridos oyentes, lo dañoso que es entregarse a los vicios y a los excesos, mas contrayéndome al tema de mi discurso, creed que nada es más perjudicial y reprehensible que la pasión de

la venganza. ¡Cuántos hombres puros, inocentes, que caminaban por la senda del bien, se convierten con tal vicio en feroces asesinos! Asesinos hasta de su propia familia…!
–¡Ay, Dios mío! –gritó don Gerónimo y cayó al suelo accidentado (*LG*, c. 2).

Pero esto no lleva a ninguna clase de arrepentimiento; al contrario, su actitud llega incluso a lo satánico, en tanto que sus mismos remordimientos lo conducen a renunciar o cuestionar toda capacidad redentora de Dios. Lo apreciamos, sobre todo, al final de su vida, cuando está a punto de morir y el capellán le comenta que aún puede redimirse. El diálogo que entonces tienen finaliza con palabras completamente ambiguas, en las que no permite que no llega a exteriorizar ningún convencimiento claro, ni tampoco tiene lugar una confesión formal:

> –A Dios, toma el ultima ósculo de paz de tu padre… A Dios… Asesino de tu familia… ¡Qué horrible anatema!
> –Señor –exclamó el capellán acercándose–, bastante habéis expiado ya vuestro delito con el arrepentimiento de tantos años.
> –Podré esperar…
> –La misericordia de Dios es inmensa.
> –¿Será cierto? ¡Qué dicha! A Dios hija… A Dios…
> A estas palabras cerró los ojos para siempre, dejando a todos anegados en la más cruel aflicción el desgraciado don Gerónimo Bocairent, víctima triste de un momento de error y de equivocación (*LG*, c. 6).

Su arrepentimiento no es el de un cristiano que se crea capaz de redimirse, sino que forma parte, en realidad, del carácter violento que siempre ha tenido. En un principio, la paranoia lo llevó a los celos, y estos al odio contra su mujer y el presunto amante, que culminó en el asesinato. Después, ese rencor solo se extendía hacia sí mismo y hacia el total de los gitanos. Finalmente, cuando ya ha perdonado a quienes robaron a su bebé, solo le queda el autodesprecio, pero este es muy grande.

Aunque el mismo Dios pueda querer perdonarlo, según anuncia el capellán, él no cree merecer tal redención; es decir, está cuestionando el criterio de la misma divinidad.

El Romanticismo negativo, que solo veía caos en la realidad, motivaba la aparición de personajes así. Don Gerónimo, que es impulsivo hasta carecer de autocontrol, no ve consuelo alguno ante la arbitrariedad cruel del mundo y de su propia psicología. Se convierte, en ese sentido, en un héroe romántico; aunque es cruel, mueve a lástima, porque no es del todo perverso ni carece de conciencia. La principal relevancia de esta figura es que demuestra cómo Hué y Camacho pudo superar el paradigma dieciochesco del «hombre sensible» para acercarse a otro modelo, quizá más complejo en su sentimentalidad, pero que aún distaba de lo que sería común en la narrativa posterior.

## 13. ¿Por qué leer hoy *Los gitanos*?

*Los gitanos*, a diferencia de *El hombre de Tempul*, no es una obra que haya permanecido inédita; al contrario, vio la luz en 1838 y, aunque desde entonces no haya vuelto a reeditarse, se encontraba ya disponible, antes de la publicación de este libro, en plataformas como Google Books y Archive.org, junto con el resto de las *Leyendas*. La edición que aquí incluimos, junto con el estudio que la precede, no supone por completo una «recuperación» en sentido estricto, pero sí pretendemos revalorizarla tras todo lo que se ha explicado en este estudio introductorio.

El contexto del autor, creador de un texto previo muy similar, nos permite ahondar más aún en matices tocantes a la crítica social que subyace a la novela. Lo interesante de esta obra no es ya solo la crítica a Felipe V o al señoritismo, en la que sigue una línea muy similar a la del texto anterior, sino la superación del determinismo biológico de tipo racista que era tan recurrente en las ficciones sobre gitanos. Hué y Camacho, incapaz de ceder a las apologías de abstracciones como la «raza» y la «cultura», no encuentra problema en considerar a los gitanos sus semejantes y en proponer su integración social.

Actualmente los gitanos aún siguen siendo un grupo relativamente marginal dentro y fuera de España. Si pretendemos, con vistas al futuro, pensar en soluciones para los problemas de exclusión social, una novela como la que aquí ofrecemos es sugerente e invita a la reflexión sobre la problemática. Con una tradición literaria repleta de racismo, antigitanos y exaltaciones fetichistas, brilla una voz que, como la de Hué y Camacho, prefiere inclinarse por una perspectiva más realista y humanitaria. Todo ello lo desarrolla en una obra concisa, compuesta con destreza y con un hábil uso del costumbrismo en esa modalidad, lo que también es elogiable si observamos que se publicó el mismo año que *Cristianos y moriscos* (1838). La falta de psicología en los personajes, defecto que sus limitaciones literarias no logran superar, se suple mediante la reutilización del héroe romántico, que en este caso nos permite intuir, con gran habilidad, los tormentos del homicida arrepentido cuya desesperación es tal que se vuelve incapaz de aceptar en su vida nada parecido a la religión.

## 14. Esta edición

El cotejo, en este caso, se ha llevado a cabo entre la novela de *Los gitanos* tal como aparece en la única edición existente de las *Leyendas y novelas jerezanas*, a la que nos referiremos como *A*, y la fe de erratas incluida al final de ese mismo libro, a la que aludiremos como *FdE* y concederemos prioridad de acuerdo con la voluntad del autor: «se han introducido algunas palabras y frases en la impresión que deberán leerse no como se encuentran en la obra, sino como se corrigen en la siguiente fe de erratas» (Hué y Camacho, 1838: 324). Los cambios, en cualquier caso, son mínimos y no modifican apenas el sentido del texto. Por lo demás, hemos seguido los mismos criterios sobre la modernización de grafías que antes empleamos en *El hombre de Tempul*.

# 15. Edición del texto

## LOS GITANOS

### Capítulo I

> Salió la tal Preciosa, la más única bailadora que se hallara en todo el gitanismo, y la más hermosa y discreta que pudiera hallarse no entre los gitanos, sino entre cuantas hermosas y discretas pudiera pregonar la fama.[285]
> *La gitanilla de Madrid*: por Cervantes.

Ya llegaba el sol a su ocaso una tarde del mes de junio del año de 1730,[286] cuando vemos acercarse a las orillas del Guadalete muchos hombres, mujeres y niños; unos a pie y otros montados en asnos: corto era el ajuar y ropas que traían a fuer de gente de vida errante, cual las hordas pastoriles de los tártaros,[287] o los ambulantes aduares del tostado árabe.[288] Esta cuadrilla de aventureros era una ranchería de gitanos y descubriéronse en aquel sitio resueltos al parecer a pasar allí algunos días.

Oscuro es sin duda el origen de esta desgraciada raza: unos creen que son judíos;[289] y otros, moriscos que se quedaron en

---

285 La cita se corresponde con la que encontramos al comienzo de *La gitanilla* en la edición de Harry Sieber (Cervantes, 2016: 65).

286 Es decir, uno o dos años antes de los acontecimientos narrados en *El hombre de Tempul*, según hemos apuntado antes. La correlación temporal entre ambas novelas es otro elemento en común para ambas.

287 Los pastores mongoles –tártaros–, con el yak y los caballos, son uno de los ejemplos de ganadería trashumante que señalan Acuña Delgado y Ranocchiari (2012).

288 La vida nómada fue algo común, sobre todo, entre los antiguos árabes de los siglos IX al V antes de Cristo, según se explica en el libro de Eph'al (1982).

289 Azevedo Silva Júnior comenta que aún hoy muchos romanís creen tener un «origen hebreo» (2021: 282).

España después de su expulsión:[290] lo cierto es que ellos mismos no saben cuáles fueron sus abuelos,[291] y forman entre nosotros una sociedad independiente con lenguaje, costumbres y modales diversos al de los otros españoles; y tienen, además, todos los vicios y defectos de las razas proscriptas. Si se ven separados con eterna y triple barrera del resto de la sociedad, ¿cómo han de ser buenos ni virtuosos? Lo mismo se apreciaba en aquel tiempo, mucho más aristocrático que el nuestro, a un gitano hombre de bien, que al que era redomado bribón: gentileza, zalamería y dichos agudos y grotescos se buscaban en ellos, y nada más. El que tenía estas cualidades era recibido en los opulentos alcázares para divertir con sus chistes a sus tétricos y aburridos señores, o recreaban al trabajado pechero en sus momentos de ocio y de holganza.

–Ya está lista la candela –dijo Periquillo el tuerto, que era el gitano más vivaracho de la tanda.

–Ea, pues –respondió con voz cascarreña[292] el tío Gregorio–, sentémonos, y manos a la obra.

Entre hombres y mujeres, sin contar los chiquillos, serían veinte las personas que componían la ranchería, y el que hacía punta entre todos era el tío Gregorio, viejo barrigón, cejijunto, gran patilla, siempre con la pipa en la boca: miraba de reojo, hablaba poco, y sus palabras eran tenidas por otros tantos oráculos. Veíase a su lado a la tía Baltazara, viuda que rayaría en los cincuenta de la edad y que diz tenía intimidad notable con el viejo.

---

290 Esta identificación la llevó a cabo el padre de Santispiritus, que aconsejaba un trato de idéntica crueldad a esas dos minorías porque, según él, la mayor parte de los gitanos eran, en realidad, moriscos camuflados (Martínez Martínez, 2000: 97).

291 Aunque actualmente conocemos sin lugar a dudas el origen indio del pueblo romaní, Hancock también señala como tradicionalmente ellos mismos han sido escépticos ante esa posibilidad (2017: 70-71).

292 Según el *Diccionario histórico* de 1936, «cascarreño» es sinónimo de «cascarrón» (Real Academia Española, 1936: 823).

–Vamos –prosiguió la viuda–, ¿qué diablos hacéis? Acercad las talegas y veremos si hay algo de provecho: escucha, Juana, a ti se encargó el pan...

–No es muy grande la provisión, porque no todos son tontos en el mundo. Mientras vosotros hablabais con el amo de la huerta que está a dos leguas de aquí, y Melchorilla le decía a su mujer la buenaventura,[293] yo metí en mi talega estas cuatro hogazas de un tablero que había lleno junto a la chimenea.

–Poca cosa es.

–Verdad es también que entretanto mi marido saltó al corral y se trajo seis gallinas y un pavo.

–Siempre lo he dicho –contestó el tío Gregorio–, que tu Gaspar es hombre de provecho y de avío.

–Sus, a pelar las aves –siguió Baltazara–; cuidado, Juan, no las chamusques... Pretolica, trae las ollas... El cuchillo... Andad pronto, que tengo una hambre de Barrabás. Periquillo, sopla... Lo mejor se me olvidaba: escucha, María; acércate, hija mía, siéntate aquí. ¿Has cumplido con lo que *te se* dijo?

–No, madre.

–¿Con que no has recogido el vino, a pesar que desde ayer acá hemos entrado en cuatro o seis bodegas?

–Flojilla es la Maricuela –saltó el viejo–, y si no fuera por su palmito de cara, que al fin, al fin nos sirve y servirá más adelante... ¿No es verdad, comadre Baltazara?

–Sin duda –replicó esta bajando la voz–, callad que mi hija es todavía pollita nueva... Adusta... Yo la enseñaré...

–Y haréis muy bien.

–De modo, hija mía, que todos hemos de trabajar para mantenerte y vestirte, y tú sin hacer nada de provecho.

–Hago, madre, lo que se me ha enseñado; cordones, trenzas, canastillas, cintas de pelo...

<hr>

293 Hancock comenta que la idea de que los gitanos adivinen el futuro es uno de los estereotipos más crueles, porque tales artes adivinatorias, que tienen su origen en las tradiciones indias, siquiera son comunes a todos los grupos de romanís y, si realmente estos tuvieran poderes mágicos, los habrían utilizado en su propio beneficio (2017: 103-104).

–Lo sé bien, y todo a las mil maravillas, pero ¿y el vino?

–Yo no me amaño a robar.

–¡Qué tonta! –dijo Periquillo– ¡Qué tonta! A la chuchería de quitar un azumbre de vino a los castellanos le llama a esta niña robar. ¡Valiente boba!

Una risotada general llenó de vergüenza a María, que se acurrucó silenciosa en un rincón.

Esta gitana se distinguía de las demás por sus modales más finos, graciosa figura y modestas palabras; su cara estaba tostada como las de sus compañeras, pero sus ojos azules y pelo rubio contrastaban sobremanera con el atesado cabello y ojos negros de las otras gitanas.

–Vuestra hija María… –exclamó el tío Gregorio– Acerca candela, Juanillo, para mi pipa: este tizón es muy chico, otro más grande… Desde que leyó el maldito libro que hace dos años le diera el sacristán de Bornos… ¿Y por qué demonios le enseñasteis a leer?

–Callaos, compadre, que los tiempos mudan y Dios sabe lo mejor… Bastante hemos reñido ya a la muchacha… No despabiléis de ese modo las tajadas, muchachos, acordaos que estoy yo aquí.

Alargáronle media gallina y siguió la vieja.

–Mañana yo me encargaré de buscar el vino, ya que mi hija es tan torpe, y ella se entretendrá en otros quehaceres.

–Decís muy bien, tía Baltazara –repuso Juanillo, que era un gitano de veinte años, vivo y de buena figura–, si yo hubiera sabido el apuro de María, el vino de todas las bodegas del mundo estaría hoy a su disposición.

–Que viva, que viva Juanillo –gritaron todos.

–No hay duda –replicó el tuerto– que ese mozo es cortés y valiente como el más pintiparado, y le gustan sobremanera unas enaguas, pero yo a mi cocina me atengo y a mi libertad; vaya, tío Gregorio, probad este pavo asado; gordo está el picarón; tomad la pechuga, que es el bocado de privilegio.

Tomola el viejo y dio parte a Baltazara y a su hija.

Entonces por un rato callaron, y se oía tan solo el ruido sordo que hacían los dientes y las muelas, tronzando la carne y los huesos de las aves; todos parecían lobos comiendo, y allí no había ni platos, ni mesas, ni manteles, ni cubiertos, ni nada; los dedos eran los solos instrumentos gastronómicos; y bien se les podía llamar con sobrada razón fieles discípulos del cínico Diógenes.[294]

¡Qué bien ha hablado quien dijo el primero lo poco que duran las dichas y los placeres en este pícaro mundo! Con zambra y bulla estaba la familia gitanil entretenida, cuando hete aquí que se les ponen delante dos hombres de mala traza, armados con escopeta y cuchillos de monte.

–¡Hola! Caballeros ¿quién les ha dado permiso para entrar en este pinar? –dijo uno de ellos.

–Nosotros, como veis –respondió la viuda–, somos unos pobres gitanos que venimos de Jerez, y nos ha agarrado la noche…

–Aquí nadie se puede detener sin permiso del señor don Gerónimo Bocairent, dueño de esta posesión.

–Estamos en ánimo de ir por la mañana a pedir permiso a su merced para sestear aquí algunos días…

–Vosotros sois unos pícaros bribones e iréis atados a la cárcel de Jerez.

–No por Dios, alma mía, no tienes tú trazas de tener mal corazón.

–Sí haré, voto a sanes, lo que te he dicho, maldita vieja.

Hizo esta una seña, púsose María de pie, y dijo con agradable y melosa voz:

–Espero que vuesamerced nos hará el favor de dejarnos aquí esta noche y se lo agradeceremos sobremanera.

–Cuerpo de Dios –dijo uno de los guardas al otro en voz baja–, ¿no ves qué linda gitana? ¡Qué ojos! ¿Qué se hace?

–Lo que tú quieras.

–Yo ya se ve, me compadezco de los pobres, pero…

–Vaya, señor –replicó María–, no tengáis el corazón duro como piedra.

---

294 Se refiere al filósofo Diógenes de Sínope, que vivió entre los siglos V y IV antes de Cristo. Fue discípulo de Antístenes y seguidor de la escuela cínica, en la que se predicaba la desvergüenza como modelo ético (Freitas de Sousa, 2012).

–¡Qué disparate! Hermosa niña de mi alma, si el mío es blando como manteca.

–Pues entonces...

–Camaradas –gritó el tío Gregorio–, dejémonos de andróminas ni retruécanos; tomad asiento y cenad con nosotros: poco vino hay, mas siempre se hallará un sorbo para obsequiar a dos hombres de bien. Perico, alarga la bota a esos honrados caballeros.

Ya a estas poderosas razones no vacilaron los guardas; sentáronse y, aunque encargaron no hubiese estrepitosa zambra por hallarse cerca la habitación de don Gerónimo, apenas bebieron cuatro tragos, eran los primeros en zuzar a las gitanas, charlar, cantar y bailar más que ellas. Así pasó parte de la noche hasta que todos se tendieron a dormir alrededor de la lumbre.


## Capítulo II

> ¿Qué es ver a tanta gitana
> Decir la buena ventura,
> Y hacer pontífice a un cura
> Que apenas tiene sotana?[295]
> *Lo cierto por lo dudoso*: Jornada I.

Hace más de un siglo que se veía a las orillas del Guadalete a dos leguas largas de la ciudad de Jerez un macizo castillo de construcción árabe, que era la casa donde don Gerónimo Bocairent habitaba: hoy en vano el curioso viajero busca sus trazas entre sus movibles arenales, pues la mano del hombre destructora, tanto como el tiempo, ha borrado hasta sus más débiles rastros, y el pastor solitario pasea por allí sus ganados

---

[295] En esta ocasión está citando a Vicente Rodríguez de Arellano (1815: 1-2). El título completo de la obra es *Lo cierto por lo dudoso o La mujer firme*, estrenada por primera vez en 1803, que era una refundición sobre *Lo cierto por lo dudoso* de Lope de Vega (1625) (Vuelta García, 2020).

sin saber siquiera que en otros días moraban allí gentes y había, en vez de palmas y lentiscos, un espeso y enmarañado pinar.

El castillo era cómodo, espacioso, con ancho patio, buenas cuadras y excelentes salones; don Gerónimo era viudo y tenía consigo a un ama de gobierno llamada Marcelina, y muchos criados de ambos sexos; sentada el ama en la cocina hacía medias y daba desde aquel lugar las oportunas órdenes a los domésticos.

—Petra, ¡qué descuido! Atiza esa hornilla; ya son las doce de la mañana y aún la olla no está lista. Santiago, enciende el horno, que voy a enviarte dos tortas... Tuéstalas un poco, pero no las quemes como ayer.

—Tendré mucho cuidado, señora —respondió el criado, bajando respetuosamente la cabeza.

—Nicolasa, mañana es domingo; no olvides el plancheo de las camisas de tu amo, y advierte que el otro día bien malditas estaban: aunque el señor salga poco de paseo, no es regular que se vista mal.

—Tengo el honor de saludar a vuesamerced —dijo entrando Marcos, que era un viejo gotoso y pesado en demasía, a quien por no tener en qué ocuparlo le habían dado el destino de portero.

—¿Qué quieres?

—Debo, cumpliendo lealmente con mi obligación, pues para eso estoy puesto...

—Vaya, ahorra tus acostumbrados preámbulos.

—Como entra tan poca gente aquí... Ya se ve, si vivimos en este despoblado.

—¿Y a ti qué se te da? Vamos al grano.

—Quiero decir, que tengo pocas ocasiones de ejercer mi empleo, pues si se exceptúa el sábado en la tarde que viene el padre capellán o cuando...

—Hombre, no nos muelas. ¿A qué vienes?

—En este momento acaban de presentarse a la puerta... Digo mal, delante de ella, pues yo no he permitido que se acerquen más.

—¡Qué machaca!

—Dos personas medianamente vestidas, una ya algo vieja, la otra muy joven.

—¿Y qué quieren?

—Antes de todo, y ya se me olvidaba, me precisa decir a vuesamerced que son dos mujeres de esas que vulgarmente, así por rancia costumbre...

—¿Acabarás hoy?

—Se las llama gitanas.

—¡Qué prosa tan larga para decirme una cosa tan sencilla!

—Pues, cabalito, eso mismo es; y ellas dicen que quieren hablar al señor don Gerónimo, y yo les he dicho que el señor... Vaya, a qué moler...

—¿Volvemos a las andadas?

—Y que deben ver primero a vuesamerced.

—Anda, ve y que entren.

Acercáronse, pues, la tía Baltazara y María: la primera, vestida con saya y toca negra, y la muchacha con un traje amarillo moteado de azul, su cinta encarnada en la cabeza alrededor del pelo, y todos los demás perejiles que para agradar le pareció a propósito.

—Dios le dé muy buenos días a vuesamerced —exclamó la vieja—, y la conserve en su santa gracia: nosotras somos unas pobres gitanas y venimos a coger unas varetitas junto al río para hacer canastas; y ya se ve, parece regular que pidamos el permiso al amo. Llegamos acá, y un señor que está a la puerta nos dijo: «mirad, don Gerónimo es excelente caballero, muy noble y muy bien cristiano; pero doña Marcelian es quien todo lo gobierna», y gracias a nuestro padre Jesús, que por la cara de vuesamerced que nos dijo la verdad.

—¿Y no queréis otra cosa?

—Nada más, señora mía, sino que vuesamerced con su piadoso corazón nos deje diez o doce días en el pinar.

—Hablaré con el señor don Gerónimo y veremos si lo permite.

—¿Pues no lo había de permitir, teniendo nosotros tal madrina? Vaya, Jesús... Tendría, si así no lo hiciese, el corazón más negro que una noche de invierno... Sentaos y esperadme.

Marcelina era indulgente y bondadosa con todos, mandaba en la casa, pero siempre aparentaba consultar con su amo.

Entretanto, acercáronse todos los criados a hablar con las gitanas; los varones miraban con placer los azules y graciosos ojos de María, que los bajaba modestamente, y las hembras hacían repetidas preguntas a la tía Baltazara; después de haber respondido a algunas, acercose una de las cocineras, que era una muchacha rechoncha y vivarachuela, y le pidió que le dijese la buenaventura. Baltazara, a quien convenía captarse la voluntad de todo el mundo, tomole la mano y comenzara así:

—Por la vitud y ciencia que Dios ha dado a la pobre gitana, adivino y conozco grandes dichas en las rayas pequeñas y rectas que están sembradas por la mano de vuesamerced. Ved; esta que desde el dedo índice sigue corriendo hasta el nacimiento del meñique manifiesta que es doncella; y pronto, muy pronto, se casará con un muchacho alto, rubio como unas candelas; y estotra que se extiende a manera de árbol hasta el nacimiento de la muñeca, dice claramente que tendrá muchos hijos varones, y digo verdad, así Dios nos lleve a todos a la gloria de patitas en cuerpo y alma.

Diole la moza medio pan, y acercose otra, delgada y verdinegra, aunque de no fea figura.

—Por la virtud y ciencia que Dios me dio —prosiguió Baltazara— veo en estas manos grandes cosas, se casará vuesamerced y se le morirá pronto el marido; mas no tiene por qué afligirse, pues le quedarán muchas haciendas y mucho dinero.

—Por ahora —dijo la criada— cuido yo poco de casorio, aunque harta falta me hace el caudal, que cansada estoy ya en verdad de fregar platos; mas lo que desearía que se me quitasen son los ensueños que me fatigan…

—Se me olvidaba: esta rayita chiquita que tiene aquí junto al dedo gordo está señalando, tan cierto como que yo he de morirme algún día, que tiene vuesamerced sueños pesados, tristes…

—Es verdad, acertasteis perfectamente; tomad un real de vellón, y decidme cómo perderé este hábito que harto me molesta.

—Es indubitable que tendréis la costumbre de dormir de noche del lado izquierdo…

–Cierto.

–Y os gustarán las comidas fuertes, picantes y saladas.

–También es verdad.

–Por eso sus sueños son tristes y fatigosos; déjeme esos malos hábitos; cene temprano y poco; tome al acostarse una taza de agua de toronjil y laurel, y entonces soñará cosas jocosas y alegres sobremanera.

–Gracias por el consejo, y lo pondré por uso.

–¿Y vos, hermosa niña –dijo uno de los cocineros allegándose a María–, no decís también la buenaventura?

–No, señor.

–¡Qué lástima! Por oírla yo de su boca me iría hasta el fin del mundo.

Mientras se holgaban así en la cocina, subió el ama la escalera que al aposento de don Gerónimo guiaba: sus ventanas eran altas y penetraba la luz con dificultad aun en medio del día; los muebles, además de la cama consistían en un estante con libros, una mesa grande de nogal y varios cómodos y anchos sillones; por una ventanilla que caía a la escalera miraba don Gerónimo, quien llamaba y abría si le placía la visita; verdad es que, excepto Marcelina, muy pocas personas habían pisado aquellos oscuros y misteriosos aposentos.

–Tenga vuesamerced muy buenos días.

–A Dios.

–Cuidado que mañana es domingo.

–Poco me importa. ¿El domingo no es un día de la semana como otro cualquiera?

–Sí, señor, pero es menester vestirse de limpio. Vuesamerced, en plantándose su bata y su gorro blanco, ya le parece que está ataviado para un año.

–¿Y a ti qué te importa?

–Pues bien mugrienta tiene ya la ropa.

–No lo dudo.

–Dejémonos de terquedades; mañana es necesario vestirse de limpio.

–Bien.

—Y pasear un poco.

—No.

—Don Juan de Vargas os suplica vayáis allá, que está algo indispuesto...

—¡Oh, don Juan...! ¿Y su sobrina?

—También dice lo mismo.

—Bien, iré.

—¿Qué quiere almorzar vuesamerced?

—Nada.

—¿Traigo unos torreznos con huevos?

—No.

—¿Una taza de sopas?

—No.

—¿Un pastel de pichones?

—No.

—Pues es preciso comer.

—Trae lo que se te antoje y no me muelas más.

—Vuesamerced es el que nos muele y nos machaca la sangre.

—Convengo.

—¡Es cruel no poder gastar una plática seguida...!

—¿Y para qué?

—Pues bien lo hace en casa de don Juan. ¿Está su merced enamorado de su sobrina?

—¿Qué se te da a ti?

—¡Ojalá! A ver si cesaban tantas rarezas y no vivía aquí siempre encerrado vuesamerced...

—¿Por qué se entromete nadie en lo que yo hago?

—Si se está triste, ¿hay más que buscar recreo?

—Yo no estoy triste.

—¿Subo el almuerzo?

—Haz lo que te parezca.

Bajó el ama a la cocina y halló a toda la familia galopina y picaresca riendo de los dichos y ocurrencias de Baltazara, que acababa de hacer canónigo de Burgos a un viejo jardinero simplonato que consultara su ciencia adivinatoria.

–Jesús, María y José; estas mocitas –dijo la viuda a Marcelina– están abrumando con preguntas a la pobre gitana, sin acordarse de que el mucho hablar gasta la saliva y lastima los estómagos; y como el mío está siempre a la cuarta pregunta...[296] ¡Y qué olor tan rico echan esas costillitas de carnero que se están friendo...!

–Sentaos; Petra, trae pan y carne, y que almuercen las dos. ¿Es vuestra hija esa rubia?

–Y muy servidora de vuesamerced, que por sus piadosas entrañas merecía ser reina de España.

–Gracias; ea, comed.

–Anda, hija mía, no te pares; que nosotras no catamos tan aína estos buenos bocados... La carne es sabrosísima, pero cuesta trabajo hacerla colar por la garganta.

–Ya os entiendo; trae vino, Santiago.

–¡Y qué buen color tiene el picarillo! Dios se lo pague: llename el vaso, niño mío... Jesús, este es muy chico... Otro más grande; y quiera su divina majestad que te vayas a la gloria de un porrazo... ¿Con que podemos cortar esas varetillas?

–Sí, podéis hacerlo.

–Y unas ramitas para abrigarnos de noche... Porque ya ve vuesamerced, hay un frío por la madrugada...

–También podéis hacerlo, y se dará orden a los guardas que por quince días no os molesten en lo más mínimo; después podéis iros a otra parte.

–Tiene razón vuesamerced; para qué cansar a nadie; diez días aquí, seis allí, esto nos basta. ¡Qué buena es vuesamerced! Bien se la puede llamar la madrina de los gitanos.

---

296 «Estar a la cuarta pregunta: Antiguamente, en los interrogatorios judiciales, era de fórmula realizar cuatro preguntas directas al imputado: *¿tenemos salud?, ¿tenemos ingenio?, ¿tenemos amores?* y luego la temida cuarta *pregunta: ¿tenemos dinero?* Aparentemente, los novatos iban contestando afirmativamente a todo, salvo cuando oían la cuarta pregunta. Cuando la indagación concernía a persona desheredada o indigente, esta, naturalmente, respondía siempre negativamente, declarándose pobre de solemnidad y si el juez, deseoso de aclarar la situación, insistía por ese lado, el interesado podía abstenerse o, mejor dicho, estar a la cuarta pregunta. La expresión, con el tiempo, vino a hacerse homóloga del estado de suma pobreza o indigencia de determinada persona» (Fernández Vera, 2018: 143).

–Yo me conduelo de todos los pobres.

–Así la virgen del Carmen le dará el premio.

Ya era bien entrada la noche cuando llegara el padre Capellán al castillo.

–¡Jesús! Dios mío... –dijo, sentándose en la cocina junto al alma, y después de saludarla. ¡Qué largo me ha parecido el camino! ¡Y qué bestia tan machaca!

–Si quisieseis, se os mandaría un caballo... Y no que andar dos leguas montado en un jumento....

–¡Yo caballo! Satanás, vade retro; una vez sola en mi vida me he subido sobre uno de esos animales, y apenas caí sobre sus lomos, zas, ya estaba rodando en el suelo. Nada, nada de caballo; más vale llegar algo más tarde y no tener tales tropiezos.

–Lo mejor fuera, como os lo he dicho mil veces, que vivieseis con nosotros y en Jerez.

–No soy de ese parecer, doña Marcelina.

–Aquí pudierais estar en santa soledad...

–No hay duda que la vida solitaria es la más perfecta y excelente; un sinnúmero de años estuvo san Gerónimo en un desierto...[297]

–Y mucho peor que aquí os hallaríais; desnutrido... Hambriento... Azotándose de continuo...

–Dios sin duda le daba el valor y las fuerzas... Yo quisiera poder imitar tan santo y loable ejemplo... Pero a mí me gusta ver mucha gente, cosa que me parece no es pecado mortal.

–Es cierto, y si no fuese por el amo, yo viviría con más gusto en una ciudad que aquí.

–Estaba perfectamente establecido en el cortijo de don Juan de Vargas, pero no pude hacerme a la vida del campo y a los pocos meses me torné a Jerez... Santa María... Si estoy allí más tiempo, me da una tiricia negra... A pesar de que doña Clara me cuidaba sobremanera...

---

297 En realidad, san Jerónimo solo estuvo dos años (375-376) en el desierto de Calcis (Mateos Gómez, López-Yarto Elizalde y Prados García, 1999: 10).

–Gustoso debíais estar allí, porque es don Juan caballero sumamente amable y cortés.

–Excelente sujeto; y solo tiene la falta de ser un perdurable casamentero. ¡Qué! Creedme, doña Marcelina, es capaz de querer casar, si se le pone en la chorla, la república de Venecia con el gran turco.[298] En su casa no hay ningún criado soltero, y una ocasión... Todavía me río al acordarme... Había yo ido por algunos días a Jerez, vuelvo y me dice don Juan: «amigo mío, ya he arreglado los papeles; tengo el competente permiso, y mañana tendremos, a Dios gracias, casamiento y baile y holgorio»... Llega la hora, fuimos a la capilla y se acercaron a recibir las bendiciones nupciales uno de los cocineros con una doncella de doña Clara; me iba a quitar la estola, pero don Juan me detuvo el brazo y... Para qué moler; hice uno tras otro hasta cuatro casamientos, mientras don Juan saltaba de gozo... Vaya, ¿y don Gerónimo?

–Regular está de salud, padre capellán.

–Siempre está triste... Aburrido... Quiera Dios consolarlo. Entretanto, pusiéronle delante la mesa al clérigo.

–Es tarde –dijo Marcelina– para comer, y temprano para cenar; mas como tendréis apetito...

–Tarín barín, nunca está de más el comer, y la barriga llena alaba a Dios... Jesús, María y José y empecemos... Rica está la ensalada... ¿Se cría aquí este apio, doña Marcelina?

–Sí, señor.

–Es sumamente tierno y sabroso. ¡Hola! ¡Ya hay sábalos...!

–Esta tarde tendieron las redes los criados y han pescado cuadro; por cierto que son los primeros.

–¡Y qué olorcillo tan singular echa el guiso...! Con ese perejil picado por encima, que parece un delicioso prado... Sois la sola, doña Marcelina... ¡Animalito! ¡Quién te diría por la mañana[299] que habías de morir esta noche entre mis dientes! ¡Cuán bien

---

298 Se está refiriendo a los constantes conflictos que hubo, hasta el siglo XVIII, entre la República de Venecia y el imperio Otomano (Pedani, 2017).

299 por la mañana *FdE* por mañana *A*.

dijo el salmista «omnia subjecisti sub pédibus ejus, oves et Boves universas insuper et pécora campi: volueres coli, et pasces maris, qui perambolant semitas maris», que quiere decir, porque yo soy amigo de la claridad, «sujetó Dios todas las cosas al poder del hombre, las ovejas y los bueyes, las aves que andan por el aire y los peces que caminan por las sendas del mar».[300]

–Es verdad lo que decís.

–Y tan verdad, doña Marcelina; y por eso yo opino que sin gula ni exceso rayamos gozando honradamente de los bienes que Dios proporciona a estos miserables gusanos de la tierra.

Púsose la casa en movimiento a la mañana siguiente, más temprano que otros días, pues, como don Gerónimo iba a visitar a don Juan, debía antes oír misa y almorzar; serían, pues, las ocho, y ya estaba toda la familia en la capilla del castillo, que era ancha, espaciosa y decentemente adornada, merced a los cuidados de la diligente Marcelina. Sentóse don Gerónimo en un cómodo sillón forrado de damasco, colocado casi detrás de la puerta; cerca estaba el ama, y los demás criados, en montón, alrededor del altar; cuando pasara el capellán por delante del amo lo saludó profundamente, pero estaba tan distraído que ni aun tan siquiera lo notara

Dicha la misa, arrellanose el capellán en otro sillón para hacer, como domingo, de cuaresma que era, una pequeña plática doctrinal; después de pintar el clérigo en ella la necesidad de la religión de Cristo para, domar las pasiones de los hombres, concluyó así:

–Ya veis, mis queridos oyentes, lo dañoso que es entregarse a los vicios y a los excesos, mas contrayéndome al tema de mi discurso, creed que nada es más perjudicial y reprehensible que la pasión de la venganza. ¡Cuántos hombres puros, inocentes, que caminaban por la senda del bien, se convierten con tal vicio en feroces asesinos! ¡Asesinos hasta de su propia familia...!

–¡Ay, Dios mío! –gritó don Gerónimo y cayó al suelo accidentado.

---

300 El padre capellán está citando el salmo 8, concretamente, los versículos del 6 al 8.

## Capítulo III

> Moza tan fermosa
> Non vi en la frontera
> como la vaquera
> de la Finojosa;
> vencido del sueño
> por tierra fragosa,
> perdí la carrera
> do vi la vaquera
> de la Finojosa.[301]
> *El marqués de Santillana.*

Inútil será pintar la prontitud con que todos acudieron al socorro de don Gerónimo; lleváronlo desmayado a su aposento, mas apenas lo acostaron y tomó una taza de caldo, volvió en sí

–Fuera tanta turba, ¡qué veo! ¿No te he dicho mil veces, Marcelina, que este sitio debe ser vedado para todos...?

–El accidente que le dio a vuestramerced y el cariño...

–Bien, bien... Fuera... ¡Hola, Petra! ¿Por qué te has sentado sobre esa arca? Esa arca... Vete corriendo... Ea, que no lo repita más.

La tía Baltazara estaba sentada junto al rio a eso de mediodía, y preguntó a uno de los guardas:

–¿Qué ha pasado hoy dentro del castillo, alma mía?

–¡Toma! ¿Con que ignoras que esta mañana le ha dado en la capilla un soponcio al amo?

–Sí.

–Ya se ve, estaba convidado en casa de don Juan de Vargas...

–¿Dónde vive ese señor?

–En el cortijo que está ahí al frente, como a un cuarto de legua.

–¿Uno que tiene dos cipreses en la puerta?

---

301 Está citando un conocido poema del marqués de Santillana, aunque con algunos cambios. El verso «como la vaquera» en realidad es «com' una vaquera», y también suprime, entre «de la Finojosa» y «vencido del sueño», los versos «Faziendo la vía / del Calatraveño / a Santa María» (Santillana, 1988: 10-11).

—El mismo; yo voy a decir el accidente del señor, y llevo de regalo estos tres sábalos.

—¡Hermosos animales!

—Y rabiando en verdad, porque siempre a mí me encargan estos embelecos... ¿Y tu hija María?

—Ahí está, un poquito más abajo, cogiendo juncos, porque vamos a hacer un canastillo primoroso para regalarlo a doña Marcelina, ¡qué buena mujer! Por la Virgen de los Dolores que me dio ayer un almuerzo... Vaya, la gloria.

—Linda, por cierto, es tu hija.

—Y muy servidora tuya, alma mía... Si quieres que te ahorre el trabajo... Yo llevaré el pescado al cortijo.

—Casi, casi, me daban ganas...

—¿Y qué tiene de particular?

—Dices bien, y yo entretanto echaré una manita de plática con María.

—Que me place; ea, alárgame esos animalitos... Cuidado si pesa el capacho... Gordos están los picarones, que es una bendición.

Marchó el guarda a buscar a María, a quien no hallara por supuesto donde Baltazara le dijo, y esta entretanto escondió uno de los sábalos en el tronco de un árbol; entregó los otros dos en el cortijo y tornóse a la ranchería con su presa, donde celebraron y palmotearon sobremanera su habilidad. Al instante que llegara el recado, pasó don Juan a ver al enfermo, a quica halló sentado en la cama ya bastante aliviado y lo excitó fuertemente lo propio que al capellán y a Marcelina para que fuesen a la otra mañana a su casa.

—Ea, señor —dijo el ama—, ya es día claro, y es preciso que se comience a vestir vuestramerced.

—Pero ¿no estoy así bueno?

—¡Vaya una rareza! ¿Queréis presentaros así delante de doña Clara?

—Dices bien; haz lo que quieras.

Entonces Marcelina peinó primorosamente a don Gerónimo con el pelo atado hacia atrás, coleta y redecilla negra; vistiole luego medias de seda, zapatos de cordobán anchos con hebillas de plata, calzones cortos de paño azul con charrateras[302] del mismo metal, casaca de raso adamascado verde botella con flores negras, y un chaleco bastante largo de tisú de oro sobre fondo de color de castaña; tomó en seguida su bastón de caña de indias y el sombrero de castor blanco, y pusiéronse en camino. No era don Gerónimo de mala figura y tendría solo cuarenta años a lo más; pero cierto aire de abatimiento y tristeza que resaltaba de contino en su rostro lo hacían parecer mucho más viejo; notose en las facciones de don Gerónimo cierta saludable mudanza apenas divisara el cortijo, y ya cuando estuvo delante de doña Clara era otro hombre distinto; sereno, amable y de buena conversación.

–No os lo dije –exclamó don Juan– que el aire del campo hacía milagros... Ya estáis de mucho mejor cara... ¿No es cierto, padre capellán? Este es mi desertor, no quiso quedarse aquí conmigo en el campo...

– No le gustaría el trato que se le daba –replicó doña Clara, que era una muchacha blanca, agraciada, como de veinte años.

–No, hija mía –replicó el clérigo–, se me obsequiaba muchísimo, pero a mí me engorda más dos horas de ciudad, que diez años de soledad campestre... No es decir esto que de cuando en cuando no me guste venir un ratito... ¿Qué tal va de familia, don Juan?

–Perfectamente; tengo doce criados, a más de los gañanes y temporiles, todos casados y el que menos con tres hijos.

–De suerte que, cuando charlen todos a un tiempo, será la torre de Babel.

–Nada hay para mí más plácido que sentarme a la lumbre en las largas noches de invierno y verme circundado por todos los chiquillos de la casa; uno salta, otro brinca, este pide pan, estotro me desata las hebillas de los zapatos; aquel quiebra una jícara... Ya se ve, yo soy padrino de todos, y los angelitos me miran con un cariño...

---

302 «Charratera», que no aparece en el DRAE, significa «tira de paño, seda u otro género con que se sujeta el calzón a la pierna por medio de una hebilla» (Alemany y Bloufer, 1917: 509).

—Ese es vuestro gusto –contestó don Gerónimo–, y el mío es entretenerme en mi cuarto todo el día en leer...

—En llorar y suspirar –saltó vivamente Marcelina, pero don Gerónimo la miró y se quedó con la palabra en la boca.

Sirviose a poco el almuerzo, y luego don Gerónimo, doña Clara y Marcelina formaron un corro, y don Juan y el capellán otro.

—Es indudable –decía aquel a este– que don Gerónimo... ¿No notáis los ojos que le echa a Clara...? La quiere... Y yo...

—Saltaréis de gozo, porque más os gusta dirigir un casamiento que todas las diversiones del mundo.

—Tengo para el asunto de bodas un tacto tan singular...

—Convengo.

—Profundo conocimiento del corazón humano... Notad que a mi sobrina tampoco le parece mi vecino saco de paja... Es algo viejo para ella, pero rico y hombre de bien, y como ella es pobre... Vamos, no hay duda que harían una excelente pareja, y yo que calo los corazones a las mil maravillas os pronostico que dentro de... Cuatro, no, es mucho, dentro de dos meses o pierdo el nombre que tengo, o los veréis casados.

—Maldito genio tiene para matrimoniar don Gerónimo; siempre triste, aburrido, cabizbajo.

—Mi Clara es algo zalamera y ella lo mimará; de modo que lo pondrá más blando y suave que unas mantecas... Ya conoceréis si yo entiendo o no la materia... Llevo ya hechos por mi mediación sobre sesenta matrimonios.

—Lo creo. ¿Y cómo no casáis a vuestro hijo don Pedro?

—Ese picarillo se me resiste, pero ya caerá, ahora voy a mandarlo por unos días a Sevilla, a ver si las lindas muchachas del Guadalquivir pueden atrapar su corazón, ya que sus paisanas no han podido hacerlo; él no piensa más que en sus caballos, sus perros y nada más.

—Y quizá en algunas cosas no muy arregladas a los preceptos de Dios.

—¿Queréis acaso que mi hijo tenga la conciencia tan timorata como vos? A la juventud debe dársele su juego... Él no es muy leído y tiene los cascos a la gineta[303], mas su cabeza sentará cuando sea viejo.

– Convengo, porque en efecto hay *tempus plangendi et tempus saltandi...*[304]

–¡Hola! Parece, vecino, que charláis mucho con mi sobrina.

Quedóse don Gerónimo tan turbado que no pudo responder.

–Yo me alegro... ¡Y qué acicalado venís hoy!

–Solo aquí –replicó Marcelina– se le oye a mi amo la palabra de Dios, porque en casa lo que habla su merced es sí, no, bien u otras palabras equivalentes.

–No hagáis caso de las chanzas de Marcelina... Es cierto que a mí me gusta mucho la soledad, porque el trato de los hombres no es de lo más apreciable.

–¿Pues con quién queréis entonces que tratemos?

–Más valdría hacerlo con los silvestres osos o montaraces jabalíes; la estupidez, el orgullo, la venganza... cercan la cuna del hombre y lo acompañan hasta el sepulcro.

–Es verdad –replicó el capellán–, y lo propio dijo Salomón: «perversi difficile corriguntur et stultorum infinitus est numerus».[305]

–Esto quiere decir, con pocas palabras –respondió don Juan– y así veréis que no he olvidado mi latín, «que hay muchos malos y tontos en el mundo». ¿Y, porque esté cercada de espinas la rosa, no es siempre una flor hermosa y apreciable?

–Sí, pero muy luego cualquier mortífero soplo la marchita. Yo he visto jóvenes lozanas; la virtud estaba anidada en su co-

---

303 Tener «los cascos a la jineta» es una expresión que «denota que alguno tiene poco asiento y reflexión» (Real Academia Española, Olive y Peñalver, 1882: 192).

304 El anónimo autor de la *Consulta hecha en 2 de noviembre* se refiere a una «doctrina del Espíritu Santo, que dice: *Tempus flendi, et tempus riendi, tempus plagendi, et tempus saltandi*» (Anónimo, 1779: 397-398). Puede traducirse como «tiempo de llorar y tiempo de reír, tiempo de plañir y tiempo de bailar».

305 El texto puede localizarse en Eclesiastés (1: 15). El latín que ahí da se corresponde con la Vulgata y puede traducirse como «Los malvados se corrigen con dificultad y el número de los necios es infinito» (Bazeña Román, 1993: 42-43). La traducción que más adelante da don Juan, por tanto, es algo inexacta.

razón, la verdad en sus labios, y luego sucumbieron victimas de horribles pasiones; otras veces la inocencia presenta las apariencias del crimen y... La asesinan impunemente.

–Esto es decir, vecino, que hay en el mundo mucho malo y poco bueno; vos miráis al hombre por un costado, yo por otro; vuestros pensamientos son oscuros y sombríos, como las largas noches de invierno; los míos son placenteros y risueños, como la primavera.

–Eso depende de los temperamentos; ea, no pensemos en cosas tristes; Clarita, tocad alguna cosa en la vihuela.

–Estas últimas palabras –saltó el capellán– son las más prudentes de todas las que ha dicho don Gerónimo; por eso el sabio rey decía como cosa muy principal «et cognovi quod non esset melius nisi, letari et facere gandium».[306]

–De suerte que nos precisa cursar las aulas para entender a nuestro capellán –dijo doña Clara.

–Tenéis sobrada razón, y empeño mi palabra de no hablar ya latín delante de vos.

–Cuando queráis en la comida que os dupliquen la dosis en vuestro plato, buen cuidado tenéis de hablar castellano muy claro.

–Temería, si así no lo hiciese, quedarme *per istam...* ¡Ah! Ya se me escapó.

Don Pedro de Vargas, hijo de don Juan, era un señorito jerezano de veintidós años, galán, bien puesto sobre un caballo, diestro en alancear y rejonear un toro, habilísimo en tocar la vihuela y cantar una seguidilla, y nada más sabia; no porque fuese lerdo ni torpe de sentidos, sino porque nada le habían enseñado; único heredero de un cuantioso caudal fue mimado sobremanera en su infancia, y escasamente aprendiera leer.

Iba este caballero paseándose a las orillas del río, no lejos del pinar, cuando divisa una mozuela, acercóse por curiosidad y se topó con la gitana María.

---

306 De nuevo la cita pertenece al Eclesiastés (3: 12), y en este caso puede traducirse como «y así he conocido que lo mejor de todo es estar alegre y hacer buenas obras mientras vivamos» (Muñoz Capilla, 1881: 246).

—A Dios, hermosa niña —dijo deteniendo el paso de su corcel.

—Dios guarde a vuestramerced.

—¿Eres tú una de esas gitanas que hace cuatro o cinco días sestean en el pinar de don Gerónimo?

—Sí, señor.

—Muy contentos estarán tus parientes contigo.

—¿Por qué?

—Por lo guapa y linda que eres.

—Gracias, señor.

—¿Y viven?

—Solo mi madre.

—¿Cómo no te asustas de estar aquí sola?

—¿Y por qué he de tener miedo? Yo estoy aquí cogiendo juncos; el que pasa sigue su camino… ¿Quién queréis haga caso de una pobre gitana?

—Cualquiera al que le guste lo bueno.

—Se burla vuestramerced.

—Te juro, por vida mía, que más vales tú a mis ojos con tu raída ropa que las más ataviadas damas de las ciudades con sus vestidos de plata y oro.

—¡Qué adulador es vuestramerced!

—Solo digo la verdad. ¿Si vieras lo que en mi corazón pasa apenas te he columbrado?

—Sería mucho ver.

—¿No me crees?

—Esas palabras son de aquellas que se las lleva el viento; por casualidad me he mirado algunas veces en un espejo y sé lo poco que valgo.

—Te engañas mucho o lo dices por burla.

—¿No ve vuestramerced mi cara tostada por el sol…?

—Sí, pero ¿y tus hermosos ojos azules? ¿Y tu gracia…?

—¡La gracia de una infeliz gitana!

—¡Si supieras lo que me gustan a mí las gentes de tu casta!

Empezó María a andar hacia el pinar, y Vargas añadió:

—¿Te vas?

—Sí, señor, que ya me estarán esperando.

–Allá voy yo también.

–¿Dónde has estado, pimpollo mío? –dijo la tía Baltazara a su hija.

–Este caballero me ha entretenido con su plática.

–Vaya, bájese vuesamerced y comerá con nosotros, que todavía quedaba un trocito de sábalo a su disposición.

–Gracias. ¡Hola, Periquillo! ¿Estás tú aquí, buena alhaja?

–Me alegro mucho ver a vuestramerced tan bueno y tan gordo; camaraditas, este es el señor don Pedro de Vargas, hijo del amo de aquel cortijo, y a quien debería llamarse con razón el padrino de todos los gitanos del mundo.

–¿Y quién es la cabeza de esta ranchería?

–Un servidor de vuestramerced –replicó tío Gregorio quitándose la pipa de la boca.

–Raro es que yo no te conozca cuando no se me despinta ninguno de los gitanos que hay en diez leguas a la redonda.

– Hace poco que liemos llegado de Murcia, y por eso...

–Por eso será.

–¿No gusta vuestramerced de alguna cosa?

–Nada, nada.

–¿Ni un traguito? –prosiguió Baltazara.

–Vaya un sorbo.

–Tenéis una hija –continuó bajando la voz– como una plata.

–Pues si la oyeseis cantar...

–¡Con que posee esa habilidad!

–Sí, señor, y hace unos canastitos de colores preciosos; mañana acabará uno y se lo llevaremos a vuestramerced.

–Bien, y que vaya ella.

–También irá.

–Noto que es tan arisca...

–Está poco acostumbrada a que le hablen caballeros tan principales.

–Me gusta sobremanera y te protegeré altamente... Vamos... Si ella me corresponde.

–No haya miedo vuestramerced, que mi hija será obediente a lo que yo le mande; acércate, María, dale las gracias al señor don Pedro por los muchos favores que quiere hacernos.

–¡Yo…!

–Sí, hija mía –dijo el caballero–, porque me han matado esas dos flechas que tienes en lugar de ojos.

Riose entonces María a carcajadas, y Baltazara añadió:

–Es una tontuela que no sabe lo que se hace.

–Mejor; su inocencia me encanta sobremanera.

Después que se fue don Pedro, predicó Baltazara a María un largo sermón manifestándole como debería manejarse para hacer creer al cabillero que lo quería, aunque, por casualidad lo aborreciese, y el modo de traerlo engañado, chuparle buenos pesos, y luego chasquearlo; pues opinaba la vieja que ninguna gitana debía querer de corazón a los castellanos sino de mentirigüela, y venderles siempre gato por liebre; el tío Gregorio y los demás resolvieron por unanimidad que si María no seguía los sabios consejos de su madre era una necia consumada indigna de llamarse gitana.

## Capítulo IV

…y para cortejarla más le pareció cosa precisa salir de disciplinante; porque es de saber que este es uno de los cortejos de que se pagan más todas las mozas de Campos…[307] Añádase a todo esto que los disciplinantes macarenos y majos suelen llevar sus zapatillas blancas, con cabos negros, se entiende cuando son disciplinantes de devoción

---

307 El autor suprime el siguiente fragmento de la cita: «donde ya es observación muy antigua que las más de las bodas se fraguan en Jueves Santo, el día de la Cruz de mayo y las tardes que hay baile, habiendo algunas tan devotas y tan compungidas que se pagan más de la pelotilla y del ramal, que de la castañuela. Y a la verdad, mirada la cosa con ojos serenos y sin pasión, un disciplinante con su cucurucho de a cinco cuartas, derecho, almidonado y piramidal, con su capillo a moco de pavo, con caída en punta hasta la mitad del pecho; pues ¿qué, si tiene ojeras a perspunte, rasgadas con mucha gracia?; con su almilla blanca de lienzo casero, pero aplanchada, ajustada y atacada hasta poner en prensa el pecho y el talle; dos grandes trozos de carne momia, maciza y elevada que se asoman por las dos troneras rasgadas en las espaldas, divididas entre sí por una tira de lienzo que corre de alto a bajo entre una y otra, que como están cortadas en figura oval, a manera de cuartos traseros de calzón, no parece sino que las nalgas se han subido a las costillas, especialmente en los que son rechonchos y carnosos; sus enaguas o faldón campanudo, pomposo y entreplegado» (Isla, 2005: vol. 1, 67).

y no de cofradía, porque a estos no se les permiten zapatos, salvo a los penitentes de luz, que son los jubilados de la orden. Considérese después que este tal disciplinante que vamos pintando saca su pelotilla de cera, salpicada de puntas de vidrio y pendiente de una cuerda de cáñamo empegada para mayor seguridad; que la mide hasta el codo con gravedad y con mesura; que toma con la mano izquierda la punta del moco del capillo; que apoya el codo derecho sobre el ijar del mismo lado;[308] que sin mover el codo, y jugando únicamente la mitad del brazo derecho, comienza a sacudirse con la pelotilla hacia uno y otro lado, sabiendo con cierta ciencia que de esta manera ha de venir a dar en el punto céntrico de las dos carnosidades espaldares, por reglas inconcusas de anatomía que dejó escritas un cirujano de Villamayor, mancebo y aprendiz que fue de otro de Villarramiel; contémplese finalmente cómo empieza a brotar la sangre, etc. etc. *Fray Gerundio de Campazas*, tomo I.[309]

Con estas y otras parecidas conversaciones pasáronse dos días y no dejó de visitar a los gitanos varias veces el enamoradizo don Pedro, de decir piropos a María y hacer grandes promesas a Baltazara y al tío Gregorio; al tercero por la tarde, que era el lunes de la semana de pasión, recibieron un aviso de Jerez, y de resultas pusiéronse todos en camino hacia la ciudad, excepto algún otro viejo que se quedara en la ranchería, y se apearon en el barrio de san Miguel a lo último de la calle del sol en la casa del tío Manuel de los Reyes; este gitano, a quien llamaban el tío Manolito, era el padrote de todos ellos. Figúrense mis lectores a un hombre alto, seco, pelo negro, lustroso como el ébano, recogido atrás en un crecido moño, color atezado en demasía, una espaldilla mucho más levantada que la otra, sesenta años de edad y he aquí el retrato fiel de esta notabilidad gitanesca.

---

308 El autor suprime la siguiente aclaración introducida por José Francisco de Isla: «(menos que sea zurdo nuestro disciplinante, porque entonces es cosa muy necesaria advertir que todas estas posturas se hacen al contrario)» (2005: vol. 1, 68).

309 La cita, concretamente, puede encontrarse en el tercer capítulo del primer tomo (Isla, 2005: vol. 1, 67-68).

Fue el motivo de tan repentina marcha que se acercaba el día del viernes santo; había muerto el que tocaba el tamboril en la procesión de los gitanos,[310] y sabiendo el tío Manolito la rara destreza que en aquel instrumento tenía el tío Gregorio, lo llamara con la mayor presura, y los demás quisieron acompañar al jefe de su ranchería.

Indubitable cosa es que desde el establecimiento de la religión cristiana la tiranía y la opresión feudal poco a poco desmoronáronse ante el altar de Cristo, al propio tiempo que se morigeraban las costumbres públicas y privadas, y sellaban innumerables mártires con su pura sangre la ardiente fe que se albergaba en sus corazones; empero acostumbrados los primeros cristianos a las estrepitosas y profanas diversiones y ceremonias de la gentilidad, no pudieron en su nueva creencia perderlas del todo, porque es difícil desarraigar los usos a que desde la cuna nos acostumbramos; así ellos acompañaron por mucho tiempo los pasos de los hijos del Crucificado; y si los prudentes concilios generales y particulares y las piadosas pláticas de varones ilustres lograron desterrar los hábitos más perjudiciales, quedaron por luengos siglos otros no menos extraños y notables. Las fiestas del asno y de los inocentes en Francia[311] y la del toro de San Marcos en nuestra Extremadura[312] son irrevocables testimonios de lo que voy diciendo. No se acostumbraban en Jerez prácticas tan reprehensibles, pero creíase que las multiplicadas procesiones de Semana Santa, con sus disciplinantes, rifas, caídas, descendimientos de cruz, etc., eran ejercicios sumamente

---

310 Parece estar refiriéndose a la procesión del Cristo de la Expiración o Cristo del Prendimiento, muy vinculada con los gitanos, en la que «cada barrio tiene su propio paso» (Papavlou, 2003: 151-152).

311 En realidad, las fiestas del asno y la de los locos fueron desapareciendo gradualmente a partir de la segunda mitad del siglo XV (Kellner, 1908: 164). Entendemos que con fiesta «de los inocentes» se refiere a la de los locos porque esta última se celebraba el día de los Santos Inocentes (García Pradas, 2001: 34).

312 La fiesta del toro de San Marcos «desapareció a finales del XVII», pero «disponemos de testimonios orales que afirman que, ocasionalmente, llegó a celebrarse en la aldea de San Marcos de Talayuela durante la década de los sesenta» (Marcos Arévalo, 2002: 235).

laudables, y sea dicho en verdad, podrían bien acomodarse a las costumbres sencillas de nuestros abuelos, pero en el día nos place la religión más espiritual, menos mundana y no ligada con inconexas exterioridades.

Apenas serían ya las doce de la noche del Jueves Santo, y ya vemos salir de una ermita cercana al convento de San Francisco la procesión de Nuestro Padre Jesús con la cruz a cuestas.[313] Con la serenidad de la atmósfera se presentaba lucidísima; veíanse a millares los cirios de cera en las manos de los numerosos cofrades que con gravedad y silencio admirable atravesaron las calles Larga,[314] de la Pólvora y Ancha; el Arenalejo de Santiago,[315] el de Francos,[316] bajada de la Cárcel,[317] calle de las Vacas[318] y entraron en la Colegial;[319] después retrocedieron otra vez y aso-

---

313 Parece estar refiriéndose a la procesión de Nuestro Padre Jesús Nazareno, más conocida como «El Nazareno» (Repetto Betes, 2000: 153).

314 La calle Larga «es una de las arterias principales de la ciudad, que corre por el lado exterior de la antigua muralla desde la Puerta de Sevilla hasta la calle Lancería» (Pomar Rodil y Mariscal Rodríguez, 2004: 45).

315 Según Muñoz y Gómez en un libro publicado originalmente en 1903, para entonces el «Arenalejo de Santiago» se denominaba simplemente «Santiago»; en cuanto a la calle Ancha, originalmente se llamaba «Ancha de la Victoria» (2010: 468). Respecto a la calle de la Pólvora, no figura en ese libro ni hemos encontrado en ninguna otra parte información sobre esta, por lo que tal vez ese nombre se deba a una confusión del autor.

316 Probablemente se refiera más bien a la calle de Francos (Muñoz y Gómez, 2010: 442).

317 La bajada de la Cárcel se ubica en la calle de la Amargura según Muñoz y Gómez (2010: 116-117).

318 Más adelante pasó a llamarse calle de Santa Isabel; en cuanto al nombre de las «Vacas», lo recibe por las hijas de Bernardino Vaca, un caballero que vivía ahí en el siglo XVII (Muñoz y Gómez, 2010: 152-153).

319 Con «la Colegial» el narrador parece referirse a la iglesia que lleva ese nombre (Muñoz y Gómez, 2010: 106).

maron por la calle de la Caridad[320] cuando el día rayaba. Iban detrás de la santa imagen hasta quinientas personas cubiertos los rostros con túnicas moradas y largas capuchas que les colgaban hasta media espalda, una áspera soga de esparto de muchas varas ceñía sus cinturas, y enormes cruces apoyábanse en sus hombros;[321] como todos iban descalzos, se notara por la hechura y delicadeza de los pies que algunas mujeres, bajo áspero traje, se mezclaban[322] con los hombres. Ya el predicador, colocado en un balcón de la plaza del Arenal,[323] dando frente a la puerta del Real[324] por donde salir debiera la procesión, había principiado con tiempo la oportuna plática; al salir el sol asomó a la mencionada plaza Nuestro Padre Jesús, y a una seña del orador sagrado cayeron los penitentes al suelo con la cruz encima, repitiéndose hasta por tres veces la ceremonia.

Mezclábanse en este acto algunos gitanos, pero su sitio natural y donde lucían a mansalva era en la tarde del Viernes Santo.[325]

---

320 Muñoz y Gómez comenta que esa calle pasó a llamarse calle del Consistorio, y que también adoptó a lo largo de su historia los nombres «Empedrada de los Jubeteros, de los Roperos, de la Ropachecha y Jubetería», mientras que el nombre «Caridad» lo adquirió porque ahí estaba «el Hospital de San Bartolomé, de los Hermanos de la Caridad, fundado a fines del siglo XVII (en 1686)» (2010: 36).

321 Esta indumentaria coincide con la que actualmente tiene dicha hermandad según la página web del Ayuntamiento de Jerez: https://web.jerez.es/especiales/la-semana-santa/las-hermandades/viernes-santo-madrugada/hermandad-el-nazareno [consulta el 06/12/2022].

322 mezclaban *FdE* mudaban *A*.

323 La plaza del Arenal «servía para los toros, cañas, manejos y escaramuzas y alcancías, cerrando las bocacalles», lo cual «duró hasta casi fines del siglo XVIII» (Muñoz y Gómez, 2010: 166).

324 La puerta del Real adquirió ese nombre en 1264, y quien se lo dio fue Alfonso X el Sabio, pero quedó derribada entre 1808 y 1821 (Muñoz y Gómez, 2010: 36).

325 En cambio, Plata apunta que es en la madrugada del Viernes Santo cuando sale el llamado «Cristo de los Gitanos», con sede en la ermita de San Telmo, mientras que en la mañana de ese mismo día tiene lugar «una multitudinaria manifestación de auténtica fe popular, en la que participan muchos gitanos» (2001: 73-74). Más adelante advierte el propio narrador cómo la ermita de San Telmo es muy concurrida por los gitanos.

Vese allá al fin del barrio de San Miguel[326] la ermita de San Telmo, cuyo culto se sostiene casi exclusivamente con las limosnas de los gitanos, y de allí salía su procesión bajo el nombre del Santo Cristo de la Expiración;[327] juntáronse aquel día todos a la puerta de la ermita, aseados, vestidos de limpio y rebosando en sus rostros la devoción que se abrigaba en sus pechos; unos llevaban largas velas de cera en la mano; otros, vestidos de túnicas y con cruces, debían ir en la procesión; y habría como una docena de ellos con anchas túnicas blancas y el rostro tapado; el tío Manolito andaba de aquí para allí, pues era el mayordomo aquel año, dando las necesarias órdenes, y al punto de las tres salió la procesión de la iglesia; entonces los de túnicas blancas descubrieron sus espaldas, y con fuertes y ásperas disciplinas azotáronse un buen rato delante del Santo Cristo, y enseguida se ingirieron entre la muchedumbre charlando con los hombres, bromeando con sus mujeres, y aún en algunos casos por gracia rozando sus ensangrentadas espaldas en las tocas y mantos de las espectadoras; comenzara a poco el tío Gregorio a tocar el tamboril, y un silencio profundo y una atención desmedida hicieron conocer cuán gratos fueron aquellos ecos a los gitanos. Siguió luego la procesión las principales calles y era muy entrada la noche, cuando volvió otra vez a su iglesia; a la propia hora sentáronse en una taberna de la calle del Cerro Fuerte[328] el tío Manolito, el tío Gregorio, cuatro o seis gitanos de Jerez, la tía Baltazara, María, Melchora y demás de la ranchería del río. Aún no se habían dejado caer en sus asientos, cuando hete aquí que se presenta a la puerta don Pedro de Vargas.

---

326 Pomar Rodil y Mariscal Rodríguez coinciden con el narrador al ubicarla «en los límites del arrabal de San Miguel» (2004: 206).

327 La ermita de San Telmo fue, en efecto, donde se fundó la hermandad del Cristo de la Expiración (2020: 37), también conocido como «Cristo de los Gitanos» (Plata, 2001: 73).

328 También menciona esta calle Muñoz y Gómez (2010: 380).

–Que viva el señorito –gritaron todos– entre vuestramerced adentro.

–María pensó que iba a ver la función sin mí; pero no, que también yo he estado.

–Siéntese vuesamerced al lado de mi hija.

–Mira –saltó el tío Manolito–, montañés, venga vino. ¿No hay algo con que hacer boca? Aceitunas... Bueno, y queso y alcaparrones... Pues trae de todo.

–Singular mano tiene el tío Gregorio para el tamboril –dijo Vargas.

–La de un príncipe –replicó el tío Manolito–, y todos nos hemos quedado con la boca abierta. Cuando tomó los palillos... Yo... Ya ve vuesamerced, como que era quien le había traído... Me temblaba el cuerpo y decía para mi sayo, «mi padre y señor de San Telmo le dé buena mano»... Mas nos quedamos alelados de gusto apenas empezara.

–Gracias, gracias –replicó el tío Gregorio con voz gruesa y cascarreña.

–¡Y cuidado, que para gustarnos a nosotros, que estábamos hechos a la mano del ilustre difunto, mi compadre Juan Pijino, es menester que el amigo sea el *improsulta*!

–Pues yo –dijo Vargas poniéndose de pie– brindo por el tío Manolito, por el tío Gregorio, por María y por todos los gitanos y gitanas del mundo.

–Y yo –replico el tío Manolito–, repito el brindis por nuestro padrino el señor don Pedro de Vargas.

–Que viva nuestro padrino.

–¿Te ha gustado la procesión? –preguntó Baltazara a su hija– Tú, como no te has hallado en otra...

–Todo me ha parecido muy santo y muy bueno, menos la indecencia de los azotados.

–Muchacha, ¡qué dices!

–La verdad, no me ha hecho chispa de gracia, que uno de ellos me llenase de sangre el jubón.

–Ese es un favor muy grande, hija mía –siguió el tío Manolito–, y se conoce bien que esta mozuela no es andaluza; porque, si no, no proferiría tales despropósitos. ¡Indecencia llama a los azotados...! Nada hay más agradable a nuestro padre y Señor de la Expiración... Y este año no ha habido cosa de provecho, porque lo bueno se va perdiendo... En mi mocedad... Montañez, lléname otro vasito... Hubo un año más de cuatrocientos azotados; las caras de los que miraban las paredes, el suelo, la ropa, todo se llenó de sangre... Échame otro sorbito; tío Gregorio, no aflojar... Vamos bebiendo y tragando... ¿Ves, hija mía, esta corcova que tengo? Pues fue ganada en buena guerra; en guerra de hombres, no de mocosos... Me solfeé una vez tanto las espaldas que se me quedó desfigurada para siempre... Ya se ve, me parecía a mí, y así sería, que mi padre y Señor de la Expiración me miraba con unos ojos tan cariñosos... Y yo sin dolerme de mis carnes, aprieta que aprieta... Ahora, ¡miserables! Apenas se hacen un rasguño. ¡Eh! Ya están encogiendo el cuerpo... ¡Qué tiempos aquellos...! Vaya, señor don Pedro, otra tajadilla de queso... Esa María no bebe. ¿Por qué no haces lo que tu madre, que ya se habrá empinado más de una azumbre? Bien hecho, Baltazara, así me gusta y viva Dios... Algunos dicen que el rostro de nuestro Santo Cristo es feo, y a mí me parece más hermoso que el sol y la luna... Y qué buen troncho de pelo trae este año... Quisieran ciertas personas que lo cambiásemos por el Santo Cristo de San Miguel... Ya sé lo que es... El padre Vicario trató hace dos años de quitarnos nuestra imagen, y por poco se hunde el mundo; vale más un dedo de nuestro padre y Señor de la Expiración de San Telmo, que todos los Cristos del mundo nacidos y por nacer.

–Muy bien hablado está –gritaron todos–, y que viva el tío Manolito.

Fue tal la zalagarda que se armara después, que nadie se entendía, hasta que poco a poco cada cual metiose en su huronera.


## Capítulo V


Estaba una artesa en el suelo toda llena de vino, y allí se echaba de bruces el que quería hacer la razón. Contentome la penadilla: a dos veces no hubo hombre que conociese al otro. Empezaron pláticas de guerra; menudeábanse los juramentos; murieron de brindis a brindis veinte o treinta sin confesión; recetáronsele al asistente mil puñaladas; tratose de la buena memoria de Domingo Tiznado y Gallón; derramose vino en cantidad al alma de Escamilla; los que las cogieron tristes, lloraron tiernamente al mal logrado Alonso Álvarez.

Quevedo, *Vida del gran tacaño*.[329]

Al otro día muy temprano entró Vargas en casa del tío Manolito.

—Señores —dijo— mañana, domingo de Pascua, cumple años mi padre, y quiero tener en el cortijo un ratito de broma; con que a buscarme la gente de más avío.

—Justamente —replicó Baltazara— nosotros nos vamos también allá, y para una fiesta son las solas mi María, Melchorilla y Juana.

—Me alegro mucho.

—Y en cuanto a hombres, Perico y Juanillo tienen pies de ángeles para bailar.

—De suerte que ya está la cosa lista.

—Sí, señor, señorito mío.

—Espero que mi amigo el tío Manolito se vendrá con nosotros.

—Hay mañana que evacuar asuntos precisos de la hermandad...

—¿Y no podrán detenerse?

—Imposible; ya ve vuesamerced, se trata de elegir nuevo mayordomo... Y si yo no estoy presente... Vamos, podrán hacer un disparate... Sé que algunos quieren dar tan importante empleo al Zurdillo, porque algunos ochavos... Pero es hombre

---

329 La cita puede localizarse en el capítulo X del tercer libro del *Buscón* (Quevedo, 2010: 229-230). *El Buscón* se publicó por primera vez con el título *De la historia y vida del gran Tacaño* en 1648, como parte de la antología titulada *Enseñanza entretenida y donairosa moralidad* (Rey, 2010: 128).

incapaz de sostener a todo trance el honor de la cofradía, y ya conoce vuesamerced que se presentan ocasiones...

–Nadie lo duda.

–Como la que, con perdón sea dicho, se me puso a mí por delante habrá diez años, que era yo otra vez mayordomo; fue el caso que íbamos con nuestro Padre y Señor de la Expiración por cal de Caballeros[330] abajo, y subía para arriba la procesión de San Miguel, y aquí ardió Troya, como la calle es tan estrecha, sobre cuál había de cejar hubo dimes y diretes, y muchas habladas, y, por último y remate, y para no cansar a vuesamerced, me pongo en medio y les digo a los míos: «Ah del valor, ¿qué se dirá? ¿Que el Cristo de San Miguel[331] le casca a nuestro Padre y Señor...?» Porque debe saber vuesamerced que hace años están picados estos dos Cristos, y se miran de reojo; enseguida arremetimos con cuchillos y palos; y vaya, en un santiamén huyeron los contrarios, y nosotros nos quedamos con honor y vergüenza. Si tal lance se presentase al Zurdillo ¿era capaz de zapatearse así y con castellanos?

–¡Qué disparate! –replicaron los otros gitanos.

–Pues ese es el motivo por que no puedo acompañar a su persona honrada, señorito.

Llegó el domingo, y ya habían almorzado don Gerónimo y el capellán en el cortijo de Vargas, y discurrían sentados al hogar:

–Fresca está la mañana –saltó el capellán–, y si no fuera por lo bien abrigados que están nuestros estómagos era cosa de morirse uno.

–Pero vecino –siguió don Gerónimo– ¿Cómo os podéis acostumbrar a tanta chiquillería? Uno, dos, tres, cuatro, cinco, ¡qué bataola!

–Estos son los más pequeños, ahora veréis.

Dio una voz don Juan, y poblose la cocina de muchachos.

<hr>

330 Originalmente llamada «padrones de Caballeros» (Muñoz y Gómez, 2010: 438).

331 Entendemos que se refiere al «Santo Crucifijo de la Salud de San Miguel» (Ríos Martínez, 2017-2018: 141).

—¡Jesús! ¡Jesús! Por Dios que se vayan. Si son más de treinta, no sé cómo Clarita tiene paciencia.

—Como es gusto de mi tío...

—Padre, padre —entró gritando don Pedro—, buenos días; señores, a la orden, traigo conmigo para celebrar vuestro cumpleaños a mis amigos Coronel, Andrade y Carrizosa, y una docena de gitanos de los más chistosos del mundo.

—Bravo, me alegro; ea, pues, apoderarse de las salas altas y comience allí vuestro holgorio, que yo aquí me quedaré charlando a mi sabor con mi vecino; y no quita que de tiempo en tiempo asome la cabeza...

Con tal permiso, enseñoreáronse de la casa alta la festiva comparsa; aviváronse los criados, se mataron aves a docenas y el vino comenzara a correr a mares por las anchas gargantas de los recién llegados.

—Vecino, permitid que me retire.

—¡Qué disparate! Dejad allá que los muchachitos griten a más no poder, mientras nosotros nos mantenemos aquí en grata quietud; ya no estoy yo para tales diversiones, mas los que se hallan en su florida edad...

—No sé cómo vos, que tenéis sobrado seso, permitís en vuestra casa tan estrepitosa bacanal... Y con mezcla de gitanos... ¿Qué podrán aprender de bueno esos jóvenes en su compañía?

—Ahora, como disfrutamos paz en el reino, nuestros mancebos se dedican a tocar la guitarra, bailar o lancear un toro... Dejadlos en sosiego, que, si llegan días de bulla y de guerra, ellos entonces empuñarán valerosos las lanzas en defensa de su patria, y desaparecerán rápidamente la molicie y la holganza.

—Así lo creo de su valor; mas, entretanto, ¿no hay muchas cosas útiles que aprender? Con tan profanas zambras se pierde poco a poco las costumbres, se estragan los corazones, y ahuyéntase[332] de los pechos hasta la sombra de la virtud.

---

332 ahuyéntase *FdE* ahuyenta *A*.

–Todo lo que me decís será muy bueno y muy santo allá en Valencia, pero aquí nos componemos de otro modo... Voy a dar una vueltecita a los muchachos

Volvió a poco diciendo:

–¿No os lo decía, vecino? Están todos alegres y placenteros, pero un orden... Una compostura...

–Será admirable ese orden entre bullentes jóvenes y zalameras gitanas...

Imposible es pintar el grotesco y abigarrado cuadro que se presentaba en las salas altas del cortijo; contrastaban sobremanera los rostros blancos de Vargas y sus compañeros con las tostadas facciones y mal peinadas melenas de los gitanos; el vino corría por el suelo; aquí se bailaba, allí se cantaba; uno en un rincón embaulábase una gallina, otro se escondía en las faldriqueras un par de panes, y en la testera de la sala se viera sentado como director de la fiesta al tío Gregorio, que hacía son con las palmas y fumaba alegremente en su ancha pipa.

–Que baile el fandango Melchorilla –dijo–, y denme un sorbo para enjuagarme la boca... Ea, chiquilla, toma antes un traguito, que así andan más listos los pies.

Salió al frente la gitana con el tuerto e hicieron prodigios en aquel baile tan muelle y voluptuoso; millares de aplausos acompañaban cada mudanza, y rebosaba el júbilo en todos los semblantes.

–Ahora –siguió el viejo– va a cantar María, chito... Esta muchacha no es muy ducha que digamos en la danza, pero tiene el pico de una calandria; cuando ella echa un *clamor*... Ya... Se hunde el mundo... Capaz es de ablandar las más duras piedras... Ea, Maricuela, anda con una *playera*.[333]

La larga permanencia de los árabes en Andalucía, el suave y templado clima y el carácter ardiente y sentimental de sus habitantes, han influido sobremanera en su poesía; los romances en

---

333 La «playera» es una composición flamenca típica de los gitanos (Arrebola, 1988: 51).

los tiempos antiguos, y más modernamente el polo, la caña,[334] las rondeñas,[335] etc., presentan siempre, si no rasgos brillantes de composición musical, trinados suaves y dulces, que cautivan los corazones; no son estos sonidos estrepitosos como los rápidos torrentes y las altísimas cataratas de la desierta América, ni variados y alegres como las plateadas aguas de anchuroso y sereno río, sino melancólicos y blandos, cual el oscuro arroyo que camina poco a poco en sombrío bosquete, cercado de agradable y pintoresco paisaje; la civilización moderna ha puesto en olvido estos cánticos entre las gentes ilustradas, mas no por eso han perdido su verdadero mérito, no, aún en medio de las más elegantes diversiones, cuando nos saboreamos con los encantadores sonidos del celestial Rossini, escuchamos con grato placer estos antiguos himnos nacionales.

Tenían entonces los gitanos, y aún hoy conservan, otros peculiares suyos como los *clamores* o *playeras*, y fue sin duda el entusiasmo que reinara en la sala cuando la linda María, después de preludiar uno o dos minutos, cantó con delicada voz la siguiente coplilla:

> Querer a una hembra
> sabe a arroz con leche,
> pero querer a una gitanilla
> a rico merengue.

Rompiéronse muchos vasos y platos en loor de la cantadora, y don Juan volvió a asomar la cabeza a la puerta de la sala, atraído por tan estrepitosos vítores.

–Nada, vecino mío, no es cosa mayor; hay allí una muchacha con ojos azules... ¿Queréis verla?

–Jamás me han gustado los gitanos... Los odio, vecino.

---

334 El «polo», que deriva de la caña, es una composición de filiación árabe; la «caña» comienza con un largo suspiro cuya voz va haciéndose más sonora al tiempo que el compás se vivifica (Berlanga Fernández, 1995: 325).

335 La «rondeña o malagueña» es una composición, al igual que las «murcianas o granadinas», que carece de letra y de melodía (Berlanga Fernández, 1995: 328).

Llamó don Pedro de Vargas aparte a la tía Baltazara.

–Estoy loco de amor; tu hija María me mata; pídeme lo que quieras, y que sea yo dueño de su corazón.

–Yo, señorito, le aconsejo…

–Lo sé bien, Baltazara, pero ella se burla de mí.

–Todavía es de corta edad…

–No puedo resistir… Me abrazo interiormente; toma veinte escudos.

–Muchas gracias, señorito, pero…

–Nada de pero; esta ocasión es más oportuna.

–Consultaré con el tío Gregorio.

–Lo mejor será –dijo este– que ya que el señorito quiere declararse nuestro protector, Baltazara, María y yo nos separemos de los demás, y el señor don Pedro se vendrá con nosotros…

–Excelente plan; yo iré hasta el fin del mundo por lograr a María.

–Nos vamos a Bornos; allí tengo yo un primo, sujeto de valía, como que es el herrero del pueblo.

–Y si conviene, me vestiré también de gitano.

–No estaría mala la traza, pero haciéndolo, tendría vuesamerced que acomodarse a nuestra vida; malos ratos… Sustos…

–Todo lo haré con placer.

–Mucho aguija el amor a vuesamerced; es verdad que la María es capaz de hacer este y otros muchos milagros; cuando estemos solitos, que quiera que no…

–Vayan cuatro escudos.

–¡Bendito sea el señorito! ¿Qué te parece, Baltazara? ¿Qué puedes apetecer para tu hija? ¿No vale más que sea del señor don Pedro que no de cualquier pelagatos o zascandil?

–Y tanto, Gregorio.

–Pues, señor, cuentas rematadas; ahora es la mejor ocasión, porque la ranchería está sola, yo voy y saco los jumentos al camino, luego las dos se deslizan, don Pedro nos sigue…

–Bien pensado.

–Ea, venga la mano, trato hecho y Dios sea con todos.

–¡Vaya por Dios…! La virgen del Carmen nos ampare… ¡Pobre Gasparillo! ¡Qué desgracia…!

Sonaron estas voces entre los gitanos, y salió el tío Gregorio apresuradamente a ver lo que era.

–¿A qué asunto esos gritos? –le dijo don Pedro apenas lo viera volver.

–Ya se ve, señorito, nosotros los gitanos somos unos pobres, y para vivir nos precisa valemos de nuestra agencia... Y si no tuviéramos cierta agilidad, se pasarían las semanas enteras sin entrarnos la gracia de Dios por la boca... Y como se nos van los ojos detrás en viendo un jumento...

–Pero a todo esto ¿qué ha sucedido?

–Pues, señor, sabrá vuestramerced que Gaspar, el marido de la muchacha que nos bailó el fandango con tanto salero...

–Sí, ya.

–Es hombre de bien, si los hay, siempre buscándose la vida con honor; y ahora dicen que lo han preso los criados del señor don Gerónimo.

–Ya se ve, ello es una friolera, pero como aquel señor tiene tan maldito genio, no entiende de chicas y podría costar al pobre de Gaspar un buen penqueo.[336]

–Vamos, abreviad...

–Se topó el muchacho a cuatro burros que estaban solos del señor don Gerónimo y... Ya se ve... Como estaban solos... En conciencia no eran de nadie, ¿no es verdad, Baltazara?

–Cierto.

–Los agarró, y se los trajo.

–Lo que tanta charla significa es que Gaspar ha robado cuatro jumentos a don Gerónimo y que lo han preso los criados de dicho señor.

–Eso es; y lo quieren llevar a la cárcel de Jerez. Ya ve vuesamerced qué vergüenza, un hombre de bien en la cárcel... Si quisiera hablarle al señor don Gerónimo...

–Allá voy corriendo.

El tétrico caballero, como odiaba tanto a los gitanos, estaba furioso; y aunque lodos, y hasta la misma doña Clara, intercedían por Gaspar, se mantenía firme en sus trece.

___________

336 «Penquear» significa «golpear a alguien» (López Sosa, 2001: 91).

–Sí, abiertamente –exclamó–, se protegen los excesos de esa casta desvergonzada y ladina. ¿Quién caminará con seguridad? Dejad que el pregonero de Jerez le dé un buen solfeo a Gaspar en las espaldas, y quizá, aunque no escarmiente, será otra vez prudente y recatado.

Viendo los gitanos y el mismo don Pedro que nada se conseguía, trataron de que María fuese a suplicarle; y en efecto, acercose esta acicalada y con su traje dominguero. Llevaba en las orejas unos sarcillos pequeños que formaban un cajoncito ovalado de oro, y alrededor pequeños brillantes de valor perfectamente labrados.

–Señor –dijo con suave voz–, por su vida que perdone…

Púsose a estas palabras don Gerónimo pálido como la cera, mira con atención a la muchacha, agarra uno de sus sarcillos, toca un resorte y se descubre un pequeño retrato.

–¿Quién es la madre de esta niña?

–Yo, señor.

–Venid conmigo; tengo que hablarte un rato a solas.

No estaban presentes don Pedro ni el tío Gregorio, y pocas personas hicieron alto en tal escena o la olvidaron con la bulla y diversión. Entretanto, el tío Gregorio se llevó a María para aprovechar la ocasión, y don Pedro de Vargas salió luego tras ellos.

–¿Dónde esta mi hija? –volvió diciendo Baltazara.

–¿Dónde está? –replicó don Gerónimo.

–Ya caigo en la cuenta… Camino de Bornos.

–Vecino, dadme un caballo.

–Pero…

–Nada de detenerme; a la vuelta os contaré…

Aguijoneó el caballo fuertemente don Gerónimo, y a la media hura hallara sentados al pie de un árbol a los tres fugitivos que esperaban allí a la tía Baltazara.

–¿Dónde vais, imprudentes? ¿Queréis quitarme la vida?

–Pero vecino… –replicó Vargas.

–¿No he sufrido ya bastante…?

–Vaya –dijo para sí el joven–, como este caballero es lunático.

–Veníos conmigo.

–Yo…

–Sí, don Pedro, y os tendrá buena cuenta… No ignoro el amor que profesáis y… Vamos, seréis feliz.

–Me acomoda por ahora seguir a María.

–Y yo debo impedirlo.

–¿Queréis vos mandar en mí?

–No, pero mando en esa joven.

–¡En esta gitana!

–Sí, porque esa gitana es mi hija; ven a mis brazos, querida Leonor; vamos conmigo y sabréis lo que ha pasado.


## Capítulo VI

> El pecho, los dedos, los brincos, el día señalado del hurto, la confesión de la gitana y el sobresalto y alegría que habían recibido sus padres, cuando la vieron, con toda verdad confirmaron en el alma de la corregidora ser Preciosa su hija.[337]
> Cervantes, *La gitanilla de Madrid*.


Atónitos quedarona todos a esta nueva, y María vacilaba y no sabía qué hacer, mas don Gerónimo se apeó y la abrazó cordialmente.

Dirigiéronse al castillo, y ya estaban allí esperando don Juan, Marcelina y Baltazara.

–Mirad señor –dijo esta– señalando al tío Gregorio.

–¡Ay, Dios! El mismo es.

Introdujo don Gerónimo en su aposento a don Pedro, don Juan, Marcelina, el capellán y a María; y después de cerrar la puerta les hablara así:

–Cuán doloroso me es, amigos míos, referir cosas que… Todos vosotros, apenas hable, vais a aborrecerme de muerte, y en especial mi querida hija; mas ya es hora de descargar mi cora-

---

337 La cita puede localizarse también en la edición de las *Novelas ejemplares* anteriormente empleada (Cervantes, 2016: 137).

zón de este horrible secreto, y luego aunque muera mil veces.
Soy hijo de don Juan Bocairent, y nací y me crie en Valencia.
Tenía ya veinticinco años cuando me casé con una joven de la
misma ciudad, rica, noble y bien parecida; su padre estaba hu-
yendo, porque había seguido el partido del archiduque Carlos
contra nuestro rey Felipe; y mi esposa, aburrida del mundo,
quiso que viviésemos en una hacienda, que a dos leguas de la
ciudad, camino de Cataluña, tenía. Allí dio a luz a la niña que
está presente y a quien se le puso por nombre Leonor, como su
madre; vivimos en la más deliciosa paz durante cuatro años;
mas luego el demonio de los celos se apoderó de mi corazón y
me cambió en un hombre diferente. En vano mi esposa redobló
sus atenciones, sus cariños; nada fue bastante, porque el gusano
roedor consumía mis entrañas. Cambió el orden interior de mi
casa; despedí a todos mis criados excepto a una cocinera vieja y
al jardinero; armé de hierro las ventanas y de cerrojos las puertas; hice, en fin, todas las locuras que acostumbran los celosos;
mi Leonor sufría estos caprichos con la paciencia de un ángel.
Pasaron seis meses, y un día recibí un billete anónimo donde
se me decía que, interesándose cierta persona en mi honor, no
podía menos de advertirme que mi esposa me era infiel, pues
todas las noches recibía a la madrugada a un desconocido en
su aposento. Había algún tiempo que mis negocios me detenían
en Valencia, principalmente por las noches; mas apenas recibí
la fatal carta, monto a caballo, me escondo entre unos árboles
hasta que oscureció bien, y luego me puse detrás de unas piedras frente de la puerta de mi casa. Ya empezaba el día a clarear
cuando un hombre embozado en su capa se deja venir por el
camino real, ata el caballo a un árbol, da tres golpes a la puerta,
le abren, entra y tornan a echar el cerrojo. El furor ardiente de
la cólera, de la venganza y de los celos se apoderó de mi alma;
salto las tapias del jardín, rompo, aunque con trabajo y tiempo,
un postigo, y penetro en las habitaciones; paso a paso, con el
puñal en la mano, llego al cuarto de mi esposa; entreabro la
puerta y noto que estaba sentada en una silla, como dormida, y
el forastero enfrente de ella rebujado y tapado casi con la capa.

Figuraos lo que pasaría por mí; entrar y clavar el acero en el pecho de los dos que cayeron al suelo nadando en su sangre fue obra de un instante. Voy al aposento vecino, agarro en los brazos a mi Leonor, que dormía sosegadamente, echo a correr y rendido con la desesperación y con la pena me siento en el mismo monte donde tenía el caballo. Al pasar por el camino noté que lo atravesaba también un hombre de malas trazas, que parecía gitano; se veían ya bien los bultos y observé tanto sus facciones que no las he olvidado nunca. Senteme en el suelo, exhalaba horribles maldiciones y casi estuve por matarme; «ya que tu adúltera madre», dije en voz baja a mi hija, «me ha ofendido tan cruelmente, vivamos por ti y huyamos de este sitio de horror»... Ay... Reparé entonces en los zarcillos que tenía puestos, que son los propios que ahora lleva, y uno de ellos encerraba el retrato de su madre: «Pérfida mujer... Cuando más te idolatraba... Quitemos esta imagen para siempre...».

»Iba a arrancárselos y la pobre niña se sonreía sin saber lo que le pasaba, cuando hete aquí que se me presenta delante un bulto cubierto de sangre... «¡Qué horror!», grité. «Asesino de tu familia, ¿me conoces?» «¡Ay, Dios! Vos...» «Sí, yo soy don Diego de Palán, tu suegro». «Dios mío». «Has asesinado a tu inocente mujer y a mí...» «Pero, señor...» «Escúchame antes que del todo me falten las fuerzas; ya sabes que estoy fugitivo y me persiguen mis contrarios... Ardiendo por abrazar a mi hija, he venido de oculto algunas noches y... Infausta verdad; anda, quizá pueda aún salvarse la infeliz... Yo te he seguido y buscado por que no sospechases... A Dios, *asesino de tu familia*, A Dios...» Y expiró el desgraciado don Diego. Yo, sin mirar nada, dejo allí a mi hija, corro a la casa y entro en el sangriento aposento; mi esposa, tendida en el suelo, aún respiraba. «Leonor mía, yo te he asesinado injustamente...» Abrió los ojos y con trémula voz me replicó: «Vive para mi hija, las apariencias... Te perdono... Siempre te he adorado con delirio...» Me apretó la mano, y expiró. Agarró entonces el puñal, que aún estaba en el suelo chorreando sangre, casi ya lo dirigía contra mí, pero mi hija... Vuelvo al monte, ¡ay! Solo estaba el cadáver de mi infeliz suegro, mas mi Leonor no parecía; acordeme entonces del gitano que había visto rodar en torno de aquel sitio, y no dudé que me la había robado; mis amigos acallaron con su poderoso influjo la voz de la justicia, y aquellas muertes pasaron por un asesinato común y casual; un año entero pesquisé por todas partes el paradero de mi hija, aunque inútilmente; aburrido de habitar parajes para mí tan funestos, me vine a Andalucía con Marcelina, hija del alma que me crio, y compré este castillo solitario para huir del mundo; la imagen de mi esposa me ha perseguido y persigue sin cesar, y solo en la plácida conversación de doña Clara he hallado algún consuelo a mis males, porque se da mucho aire a mi difunta Leonor, y mi ardiente imaginación me representaba en ella las facciones de mi esposa.

»Mirad –prosiguió, abriendo el arca–, este es el puñal que, guiado por una sacrílega mano, cometió tan horroroso sacrificio; todos los días lo veo para no olvidar mi enorme delito; míralo, hija mía, míralo bien; aún se nota en él la sangre pura e inocente de tu madre y de tu abuelo; aborréceme, sí, yo lo ansío y lo merezco...

–No, señor –respondió Leonor echándose en sus brazos–, yo os amo y amaré de todo corazón.

–Hija mía –y las lágrimas se le saltaron a don Gerónimo–, ¡qué hermosa eres y qué angelical! Esa sonrisa es la de tu madre...

–No os acordéis ya sino solo de que me habéis hallado.

–Dices bien; os canso ya sin duda, y acabaré en pocas palabras mi historia. Apenas habrá dos horas reparé en los zarcillos de mi hija; los conocí al instante; llamé aparte, como sabéis, a Baltazara, y preguntándole con la debida cautela, supe de ella que el tío Gregorio robó a Leonor en las cercanías de mi casa; la criaron como hija, y le pusieron por nombre María; mas Baltazara, calculando que podría alguna vez toparse con sus padres, guardó los zarcillos con el mayor esmero, le enseñó a leer, y a esta corta educación debo sin duda el que mi hija no se haya corrompido con el roce de las otras gitanas. Ahora ya podréis creerme, don Pedro, y veis cómo antes os decía en verdad;

vos amabais a mi hija siendo gitana, y entonces no podría ser vuestra esposa; ahora, hija de don Gerónimo Bocairent, podrá sin duda serlo.

–Y tanto; y cada vez la quiero más.

Reinó por algunos días el más puro placer en las dos familias; se casaron al momento los jóvenes. La tía Baltazara y el tío Gregorio cesaron en su vida errante, y por intercesión de María se les dio habitación separada y cómoda en el castillo, dejando a la vieja la facultad de hacer canastillos, y decir la buena ventura a los criados y amigos de la casa; y el gitano esquilaba y enseñaba a correr los jumentos, y fumaba en el rincón de la cocina en su larga pipa, a todo su sabor y despacio.

Creían todos que ya don Gerónimo vivía satisfecho por haber encontrado a su Leonor, mas a los pocos meses una violenta calentura se apodera de él y una noche llamó a la familia, y después de dictar sus disposiciones testamentarias, exclamó así:

–Hijos míos, sed virtuosos y vivid siempre unidos. Don Pedro, amad mucho a mi hija que ella es digna de ser amada; Leonor mía, obedece y respeta a tu marido... Ya pronto no existiré... Acordaos siempre que por un momento de delirio, padezco luengos y lastimosos tormentos...

–Padre mío –gritó Leonor–, vivid siquiera por mí.

–No, hija mía, yo no debo vivir... Aquellas temibles palabras de *asesino de tu familia* están grabadas profundamente en mi corazón... Mi Leonor... Esposa mía... Yo me arrepiento mil veces...

–Padre... Sosegaos...

–A Dios, toma el ultima ósculo de paz de tu padre... A Dios... Asesino de tu familia... ¡Qué horrible anatema!

–Señor –exclamó el capellán acercándose–, bastante habéis expiado ya vuestro delito con el arrepentimiento de tantos años.

–Podré esperar...

–La misericordia de Dios es inmensa.

–¿Será cierto? ¡Qué dicha! A Dios hija... A Dios...

A estas palabras cerró los ojos para siempre, dejando a todos anegados en la más cruel aflicción el desgraciado don Gerónimo Bocairent, victima triste de un momento de error y de equivocación.

# Epílogo: dos novelas y una realidad

Tras el estudio y la edición de estas dos novelas sobre el reinado de Felipe V, estamos en posición de entender mucho mejor tanto las capacidades literarias del escritor, como su visión sobre la España del XVIII. De lo primero podemos destacar su originalidad y un talento nada despreciable que ya hemos dejado explicado; sobre lo segundo, mantiene un pesimismo no muy bien disimulado a la hora de juzgar al primer Borbón que subió al trono de España.

En *El hombre de Tempul* la crítica es completamente destructiva. La aristocracia jerezana está corrupta, el vicio triunfa y la virtud queda, como en las novelas de Sade, por completo humillada. No se plantea ninguna solución posible ni se atisba esperanza alguna más que en la sensibilidad de personas concretas y ajenas a la sociedad corruptora. Una crítica de contundencia similar se plantea en *Los gitanos*, aunque desde otro foco; ya no interesa tanto centrarse en los vencedores y sus opulencias, sino en los vencidos y lo mucho que sufrieron. En el primer texto, Felipe V es indolente; en el segundo, cruel; en los dos, un monarca por completo indeseable para España.

No es el objetivo de un trabajo como este juzgar a un soberano de hace ya tres siglos, pero conviene resaltar cómo los contextos planteados en uno y otro relato no provienen solo de la imaginación de Hué y Camacho, sino de la propia realidad histórica. Es cierto que en Jerez se apoyó mucho al pretendiente borbónico, y que quienes así obraron fueron ampliamente recompensados; del mismo modo, también es cierto que en Valencia hubo quienes optaron por el archiduque Carlos, y en consecuencia fueron represaliados y perseguidos como criminales.

Tanto el encumbramiento desmedido de los jerezanos como la exclusión social absoluta de los valencianos se consideran, en una y otra novela, detalles indeseables que perturban la paz y que imposibilitan la civilización. No se remite, para ello, a casos reales, sino a lo que podría haber sucedido en encrucijadas históricas con tales características. Pero Hué y Camacho no se limita a mantener una mirada de resentimiento hacia el pasado. En *Los gitanos*, concretamente, señala cómo se ha de orientar una mejoría social. Resulta muy llamativo que en ese caso su preocupación no esté ya en el pueblo español, que parece haber dado por perdido, sino en el pueblo gitano, cuya marginación sistemática condena desde un atrevido rechazo al determinismo biológico de tipo racial.

Cada uno de estos textos se presta a ser leído de manera independiente, pero juntos nos ofrecen una visión muy nítida de las ideas que el autor tenía con relación al XVIII. Según hemos visto, el autor pretendía, al parecer, componer en origen solo *El hombre de Tempul*; una vez no pudo incluirse esta en sus *Leyendas*, escribió probablemente *Los gitanos*, a fin de mantener una pintura de la época muy parecida que retomaba mucho de la obra previa, al tiempo que profundizaba sobre asuntos que en la primera narración no se habían podido tratar con detalle.

La intertextualidad entre estas obras quedó establecida desde el momento en que una se compuso para sustituir a la otra. Pero al presentarlas en conjunto tal vez sea cuando más ganen. Los reduccionismos a los que pueden acercarse cada una de las dos parecen disminuir si se atiende a los aspectos en los que ambas se complementan. La visión resultante sobre el Jerez del XVIII es muy completa y se presta a interpretarse como metonimia de la España entera, lo que revela a un escritor con clara conciencia histórica, con afán de entrar en la novela de ese género, pero sin despreciar elementos dieciochescos y sin reparo alguno en acercarse, aunque no de forma consciente, a tendencias posteriores.

Con este libro consideramos haber contribuido a subsanar, por tanto, varias lagunas relativas a la memoria del Siglo de las Luces, a su representación en literatura, a la novela del Romanticismo y a la misma figura, oscura y apenas conocida, de Hué y Camacho. Pero la investigación aquí iniciada puede continuar por dos frentes. A un lado tenemos todas las otras novelas ambientadas en épocas distintas que el autor escribió, en su mayoría inéditas y apenas trabajadas. La calidad presente en *El hombre de Tempul* y *Los gitanos* podría redirigir la atención de los hispanistas hacia las otras narraciones. Pero lo aquí planteado sugiere que podría tener un interés similar cualquier otro escritor romántico que, al igual que este, decidiera ambientar en el XVIII sus novelas históricas. Cualquiera que hubiese tomado esa decisión se enfrentaba, sobre todo en tiempos de censura, a un verdadero desafío, porque tocaría entonces una época histórica algo incómoda y que podría contribuir a deslegitimar el gobierno del mismo XIX. Tal vez por ello debamos darles a estos escritores la atención que, en su momento y por diversos motivos, se les vetó.

# Bibliografía

ABRAMS, Meyer H. (1975), *El espejo y la lámpara. Teoría romántica y tradición crítica*, Barcelona, Barral Editores.

ACUÑA DELGADO, Ángel, y Ranocchiari, Darío (2012), «Pastoreo trashumante. Práctica ecológica y patrimonio cultural, un estudio de caso», *Gazeta de Antropología*, 28 (2), artículo 12, s. pág.

ALBAREDA SALVADÓ, Joaquim (2010), *La Guerra de Sucesión de España (1700-1714)*, Barcelona, Crítica.

ALCINA SEGURA, Jonatan (2019), «Agua y arquitectura defensiva en la Edad Media. Los paisajes del agua de Tempul, Gigonza, Iro y Barbate (Provincia de Cádiz)», *Arqueología y Territorio Medieval*, 26, págs. 191-212.

ALEMANY Y BOLUFER, José (1917), *Diccionario de la lengua española*, Barcelona, Ramón Sopena.

ÁLVAREZ BARRIENTOS, Joaquín (1991), *La novela del siglo XVIII*, Madrid, Júcar.

ÁLVAREZ DE SOTOMAYOR Y ABARCA, Miguel (1994), *Efectos del amor propio*, edición de Antonio Cruz Casado, Lucena, Ayuntamiento de Lucena.

ÁLVAREZ JUNCO, José (2013), *Las historias de España: visiones del pasado y construcción de identidad*, Barcelona, Crítica.

AMANN, Elizabeth (2022), «¿Uno de tantos? El putero en la novela española de los años 1830 y 1840», en Eva María Flores Ruiz y Fernando Durán López (coords.), *Almas per-*

didas: crápula, disipación y vida nocturna en las letras españolas (siglos XIX y XX)*, Alicante, Servicio de Publicaciones
de la Universidad de Alicante, págs. 77-94.

ANDERSON, Benedict (1993), *Comunidades imaginadas. Reflexiones sobre el origen y la difusión del nacionalismo*, México D. F., Fondo de Cultura Económica.

ANDREU MIRALLES, Xavier (2016), *El descubrimiento de
España. Mito romántico e identidad nacional*, Barcelona,
Taurus.

ANÓNIMO (1779), *Consulta hecha en 2 de noviembre de
1682 sobre los perjuicios de las cartujas de España en razón
del gobierno y dependencia del prior de Grenoble en Francia, con los pareceres dados a este objeto por varones doctos
y religiosos*, s. l., Imprenta de Pedro Marín.

AREEDH, Rasha Al (2021), *El imaginario literario de lo árabe
andalusí en la primera mitad del siglo XIX: Francisco Martínez de la Rosa, Serafín Estébanez Calderón y Francisco Javier Simonet*, Tesis doctoral inédita, Universitat Autònoma
de Barcelona.

ARESTI, Nerea (2001), *Médicos, donjuanes y mujeres moder-
nas. Los ideales de feminidad y masculinidad en el primer
tercio del siglo XIX*, Bilbao, Servicio Editorial de la Universidad del País Vasco.

AROCA VICENTI, Fernando (2004), «De muladar a alameda:
evolución de algunos espacios de recreo en el Jerez moderno
y contemporáneo», *Revista de Historia de Jerez*, 10, págs.
125-146.

ARORA, Shirley L. (1977), *Proverbial comparisons and related expressions in Spanish*, Berkeley / Los Ángeles / London, University of California Publications.

ARREBOLA, Alfredo (1988), *La espiritualidad en el cante flamenco*, Cádiz, Servicio de Publicaciones de la Universidad de Cádiz.

AZEVEDO SILVA JUNIOR, Aluízio (2021), «Descolonizando la cultura gitana: un ensayo sobre la autorrepresentación y la identidad "gitana"», *International Journal of Roma Studies*, 3 (3), págs. 268-287.

BABBIT, Irving (1991), *Rousseau and Romanticism*, Transaction Publishers, New Brunswick.

BAZEÑA ROMÁN, Celso (1993), «Citas bíblicas de Cervantes en latín», *Anales Cervantinos*, 31, págs. 39-50.

BERLANGA FERNÁNDEZ, Miguel Ángel (1995), «El flamenco en tiempos del Cancionero de Eduardo Ocón. Estudio especial de la "Soledad"», *Cuadernos de Arte de la Universidad de Granada*, 26, págs. 321-335.

BERNABÉ SALGUEIRO, Alberto (1988), «La batalla del Guadalete: aproximación a su realidad histórica y arqueológica», en Eduardo Ripoll Perellò (coord.), *Actas del I Congreso Internacional del Estrecho de Gibraltar*, Madrid, Universidad Nacional de Educación a Distancia, vol. 2, págs. 73-99.

BLANES VALDEIGLESIAS, Carmen (2006), «Introducción y notas», en Serafín Estébanez Calderón, *Escenas andaluzas*, págs. 1-414.

BLECUA, Alberto (1983), *Manual de crítica textual*, Madrid, Castalia.

BUENDÍA, Felicidad (1963), *Antología de la novela histórica española (1830-1834)*, Madrid, Aguilar.

BUSTOS RODRÍGUEZ, Manuel, «La ciudad de Cádiz y su contribución militar a la Guerra de Sucesión española, 1704-1705», *Anales de la Universidad de Cádiz*, 1, págs. 139-148.

CALDERÓN ARGELICH, Alfonso (2019), *La España del siglo XVIII según la historiografía de la revolución liberal*, Tesis doctoral inédita, Universidad Autónoma de Barcelona.

CALDERÓN ARGELICH, Alfonso (2021), «El duque de Ripperdá según Antonio Ferrer del Río: un intento olvidado de nacionalización», *Cuadernos de Ilustración y Romanticismo*, 27, págs. 355-380.

CALDERÓN ARGELICH, Alfonso (2022), *Olvido y memoria del siglo XVIII español*, Madrid, Cátedra.

CANTOS CASENAVE, Marieta (1999), «Las Leyendas y novelas jerezanas de José Miguel Hue y Camacho: entre la historia, la memoria y la ficción», en Alberto González Troyano (coord.), *Historia, memoria y ficción. 1750-1850*, Cádiz, Universidad de Cádiz, págs. 40-60.

CERVANTES, Miguel de (2016), *Novelas ejemplares I*, edición de Harry Sieber, Madrid, Cátedra.

CHABANNES, Matthieu (2013), «La visión occidental del Islam a través del Arte Medieval», *Revista de Historia Autónoma*, 3, págs. 181-184.

CHARNON-DEUSTCH, Lou (2019), «"¿Quiénes son los gitanos?" Los orígenes del proceso de estereotipización de los romaníes en España», *Historia Social*, 93, págs. 7-32.

COMELLAS, Mercedes (2010), «Introducción», en Fernán Caballero, *Obras escogidas*, Sevilla, Fundación José Manuel Lara, págs. IX-CLXXVII.

DOMÍNGUEZ, Ramón Joaquín (1845), *Diccionario universal francés-español. Tomo II*, Madrid, Establecimiento léxico-tipográfico de R. J. Domínguez.

DONÉZAR DÍEZ DE ULZURRUN, Javier (2004), «De las naciones-patrias a la "nación patria"». Del Antiguo al Nuevo Régimen», en Bernardo José García García y Antonio Álvarez-Ossorio Alvariño (coords.), *La monarquía de las naciones: patria, nación y naturaleza en la monarquía de España*, Madrid, Fundación Carlos de Amberes, págs. 93-120.

DUFOUR, Gérard (2005), «Introducción», en Luis Gutiérrez, *Cornelia Bororquia o La víctima de la Inquisición*, Madrid, Cátedra, págs. 9-69.

DURÁN LÓPEZ, Fernando (2019), «"Ved que es hijo la víctima acusada". Versiones españoles olvidadas de la muerte del príncipe don Carlos entre el XVIII y el XIX», *Creneida*, 7, págs. 232-263.

DWORKIN, Steven N. (1989), «Studies in Lexical Loss: The Fate of Old Spanish Post-adjectival Abstracts in –dad, –dumbre, –eza, and –ura», *Bulletin of Hispanic Studies*, 66 (4), págs. 335-342-

EPH'AL, Israel (1982), *The Ancient Arabs. Nomads on the Borders of the Fertile Crescent 9th-5th Centuries B. C.*, Jerusalem y Leiden, Brill.

FAYARD, Janine (1980), «La Guerra de Sucesión (1700-1714)», en Jean-Paul Le Flem, Joseph Pérez, Jean-Marc Perlorson, José Mª López Piñero y Janine Fayard (eds.), *La frustración de un Imperio. Vol. V de la Historia de España, dirigida por Manuel Tuñón de Lara*, Barcelona, Labor, págs. 427-460.

FERNÁNDEZ DÍAZ, David Félix (2019), «Fisonomías de lo invisible: raza y nación en la literatura decimonónica española (1808-1843)», *Cuadernos de Ilustración y Romanticismo*, 25, págs. 11-25.

FERNÁNDEZ Y GONZÁLEZ, Manuel (1868), *El aljibe de la gitana* (2 vols.), Paris, Rosa y Bouret.

FERNÁNDEZ PRIETO, Celia (2003), *Historia y novela: poética de la novela histórica*, Pamplona, EUNSA.

FERNÁNDEZ VERA, Antonio (2018), *Significado y origen de dichos españoles*, Sevilla, Punto Rojo Libros.

FERRERAS, Juan Ignacio (1973), *Los orígenes de la novela decimonónica 1800-1830*, Madrid, Taurus.

FERRERAS, Juan Ignacio (1976), *El triunfo del liberalismo y de la novela histórica (1830-1870)*, Madrid, Taurus.

FLORIDO TRUJILLO, Gema (1989), *El cortijo andaluz: su origen, desarrollo y transformaciones recientes en la campiña de Córdoba*, Sevilla, Junta de Andalucía.

FREITAS DE SOUSA, Juan Horacio (2012), «El cinismo: un elogio a la desvergüenza», *Bajo palabra. Revista de filosofía*, 7, págs. 301-311.

GARCÍA GUTIÉRREZ, Rosa (2007), «Quijote, mujer y cultura ilustrada. Alonso Quijano como antimodelo social: La Quijotita de Fernández de Lizardi», en Matías Barchino (coord.), *Territorios de La Mancha. Versiones y subversiones cervantinas en la literatura hispanoamericana*, Cuenca,

Ediciones de la Universidad de Castilla-La Mancha, págs. 323-334

GARCÍA PRADAS, Ramón (2001), «La fiesta de los locos, un origen folklórico para el teatro del medievo francés», en Domingo Pujante González, Elena Real Ramos, Dolores Jiménez Plaza y Adela Cortijo Talavera (coords.), Écrire, traduire et représenter la fête, Valencia, Universitat de València, págs. 33-41.

GARRIDO MURO, Luis (2019), «La nación de los progresistas españoles: soberanía, libertad e historia (1833-1868)», en Fidel Gómez Ochoa y Manuel Suárez Cortina (eds.), *Hacer naciones. Europa del Sur y América Latina en el siglo XIX*, Cantabria, Universidad de Cantabria, págs. 165-185.

GIMÉNEZ DE ARAGÓN SIERRA, Pedro (2018), «Ignacio de Antioquía inventó el Cristianismo: Trajano y Adriano frente a los cristianos», *ARYS. Antigüedad, Religiones y Sociedades*, 16, págs. 289-332.

GÓMEZ OCHOA, Fidel (2019), «La nación de los conservadores españoles de la época isabelina, 1833-1868», en Fidel Gómez Ochoa y Manuel Suárez Cortina (eds.), *Hacer naciones. Europa del Sur y América Latina en el siglo XIX*, Cantabria, Universidad de Cantabria, págs. 135-164.

GÓMEZ MARTÍN, Amparo y López Romero, José (2019), «El legado literario y documental del escritor jerezano Miguel Hué y Camacho», *Revista de Historia de Jerez*, 22, págs. 267-280.

GOMIS MARTÍ, María Pilar, «Introducción», en Estanislao de Cosca Vayo, *Los terremotos de Orihuela o Enrique y Florentina*, Badalona, Editorial Caballo-Dragón, págs. 7-19.

GONZÁLEZ BELTRÁN, Jesús Manuel (1997), «Lealtad y servicios de Jerez de la Frontera a Felipe V y su causa», en Pablo Fernández Albadalejo (coord.), *Monarquía, imperio y pueblos en la España moderna. Actas de la IV Reunión Científica de la Asociación Española de la Historia Moderna*, Alicante, Caja de Ahorros del Mediterráneo, págs. 79-91.

GONZÁLEZ PALENCIA, Ángel (1934-1941), *Estudio histórico sobre la censura gubernativa en España (1800-1830)* (3 vols.), Madrid, Tipografía de archivos.

GONZÁLEZ TROYANO, Alberto (2019), *La cara oscura de la imagen de Andalucía. Estereotipos y prejuicios*, Sevilla, Centro de Estudios Andaluces.

GUILLÉN, Claudio (1994), «Imágenes nacionales y literatura», *Anales de Literatura Española*, 10, págs. 117-145.

HANCOCK, Ian (2017), *We are the Romani people*, Hatfield, University of Hertfordshire Press.

HERDER, Johann Gottfried (2007), *Filosofía de la historia para la educación de la humanidad*, Sevilla, Ediciones Espuela de Plata.

HUÉ Y CAMACHO, José Miguel (1838), *Leyendas y novelas jerezanas*, Ronda, Imprenta de D. J. Pérez de Guzmán.

HUÉ Y CAMACHO, José Miguel (1839), «El castillo de Benadalid. Leyenda rondeña», *El Guadalhorce. Periódico semanal de literatura y artes*, 23 y 24, págs. 177-179 y 185-187.

HUÉ Y CAMACHO, José Miguel (1842), *La hija de Abenabó: novela original española*, Cádiz, Imprenta de Lázaro Estruch.

HUÉ Y CAMACHO, José Miguel (2023), *El ferí de Benastepar*, introducción, edición y notas de Javier Muñoz de Morales Galiana y Daniel Muñoz Sempere, Tamesis, Woodbridge.

ISLA, José Francisco de (2005), *Fray Gerundio de Campazas* (4 vols.), Palencia, Simancas.

ISRAEL, Jonathan I. (2012), *La ilustración radical. La filosofía y la construcción de la modernidad 1650-1750*, México D. F., Fondo de Cultura Económica.

JORDÁN FERNÁNDEZ, Jorge Alberto (2020), «Las exclaustraciones del siglo XIX en los conventos agustinos de Jerez, Sanlúcar y Chipiona», *Archivo Agustino*, 104, págs. 125-178.

KELLNER, Karl Adam (1908), *Heortology. A history of the Christian festivals from their origin to the present day*, Londres: K. Paul.

LEÓN SANZ, Virginia (2003), *Carlos VI. El emperador que no pudo ser rey de España*, Madrid, Aguilar.

LEÓN SANZ, Virginia (2014), «Un conflicto inacabado: las confiscaciones a los austracistas valencianos después de la Guerra de Sucesión», *Cuadernos dieciochistas*, 15, págs. 195-237.

LISTA, Alberto (1843), «Carta», *El Nuevo Avisador*, 101, pág. 2.

LISTA, Alberto (1844), *Ensayos literarios y críticos* (2 vols.), Sevilla, Calvo-Rubio y Compañía.

LÓPEZ-CABRALES, María del Mar (2006), «Majos contra petimetres. El siglo XVIII y la "España de pandereta"», *Confluencia*, 21 (2), págs. 161-163.

LÓPEZ ROMERO, José (1998), «Breves aportaciones a un catálogo de novelas y novelistas españoles del siglo XIX», *Trivium*, 10, págs. 239-247.

LÓPEZ SANTOS, Miriam (2008), «Teoría de la novela gótica», *Estudios Humanísticos Filología*, 30, págs. 187-210.

LÓPEZ SANTOS, Miriam (2010), *La novela gótica en España (1788-1833)*, Vigo, Academia del Hispanismo.

LÓPEZ SANTOS, Miriam (2020), *Las llaves del castillo: claves interpretativas de la novela gótica*, Berlín, Peter Lang.

LÓPEZ SOLER, Ramón (1832), *El pirata de Colombia. Relación histórica de los crímenes y aventuras del famoso delincuente que acaban de ahorcar en Nueva York*, Valencia, Oficina de López.

LÓPEZ SOLER, Ramón (1971), «Análisis de la agitada cuestión entre románticos y clasicistas», en Ricardo Navas Ruiz (ed.), *El Romanticismo español. Documentos*, Salamanca, Anaya, págs. 42-53.

LÓPEZ SOSA, Adolfo (2001), *Modismos guatemaltecos: recopilación, análisis y ejemplificación*, Quetzaltenago, Editorial Los Altos.

LUKÁCS, Georg (1966), *La novela histórica*, Atlos, Ediciones Era.

LUZÁN, Ignacio (1977), *La poética. Reglas de la poesía en general y de sus principales especies*, edición a cargo de Russell P. Sebold, Barcelona, Editorial Labor.

MAESTRO, Jesús G. (2006), *El concepto de ficción en la literatura*, Pontevedra, Mirabel Editorial.

MAESTRO, Jesús G. (2014), *Contra las musas de la ira. El materialismo filosófico como teoría de la literatura*, Oviedo, Pentalfa.

MAESTRO, Jesús G. (2017), *Crítica de la razón literaria*, Vigo, Academia del Hispanismo.

MALLIN, Mark (2007), «Introducción», en Estanislao de Cosca Vayo, *Voyleano o la exaltación de las pasiones*, Salamanca, Editorial Delirio, págs. 11-73.

MARTÍNEZ COLOMER, Vicente (2000), *Los trabajos de Narciso y Filomela*, edición de Antonio Cruz Casado, Córdoba, Colección Estudios Cordobeses.

MATEOS GÓMEZ, Isabel, López-Yarto Elizalde, Amelia y Prados García, José María (1999), *El arte de la orden jerónima. Historia y mecenazgo*, Bilbao, Ediciones Encuentro.

MARCOS ARÉVALO, Javier (2002), «Roles, funciones y significados de los animales en los rituales festivos. El toro de San Marcos (la experiencia extremeña)», *Revista de Estudios Extremeños*, 58 (2), págs. 381-414.

MARISCAL TRUJILLO, Antonio (2014), «Del Paseo de Capuchinos a la Avenida Álvaro Domecq», *Diario de Jerez* [en línea], 17 de noviembre: https://www.diariodejerez.es/jerez/Paseo-Capuchinos-Avenida-Alvaro-Domecq_0_863013771.html [consulta el 29/11/2022].

MARQUES GONÇALVES, Gabriela (2020), «Vivenciando el racismo cotidiano: relatos de Antigitanismo en España», *International Journal of Roma Studies*, 2 (2), págs. 66-86.

MARTÍN GUTIÉRREZ, Emilio (2003), «Análisis de la toponimia y aplicación al estudio del poblamiento. El alfoz de Jerez de la Frontera durante la Baja Edad Media», *Historia. Instituciones. Documentos*, 30, págs. 257-300.

MARTÍNEZ MARTÍNEZ, Manuel (2000), «Gitanos y moriscos. Una relación a considerar», en María Desamparados Martínez San Pedro (coord.), *Los marginados en el mundo medieval y moderno, Almería, Instituto de Estudios Almerienses*, págs. 89-100.

MINGORANCE RUIZ, José A. (2016), «Extranjeros en El Puerto de Santa María en la documentación notarial de Jerez de la Frontera (1489-1550)», *Revista de Historia del Puerto*, 57, págs. 9-69

MORENO ARANA, Juan Antonio (2021), «Actividades lúdicas-deportivas y espacio urbano en Jerez de la Frontera durante la Edad Moderna», *Trocadero. Revista del Departamento de Historia Moderna, Contemporánea, de América y del Arte*, 33, págs. 10-31.

MORENO HERNÁNDEZ, Carlos (1984), «El romanticismo ilustrado de R. P. Sebold», *Analecta Malacitana*, 7, págs. 149-155.

MUÑOZ CAPILLA, José de Jesús (1881), «El libro del Eclesiastés comentado (continuación)», *Revista Agustiniana*, 4, págs. 241-249.

MUÑOZ DE MORALES GALIANA, Javier (2020), «Un ejemplo de reaccionarismo católico contra la heterodoxia ilustrada en la España de finales del XVIII: la novela El impío por vanidad del padre Martínez Colomer», *Cuadernos dieciochistas*, 21, págs. 487-518.

MUÑOZ DE MORALES GALIANA, Javier (2021a), «Alegoría, martirio y novela bizantina: La hermosa malagueña (1800), de Pablo de Olavide», *Bulletin of Spanish Studies*, 98 (2), págs. 193-215.

MUÑOZ DE MORALES GALIANA, Javier (2021b), «El cáncer como castigo divino en *Doña Blanca de Navarra*, de Francisco Navarro Villoslada (1847)», *Esferas Literarias*, 4, págs. 161-174.

MUÑOZ DE MORALES GALIANA, Javier (2021c), «Una olvidada imitación del Quijote en la España de finales del XVIII: *El tío Gil Mamuco* (1789), de Francisco Vidal y Cabasés. Contextualización y análisis», *Anales Cervantinos*, 53, págs. 173-200.

MUÑOZ DE MORALES GALIANA, Javier (2022a), «Poesía nacionalista con motivo de la guerra de Marruecos en el Almanaque político y literario de la Iberia: "A España", de Manuel Fernández y González», en Fernando Durán López y Ana Isabel Martín-Puya (eds.), *Torres Villarroel y los almanaques. Literatura, astrología y sociedad en el siglo XVIII*, Madrid, Visor Libros, págs. 493-512.

MUÑOZ DE MORALES GALIANA, Javier (2022b), *Reescritura y reelaboración de los mitos e imaginarios españoles a través de las novelas de Manuel Fernández y González*, Tesis doctoral inédita, Universidad de Cádiz.

MUÑOZ SEMPERE, Daniel (2011), «Historia como novela y novela como historia en Ni rey ni roque (1835) de Patricio de la Escosura», *Bulletin of Spanish Studies*, 88 (7-8), págs. 57-71.

MUÑOZ Y GÓMEZ, Agustín (2010), *Noticia histórica de las calles y plazas de Jerez de la Frontera*, Valladolid, Máxtor.

NOEL, Eugenio (2014), *Señoritos chulos, fenómenos, gitanos y flamencos*, Córdoba, Berenice.

NÚÑEZ, Estuardo (1987), «Estudio preliminar», en Pablo de Olavide, *Obras selectas*, Lima, Biblioteca Clásicos del Perú, págs. VII-CIX.

NÚÑEZ FERNÁNDEZ, Aránzazu, y Herrador Sánchez, José (2006), *El vocabulario médico en la cultura andaluza: una propuesta de trabajo en el ámbito educativo*, Sevilla, Junta de Andalucía.

PALACIOS, José María (1850), *La gitanilla de Lavapiés*, Madrid, Saavedra y comp.

PAPAVLOU, María (2003), «Flamenco y Jerez de las fronteras socioculturales», *Revista de Antropología Social*, 12, págs. 143-157.

PARADA Y BARRETO, Diego (1878), *Hombres ilustres de la ciudad de Jerez de la Frontera precedidos de un resumen histórico de la misma población*, Jerez, Imprenta del Guadalete.

PECKHAM, Morse (1951), «Towards a theory of Romanticism», *Publications of the modern languages association of America*, 66, págs. 5-23.

PEDANI, Maria Pia (2017), *The Ottoman-Venetian Border (15th-18th Centuries)*, Venezia, Edizioni Ca'Foscari.

PÉREZ GARZÓN, Juan Sisinio (2001), «Los mitos fundacionales y el tiempo de la unidad imaginada del nacionalismo español», *Historia social*, 40, págs. 7-28.

PÉREZ HERNÁNDEZ, Laura (2018), «El valor nacional de la moda: Análisis del majismo y su trascendencia social a mediados del siglo XVIII», en Mª Ángeles Pérez Samper y José Luis Betrán Moya (eds.), *Nuevas perspectivas de investigación en Historia Moderna: Economía, Sociedad, Política y Cultura en el Mundo Hispánico*, Madrid, Fundación Española de Historia Moderna, págs. 1102-1111.

PÉREZ MAGALLÓN, Jesús (2019), *Soñando caminos: Moratín y la nación imaginada*, Valencia, Calambur.

PÉREZ VEJO, Tomás (1999), *Nación, identidad nacional y otros mitos nacionalistas*, Oviedo, Ediciones Nobel.

PÉREZ VEJO, Tomás (2015), *España imaginada: historia de la invención de una nación*, Barcelona, Galaxia.

PLATA, Juan de la (2001), *Los gitanos de Jerez: historias, dinastías, oficios y tradiciones*, Jerez, Edición de la Cátedra de Flamencología y Estudios Folklóricos Andaluces.

POMAR RODIL, Pablo J. (2020), «Aproximación a las costumbres litúrgicas y usos devocionales de las capillas, ermitas y oratorios de Jerez de la Frontera», *Trocadero. Revista del Departamento de Historia Moderna, Contemporánea, de América y del Arte*, 32 (Extraordinario), págs. 31-50.

POMAR RODIL, Pablo J., y MARISCAL RODRÍGUEZ, Miguel A. (2004), *Jerez: guía artística y documental*, Madrid, Sílex.

PRÉSTAMO LANDÍN, María Teresa (2019), *El condestable don Álvaro de Luna y su corte en el contexto de las novelas populares de Manuel Fernández y González*, Tesis doctoral inédita, Universidad de Vigo.

PUCCIARELLI, Eugenio (2007), «Herder y el nacimiento de la conciencia histórica», en Johann Gottfried Herder, *Filosofía de la historia para la educación de la humanidad*, Sevilla, Ediciones Espuela de Plata, págs. 11-23.

QUEVEDO, Francisco de (2010), *Historia de la vida del Buscón*, edición de Ignacio Arellano, Madrid, Espasa.

REAL ACADEMIA ESPAÑOLA (1933), *Diccionario histórico de la Lengua Española. Tomo I*, Madrid, Imprenta de Librería y Casa Editorial Hernandon.

REAL ACADEMIA ESPAÑOLA (1936), *Diccionario histórico de la Lengua Española. Tomo II*. Madrid, Imprenta de la Librería y Casa Editorial Hernandon.

REAL ACADEMIA ESPAÑOLA, Sociedad de Literatos, Olive, Pedro María y Peñalver, Juan (1882), *Novísimo diccionario de la lengua castellana que comprende la última edición íntegra del publicado por la Academia Española y cerca de cien mil voces, acepciones, frases y locuciones añadidas por una sociedad de literatos, aumentado con un suplemento de voces de ciencias, artes y oficios, comercio, industria, etc., etc y seguido del Diccionario de Sinónimos de D. Pedro María de Olive y del Diccionario de la Rima de D. Juan Peñalver*, París, Librería de Garnier-Hermanos.

REPETTO BETES, José Luis (2000), *La Semana Santa de Jerez y sus cofradías: historia y arte. Volumen 4*, Jerez, Ayuntamiento de Jerez.

REY, Alfonso (2010), «The title of Quevedo's Buscón: textual problems and literary aspects», *The Modern Language Review*, 105 (1), págs. 122-130.

RIVERO RODRÍGUEZ, Manuel (2011), *La edad de oro de los virreyes. El virreinato en la Monarquía Hispánica durante los siglos XVI y XVII*, Madrid, Akal.

RÍOS MARTÍNEZ, Esperanza de los (1996), «Aprecios, tasaciones y particiones de casas de Antón Martín Calafate y Diego Moreno Meléndez», *Atrio. Revista de Historia del Arte*, 8-9, págs. 235-239.

RÍOS MARTÍNEZ, Esperanza de los (2017-2018), «La figura de José de Arce ante la historia y la crítica en los siglos XIX al XXI», *Revista de Historia de Jerez*, 20-21, págs. 129-158.

RODRÍGUEZ DE ARELLANO, Vicente (1815), *Lo cierto por lo dudoso o La mujer firme*, Valencia, Imprenta de Idelfonso Mompié.

ROJAS, Fernando de (1991), *Comedia o tragicomedia de Calisto y Melibea*, edición de Peter E. Russell, Madrid, Castalia.

SADE, marqués de (1971), *Ideas sobre la novela*, Barcelona, Anagrama.

SADE, marqués de (2010), *Justina o los infortunios de la virtud*, Madrid, Cátedra.

SALA VALLDAURA, Josep María (1998), «El majismo andaluz en los sainetes de González del Castillo», en Emilio Palacios Fernández y Javier Huerta Calvo (coords.), *Al margen de la Ilustración: cultura popular, arte y literatura en la España del siglo XVIII*, Ámsterdam, Rodopi, págs. 145-168.

SANTILLANA, Marqués de (1988), *Obras completas*, Barcelona, Planeta.

SCHLEGEL, Friedrich (1983), *Obras selectas* (2 vols.), Madrid, Fundación Universitaria Española.

SEBOLD, Russell P. (1970), *El rapto de la mente. Poética y poesía dieciochescas*, Madrid, Aguilar.

SEBOLD, Russell P. (1995), «Neoclasicismo y Romanticismo dieciochescos», en Guillermo Carnero Arbat (coord.), *Historia de la literatura española. Vol. 6. Siglo XVIII (I)*, Espasa-Calpe, Madrid, págs. 137-207.

SEBOLD, Russell P. (2002), *La novela romántica en España: entre libro de caballerías y novela moderna*, Salamanca, Universidad de Salamanca.

SEBOLD, Russell P. (2010), *Concurso y consorcio. Letras ilustradas, letras románticas*, Salamanca, Universidad de Salamanca.

SOLERA DEL RÍO, Rosario, Andrades Balao, José Antonio, y Martínez de la Ossa, Enrique (1994), «Estudio de la calidad del agua del río Guadalete a su paso por Jerez de la Frontera», *Anuario del Agua*, 123, págs. 39-45.

TINDALE, Christopher W. (2007), *Fallacies and Argument Appraisal*, Nueva York, Cambridge University Press.

TODOROV, Tzvetan (2013), *Nosotros y los otros*, Madrid, Editorial Biblioteca Nueva.

TORRECILLA, Jesús (2016), *España al revés: los mitos del pensamiento progresista (1790-1840)*, Madrid, Marcial Pons Historia.

VÁZQUEZ, Lydia (2013), *La nueva Eloísa*, Madrid, Cátedra, págs. 9-110

VUELTA GARCÍA, Salomé (2020), «Una refundición de Lope de Vega en las tablas del siglo XIX: *Lo cierto por lo dudoso o la muger firme* de Vicente Rodríguez de Arellano», *Anuario Lope de Vega*, 26, págs. 596-616.

ZAVALA, Iris M. (1971), *Ideología y política en la novela española del XIX*, Salamanca, Anaya.

NC-T-17